Dr. Barbara Auzinger

So setzen Sie Ihr Recht durch

Dr. Barbara Auzinger

So
setzen Sie Ihr
Recht durch

Hilfreiche Tipps von A–Z

SiGNUM

Besuchen Sie uns im Internet:
www.amalthea.at

© 2010 by Amalthea Signum Verlag, Wien
Alle Rechte vorbehalten
Umschlaggestaltung: Kurt Hamtil, verlagsbüro wien
Umschlagfoto: © by Kronen Zeitung
Herstellung und Satz: VerlagsService Dr. Helmut Neuberger
& Karl Schaumann GmbH, Heimstetten
Gesetzt aus der 9,75/13,5 Punkt Stone Serif
Druck und Binden: CPI Moravia Books GmbH
Printed in the EU

ISBN 978-3-85436-417-7

Inhalt

I | Einleitung

Nachbars Kirschbaum ragt in Ihren Garten? Sein Hund bellt mitten in der Nacht? Was kann und darf ich dagegen unternehmen? Ihr Mann betrügt Sie? Sie fragen sich, wie Sie das dem Gericht beweisen können und was bei einer Scheidung zu beachten ist? Die Nichte hat es auf Ihr Geld abgesehen und möchte Sie entmündigen lassen? Ihr Chef will Sie kündigen und Sie wissen nicht, was Sie dagegen machen sollen?

Wer kennt die rechtlichen Schwierigkeiten des Alltags nicht? Die meisten von uns kommen früher oder später mit gesetzlichen Bestimmungen in Berührung. Damit Sie nicht im Dschungel der Paragraphen verloren gehen und zu Ihrem Recht kommen, habe ich ein »Best of« aus dem wöchentlichen Rechtsratgeber der Sonntags-Krone für Sie zusammengestellt. Hier finden Sie die Antworten auf die dringendsten Fragen. Anhand spannender Praxisbeispiele und aus dem Leben gegriffener Fälle werden die aktuelle Rechtslage erläutert und die häufigsten Probleme fundiert behandelt.

Angesichts der sich häufig ändernden Gesetze ist der in dieser Form zum ersten Mal vorliegende, top-aktuelle Rechtsratgeber ein unentbehrliches Nachschlagewerk für jeden Haushalt. Der Umfang der behandelten Rechtsbereiche zeigt, zu welchen Themen meine Leser die meisten Fragen gestellt haben. Kurzdarstellungen bieten einen raschen Einblick in das jeweilige Rechtsgebiet. Dank der übersichtlichen Gliederung findet jeder schnell den für die Situation passenden Fall.

Mit der Sammlung von nützlichen Adressen der Behörden und Institutionen im Anhang ist es dann nur mehr ein kleiner Schritt zu Ihrem Recht.

Viel Spaß beim Schmökern, Lesen und Recht haben

Ihre Dr. Barbara Auzinger

1 Arbeit

Das Arbeitsrecht regelt den Arbeitsalltag für all jene, die unselbstständig arbeiten, also Arbeitnehmer sind. Es regelt die Rechte und Pflichten, die sich aus dem Arbeitsverhältnis ergeben, zum Beispiel welche Art von Dienstvertrag man eingeht, die Arbeitszeit, das Recht auf Urlaub und wichtige Fragen zur Beendigung des Dienstverhältnisses wie einvernehmliche Trennung, Kündigung oder Entlassung. Streitigkeiten aus dem Arbeitsrecht sind vor besonderen Gerichten, den Arbeitsgerichten, auszutragen.

Das einzelne Arbeitsverhältnis wird durch den Dienstvertrag, den der Arbeitnehmer mit seinem Arbeitgeber schließt, gestaltet. Im Arbeitsvertrag kann nur frei vereinbart werden, was in den zahlreichen Gesetzen und öffentlichen Bestimmungen nicht ohnehin schon zwingend vorgeschrieben ist. Es sind daher neben dem Arbeitsvertrag noch zahlreiche andere Bestimmungen zu beachten: Kollektivverträge und Betriebsvereinbarungen, Sondergesetze wie Behinderten- oder Heimarbeitsgesetz. Auch das Europarecht gewinnt besonders durch die Dienstleistungs- und Niederlassungsfreiheit immer mehr an Bedeutung für Arbeitnehmer.

Arbeitnehmer können in Österreich Angestellte oder Arbeiter sein. Die Rechte und Pflichten der Angestellten sind im Angestelltengesetz geregelt, die Rechte und Pflichten der Arbeiter finden sich vorwiegend in der Gewerbeordnung. Arbeitsverträge können ein echtes Arbeitsverhältnis, ein freies Dienstverhältnis, ein Volontariat, Probezeiten und so weiter vorsehen.

FÄLLE

? FRISTLOSE ENTLASSUNG: Mein Mitarbeiter verweigert zunehmend die Arbeit, er ist pampig und unverträglich. Ich glaube auch, dass er Getränke, die wir den Mitarbeitern in der Arbeit zur Verfügung stellen, ungefragt originalverpackt einfach mit nach Hause nimmt. Ab wann kann ich ihn entlassen?

Mit einer Entlassung wird das Arbeitsverhältnis sofort beendet. Damit Sie Ihren Arbeitnehmer entlassen können, muss er einen Entlassungsgrund setzen. Das muss ein so wichtiger Grund sein, dass es für Sie als Arbeitgeber unzumutbar ist, die Person weiter zu beschäftigen. Entlassungsgründe sind im Angestelltengesetz und in der Gewerbeordnung geregelt. Für Ihren Fall können die Entlassungsgründe »beharrliche Arbeitsverweigerung« oder eine »strafbare Handlung« wie Diebstahl gegeben sein. Wenn Ihr Mitarbeiter die Arbeit grundlos verweigert oder stiehlt, sind das wichtige Gründe, die Ihnen eine weitere Zusammenarbeit unzumutbar machen.

Damit die Entlassung gültig ist, müssen Sie die Entlassung sofort und unverzüglich dann aussprechen, wenn Ihnen der Entlassungsgrund bekannt ist. Erwischen Sie den Mitarbeiter mit gestohlenen Getränken also gleich bei dieser Gelegenheit. Wird eine Entlassung aber grundlos ausgesprochen, ist die sofortige Arbeitsauflösung zwar auch wirksam, dem Mitarbeiter muss aber eine Kündigungsentschädigung gezahlt werden.

▶▶ *Gesetzesstelle: § 13 Angestelltengesetz (AngG), § 82 Gewerbeordnung (GewO)*

? KÜNDIGUNG: Mein Arbeitgeber hat mich auf die Beendigung meiner Anstellung angesprochen. Welche Möglichkeiten hat er, mich loszuwerden?

Wenn Sie sich keinen Entlassungsgrund zuschulden kommen lassen, kann er Sie einseitig nur durch Arbeitgeber-Kündigung »loswerden«. Die Kündigung kann schriftlich oder auch mündlich erfolgen. Damit eine Kündigung wirksam ist, muss der Arbeitnehmer die Kündigung auch erhalten haben, entweder durch Erhalt des Kündigungsschreibens oder durch mündliche Mitteilung. Sollte in Ihrem Arbeitsvertrag vereinbart worden sein, dass eine Kündigung nur schriftlich möglich ist, ist eine mündliche Kündigung unwirksam. Der Arbeitgeber muss auch die vereinbarte Kündigungsfrist einhalten. Sollte Ihr Vertrag keine günstigere Regelung vorsehen, gilt die gesetzliche Kündigungsfrist von sechs Wochen. Diese erhöht sich nach dem zweiten Dienstjahr auf zwei Monate, nach dem fünften Dienstjahr auf drei, nach dem fünfzehnten Dienstjahr auf vier und nach dem fünfundzwanzigsten Dienstjahr auf fünf Monate. Wird das Dienstverhältnis vom Arbeitgeber gekündigt, haben Sie Anspruch auf Entgeltzahlung bis zum Ende der Kündigungsfrist und darüber hinaus auf Urlaubsentschädigung. Außerdem muss Ihnen der Arbeitgeber ein Dienstzeugnis ausstellen.

▶▶ *Gesetz: § 20 Angestelltengesetz (AngG)*

? KONKURRENZKLAUSEL: Ich habe mich erfolgreich um eine Arbeitsanstellung beworben. Der mir vorgelegte Dienstvertrag sieht vor, dass ich nach Ende meiner Tätigkeit nicht in derselben Branche für ein Konkurrenzunternehmen arbeiten darf. Ich will mir aber eine Verbesserungsmöglichkeit nicht vorweg verbauen. Was bedeutet diese Klausel für mich?

Die Konkurrenzklausel im Arbeitsvertrag soll verhindern, dass Sie nach Ihrer Kündigung gleich zur Konkurrenz wechseln und damit möglicherweise Ihrem vorherigen Arbeitgeber schaden. Grundsätzlich ist eine Konkurrenzklausel nur für die Dauer von maximal einem Jahr zulässig. Damit sie gültig ist, muss sie sich außerdem auf den Geschäftszweig Ihres Dienstgebers beschränken.

Konkurrenzklauseln können auch nur für solche Arbeitsverhältnisse vereinbart werden, in denen der Arbeitnehmer monatlich mehr als € 2278 verdient.

Eine Konkurrenzklausel ist auch dann nicht wirksam, wenn sie den Dienstnehmer extrem benachteiligen und durch die Beschränkung in der Existenz bedrohen würde. Dazu wäre im Einzelfall genau zu prüfen, welche Ausbildung der Dienstnehmer und ob er Ausweichmöglichkeiten in andere Berufsbereiche hat.

Der Arbeitgeber kann die Konkurrenzklausel außerdem nicht geltend machen, wenn er Sie kündigt oder Ihnen Anlass für Ihre Kündigung gegeben hat. Sollten Sie für einen neuen Job kündigen, kann Ihr Arbeitgeber Sie im Fall der Wirksamkeit der Konkurrenzklausel auf Unterlassung der Konkurrenztätigkeit klagen.

▶▶ *Gesetzesstelle: §§ 36, 37 Angestelltengesetz (AngG)*

❓ KÜNDIGUNG UND ARBEITSSUCHE: Ich bin als Büroangestellte vor drei Wochen gekündigt worden. Mit meinem Arbeitgeber habe ich mich darauf geeinigt, dass ich noch zwei Monate für ihn arbeite. In unserer Gegend gibt es kaum Arbeitsmöglichkeiten, Vorstellungstermine in anderen Unternehmen sind somit ziemlich zeitaufwendig. Da ich dringend eine neue Anstellung suchen muss, möchte ich wissen, ob ich während meiner verbleibenden Arbeitsmonate auch während der Dienstzeit Vorstellungstermine ausmachen kann?

Wenn der Arbeitgeber den Angestellten gekündigt hat (und nicht der Angestellte selbst), steht ihm ein Recht auf Freistellung für die Arbeitssuche zu. Sie können sich während der Kündigungsfrist im »alten« Arbeitsverhältnis ein Mal pro Woche ein Fünftel Ihrer Arbeitswoche freinehmen, um der Arbeitssuche nachzugehen. Sie können die Freistellung über die Woche verteilt stundenweise konsumieren oder auf ein Mal, zum Beispiel bei einer 40-Stunden-Woche einen ganzen Tag. Ihre Freistellung müssen Sie mit dem Arbeitgeber wöchentlich absprechen, sie kann nur aus schwerwiegenden Gründen verweigert werden. Durch die konsumierte Freistellung wird Ihr Gehaltsanspruch nicht verringert.

▶▶ *Gesetzesstelle: § 22 Angestelltengesetz (AngG)*

? MOBBING: Ich arbeite seit acht Monaten in einer anderen Abteilung und werde von meinen Zimmerkolleginnen regelrecht gemobbt. Ich schäme mich, dass ich die Situation nicht in den Griff bekomme. Unser Chef merkt von den Angriffen gar nichts. Ich kann nachts nicht mehr schlafen und habe mittlerweile Panikattacken, bevor ich ins Büro gehe. Was kann ich tun?

In Österreich gibt es kein Gesetz, das Mobbing grundsätzlich verbietet. Informieren Sie jedenfalls Ihren Vorgesetzten und holen Sie sich Unterstützung. Es gehört zu den gesetzlichen Fürsorgepflichten eines Vorgesetzten, Dienstnehmer vor Angriffen anderer Mitarbeiter zu schützen. Sie sollten auch ein »Mobbing-Tagebuch« führen, um Übergriffe und die für Sie daraus entstehenden Nachteile nachvollziehbar belegen zu können. Vielleicht kann schon in gemeinsamen Gesprächen mit dem Vorgesetzten und den Kollegen der Konflikt beigelegt werden, vielleicht ist Ihre Versetzung in eine andere Abteilung möglich. Ansprüche gegen den Dienstgeber wegen Verletzung seiner Fürsorgepflicht sind möglich, aber schwer durchsetzbar, es sei denn, es handelt sich um gravierende Fälle oder Fälle nach dem Gleichbehandlungsgesetz (zum Beispiel sexuelle Übergriffe, Diskriminierung wegen des Alters oder der ethnischen Zugehörigkeit). Jedenfalls müssten Sie beweisen können, dass Sie von

Mitarbeitern gemobbt wurden und Ihren Arbeitgeber darüber auch informiert haben. Daher ist das Führen eines »Mobbing-Tagebuches« anzuraten. Nachdem Mobbing ein immer häufigeres Problem ist, gibt es mittlerweile spezialisierte Mobbing-Beratungsstellen (zum Beispiel der Arbeiterkammer), die individuelle Unterstützung anbieten.

▶▶ *§ 1157 Allgemeines Bürgerliches Gesetzbuch (ABGB), § 18 Angestelltengesetz (AngG), §§ 3 ff. Bundes-Gleichbehandlungsgesetzes (B-BGB)*

PFLEGEFREISTELLUNG: Ich bin Alleinerzieherin, meine Tochter ist sechs Jahre alt. Ich bin Büroangestellte und muss wegen einer Operation für zirka eine Woche ins Krankenhaus. Hat der Vater meiner Tochter einen Anspruch auf Pflegeurlaub, auch wenn wir sonst keinen gemeinsamen Wohnsitz haben? Ich habe sonst niemanden, der auf meine Tochter aufpassen kann.

Pflegefreistellung steht zu, wenn ein im gemeinsamen Haushalt lebender naher Angehöriger erkrankt und deshalb pflegebedürftig ist. Anspruch auf Pflegefreistellung besteht darüber hinaus bei notwendiger Betreuung des Kindes dann, wenn jene Person ausfällt, die das Kind sonst ständig betreut. Da der Vater Ihrer Tochter die notwendige Betreuung des Kindes gewährleisten muss, hat er Anspruch auf Pflegefreistellung. Wenn Ihre Tochter am Vormittag in der Schule ist, kann Pflegefreistellung nur für die Nachmittage genommen werden. Die Notwendigkeit und Dauer der Pflegefreistellung sollte alsbald dem Arbeitgeber mitgeteilt werden. Die Pflegefreistellung ist zwar im Urlaubsgesetz geregelt, sie ist aber kein Urlaubsanspruch, sondern ein eigener Anspruch auf Dienstfreistellung aus wichtigen persönlichen Gründen, bei dem das Arbeitsentgelt weiter bezahlt wird. Anspruch auf Pflegefreistellung besteht in einem Arbeitsjahr höchstens im Ausmaß der Wochenarbeitszeit.

▶▶ *Gesetzesstelle: § 16 Urlaubsgesetz (UrlaubsG)*

? PRIVATES TELEFONIEREN AM ARBEITSPLATZ: Ich habe Kinder im Teenager-Alter, die mich täglich im Büro anrufen. Abgesehen davon telefoniere ich in der Arbeit nur mit meinen besten Freundinnen und meinem Freund. Zuletzt stand der Chef neben mir und sagte, dass er »das Gequatsche nicht länger duldet«. Mir kann nichts passieren, oder?

Privattelefonate am Arbeitsplatz sind – mit oder ohne Kostenersatz – üblich und in geringem Umfang auch zulässig.

Zulässig ist aber auch, dass der Arbeitgeber Privatgespräche etwa aus Kostengründen ausdrücklich verbietet oder einschränkt. Bei gravierenden Verstößen gegen ein ausdrücklich ausgesprochenes Verbot von Privattelefonaten kann ein Entlassungsgrund vorliegen. Kurze, unbedingt erforderliche telefonische Mitteilungen sind auch bei einem Verbot der Privatnutzung erlaubt, und kurze familienbedingte Anrufe sind sicher kein Entlassungsgrund. Sie sehen, das Stichwort ist »kurz«. Ihr vergangenes Telefonierverhalten kann Ihnen untersagt werden. Ganz sicher muss Ihr Chef mit seinem beruflichen »Anliegen« nicht warten, bis Sie Ihr Privattelefonat beendet haben. Ohne ausdrückliches Verbot sind Ihre bisher geduldeten Privattelefonate jedenfalls kein Entlassungsgrund. Sie sollten aber umgehend mit Ihrem Chef eine Regelung für Privattelefonate besprechen und seine bisherige Geduld nicht austesten.

▸▸ *Gesetzesstelle: Rechtsprechung zur Treuepflicht des Dienstnehmers zum Beispiel § 106 Gewerbeordnung (GewO); Fürsorgepflicht des Dienstgebers § 18 (AngG)*

? INTERNET-SURFEN AM ARBEITSPLATZ: Über Mittag ist es im Büro sehr ruhig. Ich verbringe die Leerlaufzeit gerne mit Surfen im Internet, Internetspielen und Lesen meiner privaten E-Mails. Ein Kollege ist letzthin angeblich wegen privatem Internetsurfen von unserem Chef abgemahnt worden. Wieso?

15

Vielleicht hat der Arbeitgeber die private Internetbenützung nur in einem beschränkten Umfang erlaubt, der nicht eingehalten wurde. Vielleicht hat Ihr Kollege pornografische Seiten »angesurft«, das hätte sogar ein Entlassungsgrund sein können. Grundsätzlich gibt es kein Recht des Arbeitnehmers auf private Verwendung des Firmen-E-Mails oder Internets. Ist die Internetnutzung im Betrieb nicht geregelt, darf das Internet privat nur in eingeschränktem, maßvollem Umfang benützt werden. Die Privatnutzung ist nur soweit erlaubt, als dadurch die Arbeit nicht beeinträchtigt wird und die Betriebsmittel des Arbeitgebers nicht belastet werden. Private E-Mails oder Downloads können wegen Viren Sicherheitsrisiken für das Betriebssystem darstellen, schon deshalb darf der Arbeitgeber die Nutzung einschränken.

Wenn es dazu keine Regelung in Ihrem Betrieb gibt und Sie nur in der Arbeitspause das E-Mail und Internet benutzen, sollten Sie kein Problem haben. Aber das Herunterladen von Programmen und das damit verbundene Speichern oder Installieren auf dem Rechner des Arbeitgebers ist wegen der Veränderung des Betriebsmittels grundsätzlich nicht zulässig. Vor allem Spiele und Programm-Downloads können Virenprobleme mit sich bringen, und es ist anzunehmen, dass die Anwendung einen guten Teil der Arbeitszeit in Anspruch nimmt, die der Arbeit gewidmet werden müsste.

▶▶ *Gesetzesstelle: § 27 Angestelltengesetz (AngG), Treuepflicht des Dienstnehmers § 106 Gewerbeordnung (GewO)*

? PROBEZEIT: Nach längerem Suchen habe ich nun ein Arbeitsangebot bekommen. Ich kann am Ersten mit meinem Dienst beginnen. Wir haben einen Probemonat vereinbart. Jetzt hat sich vielleicht noch eine andere berufliche Gelegenheit aufgetan. Bin ich in meiner neuen Arbeit schon im Probemonat gebunden?

Bei Beginn des Arbeitsverhältnisses wird oft eine Probefrist vereinbart. Das gibt beiden Seiten die Möglichkeit, sich kennenzulernen. Während der Probezeit kann das Arbeitsverhältnis sowohl vom Arbeitgeber als auch vom Arbeitnehmer jederzeit gelöst werden. Sollten Sie während der Probezeit zu einem anderen Arbeitgeber wechseln wollen, müssen Sie für die Auflösung des Arbeitsverhältnisses also keine Frist und keinen Kündigungstermin einhalten. Man muss für die Beendigung des Arbeitsvertrages in der Probezeit nicht einmal einen Grund angeben. Umgekehrt gibt es während der Probezeit für den Arbeitnehmer auch keinen Kündigungs- und keinen Entlassungsschutz. Die Probezeit kann allerdings längstens für einen Monat vereinbart werden.

▶▶ *Gesetzesstelle: § 19 Abs. 2 Angestelltengesetz (AngG)*

? URLAUBSPLANUNG UND VERJÄHRUNG VON URLAUBSANSPRUCH: Ich hatte für August meinen Urlaub geplant. Jetzt hat mich mein Chef ersucht, meinen Urlaub zu verschieben, da wir ein großes Projekt hereinbekommen haben. Wir haben besprochen, dass mir der Urlaub auch in Geld abgegolten werden könnte. Wie sieht es mit meinem Urlaubsanspruch aus?

Der Urlaubsantritt und die Urlaubsdauer müssen zwischen Arbeitnehmer und Arbeitgeber abgesprochen sein. Einseitig kann der Urlaub von keinem dem anderen aufgezwungen werden. Bei der Urlaubsvereinbarung hat der Arbeitgeber auf den Erholungsbedarf des Arbeitnehmers Rücksicht zu nehmen. Der Arbeitnehmer wiederum muss die Erfordernisse im Betrieb berücksichtigen. Wenn Sie mit Ihrem Arbeitgeber bereits den Urlaub vereinbart haben, so können weder Sie noch Ihr Arbeitgeber einseitig davon abweichen. Einvernehmlich kann der Urlaub natürlich verschoben werden. Die Idee, Ihren Urlaubsanspruch während aufrechtem Arbeitsverhältnis in Geld abzugelten, können Sie nicht umsetzen. Bei aufrechtem Arbeitsverhältnis ist die Auszahlung der Urlaubstage beziehungsweise der entgeltliche Verzicht auf Urlaub verboten, da damit der Urlaubszweck, die Erholung des Arbeitnehmers, verhindert würde. Wenn Sie Ihren Urlaub nicht verbrauchen, so verjährt Ihr nicht verbrauchter Urlaub nach zwei Jahren.

▶▶ *Gesetzesstelle: § 4, § 7 Urlaubsgesetz (UrlaubG)*

? WERKLOHN: Ich habe für eine Freundin von mir Schneiderarbeiten gemacht, natürlich in der Annahme, dass ich dafür bezahlt werde. Meine angefertigten Stücke hat sie auch schon weiterverkauft. Jetzt wo wir abrechnen sollten, meint sie, ich hätte das doch als »Freundschaftsdienst« gemacht. Sie ist absolut zu keiner Zahlung bereit. Was kann ich tun?

Wenn die Freundin zur Einigung nicht bereit ist, bleibt Ihnen nur der Weg zu Gericht, um Ihren Werklohn einzufordern. Es ist gesetzlich so geregelt, dass die Unentgeltlichkeit von Dienstleistungen nicht vermutet wird. Dass die Arbeit gratis erfolgen sollte, müsste ausdrücklich vereinbart worden sein. Haben Sie zur Höhe Ihres Entgelts mit der Freundin auch nichts besprochen, so ist Ihnen ein »angemessenes Entgelt« zu bezahlen. Angemessen ist, was unter Berücksichtigung aller Umstände für Ihre Arbeit in der Branche bezahlt worden wäre. Dazu können zum Beispiel Kollektivvertragsregelungen oder Honorarrichtlinien der jeweiligen Berufsgruppe herangezogen werden. Sie müssten im Prozess beweisen, dass Sie die vereinbarte Leistung vollständig und mangelfrei erbracht und damit den Anspruch auf den Lohn erworben haben.

▶▶ *Gesetzesstelle: § 1152 Allgemeines Bürgerliches Gesetzbuch (ABGB)*

2 Arzt

Im Arztrecht geht es einerseits um die Pflichten von Ärzten und Spitälern gegenüber ihren Patienten, andererseits um die Rechte des Patienten, wenn er sich einer medizinischen Behandlung unterzieht. Geregelt sind vor allem die Aufklärungspflicht des Arztes, seine Haftung für falsche Behandlung, das Recht des Patienten, seine Krankenunterlagen einzusehen, und Schadenersatzansprüche von Angehörigen.

Fügt der Arzt unter Verletzung seiner Berufspflichten einem Patienten Schaden an Körper oder Gesundheit zu, so tritt Schadenersatzpflicht ein. Das gilt auch, wenn er einen ärztlichen Eingriff ohne einholbare Einwilligung des Betroffenen vornimmt. Zur Einwilligung ist nach juristischer Meinung nicht die Geschäftsfähigkeit des Betroffenen, sondern nur dessen Einsichtsfähigkeit in Umfang und Folgen des Eingriffs Voraussetzung. Der Arzt hat den Patienten zur Vermeidung seiner Haftung in zumutbarer Weise über den voraussichtlichen Verlauf des Eingriffs und über die hierbei möglicherweise eintretenden typischen Gefahren aufzuklären. Diese Pflicht entfällt nur in Ausnahmefällen. Trotz Einwilligung haftet der Arzt aus unerlaubter Behandlung, wenn bei der Behandlung ein Kunstfehler unterläuft, das heißt, ein fehlerhaftes Verfahren angewendet oder nicht alles getan wird, was zur Vermeidung eines weiteren körperlichen Schadens erforderlich ist (zum Beispiel das Zurücklassen eines Fremdkörpers nach Operation).

Die Aufklärungspflicht geht umso weiter, je weniger der Eingriff aus der Sicht eines vernünftigen Patienten dringlich und geboten ist. Zum Beispiel ist sie bei einer Schönheitsoperation höher als bei einer lebensrettenden Operation.

FÄLLE

? ARZTHONORAR: Ich habe bei einem Privatarzt (Orthopäde) zweimal meinen Behandlungstermin abgesagt, beide Male war für mich die Absage leider nur kurzfristig möglich. Für jeden Behandlungstermin werden normalerweise € 150 verrechnet. Vor zehn Tagen habe ich zu meiner Überraschung eine Honorarnote über € 300 bekommen und laut telefonischer Auskunft der Ordination muss ich diese sogleich bezahlen, sonst droht mir eine Klage. Das kann doch nicht sein!

Das Honorar gebührt dem Arzt, wenn eine vereinbarte Behandlung nicht stattgefunden hat, obwohl der Arzt dazu bereit war. Ist der vereinbarte Arzttermin nur durch Umstände, die auf Ihrer Seite lagen, verhindert worden, ist das Honorar von Ihnen zu bezahlen.

Der Arzt muss von seiner Honorarforderung aber abziehen, was er sich durch das Unterbleiben der Behandlung erspart hat: Etwa einen teuren, in die Behandlungskosten einkalkulierten Injektionsstoff, der wegen der Absage nicht verbraucht wurde. Anrechnen lassen müsste sich der Arzt aber auch, wenn er durch anderweitige Behandlungen in der frei gewordenen Zeit etwas verdient hat. Wenn der Arzt die abgesagte Behandlungsstunde wegen Ihrer kurzfristigen Absage leider nicht mit einem anderen Patienten belegen konnte, schulden Sie ihm das Honorar. Wird nichts bezahlt, kann der Arzt sein Honorar natürlich auch einklagen. Im Fall der Klage müssten Sie beweisen, dass sich der Arzt etwas erspart hat oder durch die Behandlung anderer Patienten in »Ihrer« Zeit gar keine Honorareinbuße hatte.

▶▶ *Gesetzesstelle: §§ 1165 ff. Allgemeines Bürgerliches Gesetzbuch (ABGB)*

? EINSICHT IN KRANKENGESCHICHTE: Ich war letztes Jahr im Spital zur Operation. Ich möchte jetzt meinen Bedenken nachgehen, dass bei meiner Operation nicht alles einwandfrei gelaufen ist. Ich möchte meine damalige Behandlung und mein Krankenbild überprüfen, kann ich die Unterlagen einsehen?

Jedes Spital ist verpflichtet, für Patienten eine Krankengeschichte zu führen. Sie haben als Patient auch das Recht, Ihre Krankengeschichte einzusehen und auch ein Recht darauf, dass Ihnen eine Kopie Ihrer Krankengeschichte ausgefolgt wird. Das ist Ihr gesetzlich gesichertes Patientenrecht. Sie können die Ausfolgung von Kopien der Krankengeschichte und Röntgenbildern vom Spital schriftlich anfordern. Bei der Anforderung müssen Sie Ihren Namen, Geburtsdatum, Adresse und möglichst auch Ihren genauen Behandlungszeitraum und die Krankenstation angeben. Die Bearbeitungskosten Ihrer Anfrage und die Kosten der Kopie müssen Sie selbst übernehmen, die Kosten sind aber überschaubar. Im AKH Wien zum Beispiel werden Bearbeitungsgebühren von derzeit rund € 8 zuzüglich zu den Kopierkosten verrechnet. Ihre Krankenunterlagen können Sie dann mit Ihrem Vertrauensarzt besprechen oder die Meinung eines anderen medizinischen Sachverständigen einholen.

▶▶ *Gesetzesstelle: § 51 Ärztegesetz (AerzteG) 1998, (Dokumentationspflicht und Auskunftserteilung)*

? EINWEISUNG IN EINE PSYCHIATRISCHE ANSTALT: Wann kann ein psychisch Auffälliger in einer Nervenheilanstalt untergebracht werden?

Ob und wann ein psychisch Kranker in einer Abteilung für Psychiatrie untergebracht werden darf, ist im Unterbringungsgesetz strikt geregelt. Voraussetzung ist, dass der Betroffene psychisch krank ist und deshalb sein Leben oder seine Gesundheit oder Leben und Gesundheit einer anderen Person ernstlich gefährdet ist. Man spricht von der »Selbst- oder Fremdgefährdung«. Voraussetzung ist auch, dass zur Anhaltung in der Anstalt keine alternative Behandlungsmöglichkeit besteht, wie zum Beispiel die ambulante Behandlung.

Die Unterbringung kann entweder der Betroffene selbst verlangen, oder sie erfolgt zwangsweise. Will der Betroffene selbst seine Unterbringung, muss er in der Lage sein, den Grund und die Bedeutung seiner Unterbringung einzusehen.

In jedem Fall wird der Betroffene bei Ankunft in der Anstalt vom Abteilungsleiter und einem weiteren Facharzt untersucht. Er darf nur aufgenommen werden, wenn nach übereinstimmenden, unabhängig voneinander erstellten ärztlichen Zeugnissen die Voraussetzungen für die Unterbringung vorliegen.

Die Krankenanstalt muss bei der zwangsweisen Unterbringung unverzüglich das Bezirksgericht im Sprengel der Anstalt über die Aufnahme informieren. Das Bezirksgericht bestellt daraufhin einen Patientenanwalt, der die Interessen des Untergebrachten vertritt.

Binnen vier Tagen ab Kenntnis der Unterbringung hat sich der zuständige Richter einen persönlichen Eindruck vom Kranken in der Anstalt zu verschaffen: es findet eine persönliche Anhörung statt, bei der auch der Arzt und der Patientenanwalt gehört werden. Gelangt der Richter dabei zum Ergebnis, dass die Voraussetzungen der Unterbringung nicht vorliegen, so hat er diese für unzulässig zu erklären. In diesem Fall ist die Unterbringung sofort aufzuheben.

Gelangt das Gericht bei der Anhörung aber zum Ergebnis, dass die Unterbringung zu Recht erfolgt ist, wird die Unterbringung vorläufig für zulässig erklärt. Die nächste mündliche Verhandlung zur Überprüfung der Unterbringung muss dann innerhalb von 14 Tagen stattfinden.

▶▶ *Gesetzesstelle: §§ 3, 4 ff. Unterbringungsgesetz (UbG)*

? PATIENTENVERFÜGUNG: Meine Großtante liegt seit 2 $^1/_2$ Jahren im Koma. Sie ist unansprechbar und reagiert auf nichts mehr. Ich würde ihr ein würdiges Ableben wünschen. Selbst habe ich panische Angst davor, dass ich auch einmal in so eine Lage komme und dann nicht mehr über mich bestimmen kann. Kann ich das verhindern?

Mit einer Patientenverfügung können Sie für den Fall vorsorgen, dass Sie einmal nicht mehr einsichts- und äußerungsfähig sein sollten. Die Patientenverfügung ist eine schriftliche Anordnung, in der Sie im Voraus festhalten, wie vorzugehen ist, falls sie nicht mehr fähig sind, über medizinische Behandlungsmethoden selbst zu bestimmen. Sie können darin bestimmte künstlich lebensverlängernde Maßnahmen ablehnen. Wegen der Tragweite muss vor Errichtung einer Patientenverfügung ein umfassendes ärztliches Aufklärungsgespräch geführt werden, der Arzt hält schriftlich daran fest, dass Ihre Einsichts- und Urteilsfähigkeit gegeben ist. Die Patientenverfügung muss alle fünf Jahre erneuert werden, Sie können sie aber jederzeit widerrufen.

Wenn Sie eine gültige Patientenverfügung abgegeben haben, ist im Ernstfall Ihre Entscheidung für den behandelnden Arzt bindend. Er darf die von Ihnen abgelehnte medizinische Maßnahme nicht vornehmen, selbst wenn Sie ohne diese Behandlung voraussichtlich sterben werden. Unzulässig ist in der Patientenverfügung allerdings ein Verzicht auf Nahrungs- und Flüssigkeitsversorgung und die Anordnung jeder Art aktiver Sterbehilfe.

▶▶ *Gesetzesstelle: §§ 2 ff. Patientenverfügungsgesetz (PatVG)*

? ZAHNREGULIERUNG – SCHADENERSATZ BEI KUNSTFEHLER: Ich habe für meine kerngesunden, aber schiefen Zähne eine fixe Zahnregulierung machen lassen. Es sind dann wirklich schmerzhafte Entzündungen entstanden, außerdem sah es für mich so aus, als würden meine Zahnhälse heraustreten. Mein neuer Zahnarzt hat nach erster Kontrolle gemeint, dass es bisher »nicht optimal gelaufen« sei. Wenn der erste Arzt Fehler gemacht hat, kann ich etwas von ihm fordern?

Ist die Behandlung wirklich nicht fachgerecht vorgenommen worden, so können Sie Folgendes fordern: die Rückerstattung des bezahlten Honorars, Schmerzensgeld für Schmerzen bei der fehlerhaften Erstbehandlung sowie der erforderlichen Nachbehandlung. Möglicherweise haben Sie auch Anspruch auf eine Verunstaltungsentschädigung, je nachdem, ob die Zahnhälse wirklich wegen einer Fehlbehandlung frei liegen und dadurch Ihr Äußeres leidet.

▶▶ *Gesetzesstelle: §§ 1295 i.V.m. 1298 ff. Allgemeines Bürgerliches Gesetzbuch (ABGB)*

③ Auto und Verkehr

Von zentraler Bedeutung für das Verkehrsrecht sind die Straßenverkehrsordnung (StVO) und das Kraftfahrzeugsgesetz. Die Straßenverkehrsordnung regelt die Verhaltenspflichten von Teilnehmern am Straßenverkehr. Zu den Verkehrsteilnehmern zählen Fußgänger, Autofahrer, Motorrad- und Radfahrer, Reiter und andere.

Das Kraftfahrzeuggesetz regelt die Verkehrs- und Betriebssicherheit von Kraftfahrzeugen auf öffentlichen Straßen. Die Grundregel im Straßenverkehr verlangt ständige Vorsicht, gegenseitige Rücksicht und ein Verhalten, durch das andere nicht geschädigt, gefährdet oder belästigt werden. Passiert ein Verkehrsunfall, muss der Unfallbeteiligte am Unfallort verbleiben, sich über die Unfallfolgen vergewissern, den Verkehr sichern, Verletzten helfen und den Geschädigten Angaben über seine Personalien machen. Unfallspuren dürfen nicht beseitigt werden, bevor die nötigen Feststellungen nicht getroffen sind. Für die Haftung gelten die Schadenersatzregeln des Eisenbahn- und Kraftfahrzeughaftpflichtgesetzes (EKHG) und des Allgemeinen bürgerlichen Gesetzbuches (ABGB).

Dabei hat auch die Straßenverkehrsordnung mit ihren Verhaltensregeln einen wichtigen Einfluss darauf, wer von den Unfallbeteiligten nach den Schadenersatzregeln des ABGB und EKHG verpflichtet ist, den Schaden zu zahlen. Denn die Straßenverkehrsordnung regelt, welches Fahrverhalten rechtmäßig oder rechtswidrig ist. Sie bestimmt damit, welcher Verkehrsteilnehmer am Unfall schuld und damit schadenersatzpflichtig ist. Haben beide Unfallbeteiligten die StVO übertreten, kann wegen Mitverschulden die Schadenstragung nach Verschuldensquoten zwischen den Beteiligten geteilt werden.

Bei den Regeln der StVO handelt es sich um sogenannte Schutzvorschriften. Das bewirkt eine Beweislastumkehr: Derjenige, der gegen die StVO verstoßen hat, muss beweisen, dass ihn kein Verschulden trifft. Das ist klar zum Vorteil des Geschädigten, denn normalerweise muss der, der Schadenersatz fordert, beweisen, dass der Schädiger schuldhaft gegen ein Gesetz verstoßen hat.

Unabhängig vom Verschulden haftet dem Unfallopfer die Haftpflichtversicherung des Unfalllenkers. Sie kann neben dem Unfalllenker vom Geschädigten in Anspruch genommen werden.

FÄLLE

? HAFTPFLICHTVERSICHERUNG FÜR AUTOBESITZER: Wozu muss ich eigentlich die zwingend vorgeschriebene Haftpflichtversicherung zahlen, wenn ich ein Auto haben will?

Damit sichergestellt ist, dass mit Ihrem Fahrzeug verursachte Schäden auch gedeckt sind, sollte mit Ihrem Auto ein Mensch getötet oder verletzt oder Sachen beschädigt oder zerstört werden. Deshalb hat jeder Halter eines Fahrzeuges nach dem Kraftfahrzeug-Haftpflichtversicherungsgesetz eine Haftpflichtversicherung abzuschließen. Mitversichert sind auch Personen, die mit Willen des Halters das Fahrzeug gelenkt haben. Die genauen Versicherungsbedingungen sind jeder Versicherungspolizze angeschlossen, dort finden Sie Ihre Rechte und Pflichten als Versicherungsnehmer. Als Halter eines KFZ sind Sie verpflichtet, Ihrem Versicherer längstens innerhalb einer Woche einen Unfall mitzuteilen, wahrheitsgemäße Auskünfte über den Unfallhergang zu geben, Belege zur Schadensabwendung oder -minderung vorzulegen. Ohne Zustimmung des Versicherers dürfen Sie nach einem Unfall keine Forderungen des Verletzten anerkennen und keinen Vergleich mit dem Geschädigten abschließen. Der Versicherungsschutz ist nicht dadurch ausgeschlossen, dass Sie als Versicherter den Unfall verschuldet haben, regelmäßig auch nicht bei grober Fahrlässigkeit; anderes gilt aber, wenn Sie vorsätzlich, mit Absicht, gehandelt haben.

26

Im Kraftfahrzeugshaftpflichtbereich kann der Geschädigte den Versicherer direkt in Anspruch nehmen. Der Versicherer haftet der Höhe nach aber nur bis zur Versicherungssumme. Der Lenker und der Halter haften der Höhe nach unbegrenzt mit ihrem gesamten Vermögen.

▶▶ *Gesetzesstelle: Kraftfahrzeug-Haftpflichtgesetz (KHVG)*

? **ALKOHOL AM STEUER: Stimmt es, dass die Versicherung den Autoschaden nicht decken muss, wenn ich leicht alkoholisiert einen Unfall baue?**

Ja. Verletzt der Versicherungsnehmer eine sogenannte »Obliegenheit«, kann das zur Leistungsfreiheit des Versicherers führen. Eine Obliegenheitsverletzung ist, wenn das Fahrzeug in einem durch Alkohol beeinträchtigten Zustand gelenkt wird. Dass ein Unfalllenker so alkoholisiert war, dass er durch den Alkohol beeinträchtigt war, muss der Versicherer beweisen. Gelingt ihm das, ist er wegen der Obliegenheitsverletzung von seiner Leistung an den Versicherten befreit. Ab einem Blutalkohol von 0,5 Promille ist die Alkoholbeeinträchtigung anzunehmen. Dass seine Fahrkünste durch den Alkohol nicht beeinträchtigt waren, ist für den Lenker dann nicht mehr beweisbar.

Alkohol am Steuer kann darüber hinaus deshalb teuer kommen, weil über alkoholisierte Unfalllenker in der Regel unbedingte Geldstrafen verhängt werden.

▶▶ *Gesetzesstelle: § 5 Straßenverkehrsordnung (StVO), § 6 Versicherungsvertragsgesetz (VersVG), § 5 Kraftfahrzeug-Haftpflichtgesetz (KVHG)*

? **FAHRERFLUCHT: Vor einigen Wochen bin ich bei einem abgestellten Auto angefahren. Da ich sehr in Eile war, habe ich meine Visitenkarte mit dem Vermerk »Bitte anrufen, den Schaden**

erledige ich« hinter den Scheibenwischer gesteckt. Nun habe ich eine Anzeige wegen Fahrerflucht bekommen. Das kann nicht sein, oder?

Leider doch. Einen Verkehrsunfall mit bloßem Sachschaden muss man jedenfalls dann »ohne unnötigen Aufschub« bei der Polizei melden, wenn man dem Geschädigten den eigenen Namen und Adresse nicht nachweisen kann. »Ohne unnötigen Aufschub« heißt ohne schuldhaftes Zögern. Zugebilligt wird ein Aufschub für notwendige, für die Verkehrssicherheit erforderliche Maßnahmen oder ein kurzes Warten an der Unfallstelle um festzustellen, ob der Besitzer der beschädigten Sache nicht doch in der Nähe ist. Eine Meldung, die Stunden später vorgenommen wird, ist verspätet, dann haben Sie bereits Fahrerflucht begangen.

Eine Meldung an die Polizeidienststelle kann nur entfallen, wenn die Unfallbeteiligten sich gegenseitig ihren Namen und ihre Adresse nachgewiesen haben. Dass Sie Ihre Visitenkarte hinterlassen haben, genügt nicht für den notwendigen Identitätsnachweis.

Wer Fahrerflucht begeht, muss bei bloßem Sachschaden mit einer Geldstrafe von € 36 bis € 2180 rechnen, die Höhe hängt unter anderem von Ihrem Einkommen ab.

▸▸ *Gesetzesstelle: § 4 Straßenverkehrsordnung (StVO)*

? LENKERAUSKUNFT: Vor zwei Monaten bin ich in meinem Auto von Wien nach Salzburg gefahren. Mein Bruder hat den Wagen gelenkt. Da wir spät dran waren, sind wir wohl mit zu hoher Geschwindigkeit unterwegs gewesen. Jedenfalls wurden wir vom Radar geblitzt. Deshalb ist bei mir nun die Aufforderung der Behörde eingetroffen, den Lenker bekannt zu geben, der an diesem Tag meinen Wagen gefahren hat. Ich müsste meinen Bruder belasten. Das muss man doch nicht, oder?

Sie beziehen sich darauf, dass man sich oder nahe Angehörige im Strafverfahren nicht belasten muss. Für die Lenkerauskunft gilt das nicht. Die Behörde kann vom Zulassungsbesitzer Auskunft darüber verlangen, wer zu einer bestimmten Zeit ein nach dem Kennzeichen bestimmtes Fahrzeug verwendet hat. Die Verpflichtung zur Lenkerauskunft ist streng geregelt. Jeder Fahrzeughalter ist verpflichtet, die Person mit Namen und Anschrift zu nennen, die bei der Rechtsübertretung sein Fahrzeug gefahren hat.

Die Pflicht zur Lenkerauskunft ist eine Aufklärungspflicht des Fahrzeughalters. Er muss an der Aufklärung der Verwaltungsstrafsache mitwirken. Auch Angehörige müssen genannt werden. Wenn der Zulassungsbesitzer die Auskunft nicht geben kann, muss er die Person benennen, die der Behörde die notwendige Auskunft geben kann. Wenn Sie Ihrer Auskunftspflicht nicht nachkommen und die Frist für Ihre Stellungnahme verstreicht, müssen Sie mit einer Geldstrafe wegen Verstoß gegen Ihre Auskunftspflicht rechnen.

▶▶ *Gesetzesstelle: § 103 Kraftfahrgesetz (KFG)*

❓ VERKEHRSUNFALL UND SCHADENERSATZ: In einem Strafprozess vor dem Bezirksgericht wurde mein Sohn nach einem Unfall zu einer Zahlung von € 1200 verurteilt. Der Unfallgegner droht trotzdem noch mit Klage beim Zivilgericht. Ich verstehe nicht wozu? Wie lange hat er Zeit, ein solches Verfahren anzustreben? Hat man bei einem so leichten Unfall überhaupt Chancen vor einem Zivilgericht?

Das Unfallopfer hat versucht seine Schadenersatzansprüche (zum Beispiel Schmerzensgeld) zuerst im Strafverfahren als Privatbeteiligter geltend zu machen. Normalerweise wird, wenn überhaupt, vom Strafgericht nur ein kleiner Teil der Schadenersatzforderung (Schmerzensgeld) zugesprochen und der Verletzte mit seiner restlichen Forderung auf den Zivilrechtsweg verwiesen. Das deshalb, weil meist im Strafverfahren kein Gutachten über die Schmerzperioden eingeholt wird. Es wird mit den Erfolgsaussichten für das Zivilverfahren auf die Höhe des beim Unfallgegner eingetretenen Schadens (war dieser höher als € 1200?) und das medizinische Sachverständigengutachten ankommen, ob die dort festgestellten Schmerzperioden einen über € 1200 gehenden Schmerzensgeldbetrag rechtfertigen. Der Unfallgegner muss die dreijährige Verjährungsfrist für seine Forderung beachten.

▶▶ *Gesetzesstelle: § 67 Strafprozessordnung (StPO)*

 WINTERAUSRÜSTUNGSPFLICHT: Wann muss ich die Winterreifen montiert haben?

Die Winterreifenpflicht besagt, dass die Lenker von PKWs und LKWs bis zu 3,5 Tonnen bei winterlichen Fahrbedingungen Winterreifen montiert haben müssen. Winterliche Fahrbahnverhältnisse sind zum Beispiel Schneefahrbahn, Schneematsch oder Eis. Hat der Autofahrer bei diesen Wetterverhältnissen nicht vorgesorgt, so kann die Polizei das mit einer Geldstrafe ahnden.
Die Winterreifenpflicht gilt im Jahr von 1. November bis 15. April. Jene, die ab 1. November nicht umgerüstet haben, haben nur so lange kein Problem, als keine winterlichen Verhältnisse bestehen. Bei bloßem Regenwetter gilt die Winterreifenpflicht nicht.
Der Strafrahmen für die Geldstrafe beträgt bis zu € 5000. Bei der Bemessung der Strafe hat die Behörde einen sogenannten »Ermessensspielraum«. Die Behörde muss berücksichtigen, welche Gefährdung durch den Verstoß gegen die Winterreifenpflicht in Hinblick auf Witterung, Straßenverhältnisse und Verkehr gegeben war. Für Lenker von LKWs über 3,5 Tonnen (Schwerfahrzeugen) und Autobusse gilt die Winterreifenpflicht unabhängig davon, ob Schnee und Eis liegt oder nicht.

Als Alternative zur Winterbereifung kann man Schneeketten auf mindestens zwei Antriebsrädern montieren. Das ist allerdings nur erlaubt, wenn die Straße durchgängig oder fast durchgängig mit Schnee oder Eis bedeckt ist. Die Schneeketten müssen so befestigt sein, dass sie die Oberfläche der Fahrbahn nicht beschädigen können.

▸▸ *Gesetzesstelle: § 102 Kraftfahrzeuggesetz (KFG)*

? FAHRRADPARKEN AM GEHSTEIG: Was gilt denn für das Fahrradfahren auf dem Gehsteig?

Auf Gehsteigen und Gehwegen ist das Radfahren verboten. Der Gehsteig darf ab einer Breite von 2,5 Metern zum Abstellen des Fahrrades benützt werden. Am Gehsteig müssen Fahrräder platzsparend aufgestellt werden und zwar so, dass Fußgänger nicht behindert und Sachen nicht beschädigt werden.

▸▸ *Gesetzesstelle: § 68 Straßenverkehrsordnung (StVO)*

? FAHRRADUNFALL: Als ich mit meinem Fahrrad die Straße auf dem Schutzweg überquerte, wurde ich von einem telefonierenden Autofahrer angefahren. Der Fahrer hat gleich geholfen und gab mir auch seine Daten. Er sagte, wir würden das über seine Versicherung regeln. Ich habe durch den Sturz ziemlich tiefe Schrammen und riesige blaue Flecken auf den Beinen. Wie geht es nun weiter? Welche Entschädigung bekomme ich?

Der Autolenker muss seiner Haftpflichtversicherung eine Schadensmeldung machen. Er wird den Unfall und die Umstände bekannt geben. Ihrer Schilderung folgend steht sein alleiniges Verschulden am Unfall fest, zumal Sie am Schutzweg unterwegs waren und er durch das Telefonieren unaufmerksam war. Unklar ist daher nur noch die Höhe Ihrer Forderungen. Sie haben Anspruch auf Schadenersatz, etwa für Fahrrad-Reparatur-kosten, zerrissene Kleidung, Ihre Arztkosten, Medikamente etc. Um die entstandenen Kosten der Versicherung nachweisen zu können, heben Sie alle Rechnungen auf. Darüber hinaus haben Sie Schmerzensgeldanspruch. Die Höhe des Schmerzensgeldes wird anhand Ihrer ärztlichen Unterlagen berechnet, normaler-weise holt die Versicherung dazu ein medizinisches Sachver-ständigengutachten ein. Nach Ihrer Schilderung können Sie mit Schmerzensgeld zwischen € 1000 und € 1500 rechnen. Wichtig ist, dass Sie alle medizinischen Befunde aufbewahren und ärztliche Kontrolltermine einhalten. Auch wenn Sie keinen schweren Unfall hatten, sollten Sie mit einem Arzt abklären, ob mit Folgeschäden, die erst später auftreten könnten, zu rech-nen ist. Behalten Sie auch die 3-jährige Verjährungsfrist für Ihre Ansprüche im Auge.

▸▸ *Gesetzesstelle: §§ 1295 i.V.m. 1325 Allgemeines Bürgerliches Gesetz-buch (ABGB)*

? PFLICHT ZUR RADWEGBENÜTZUNG: Mein Sohn ist im Som-mer immer mit dem Rad in der Stadt unterwegs. Jetzt wurde er von einem Auto angefahren, als er vom Radweg auf die Straße gefahren ist. Die Versicherung weigert sich, den ganzen Schaden zu ersetzen. Sie spricht von Mitverschulden, obwohl mein Sohn ganz normal mit dem Rad gefahren ist. Was soll das?

Das kann verschiedenste Gründe haben. Wenn man in der Stadt Rad fährt, gibt es »einfach nur Rad fahren« leider nicht. Denn um die vielen Gefahrensituationen zwischen Autofahrern und Radfahrern zu regeln und Schäden zu vermeiden, gibt es etli-che Verhaltensregeln für beide Verkehrsteilnehmer. Das Verhal-ten von Radfahrern ist in § 68 der Straßenverkehrsordnung geregelt. Es gilt für die Benützung von Radwegen zum Beispiel: Gibt es einen Radweg, muss der Radfahrer diesen Radweg benützen, nicht die Straße. Bei Verlassen des Radweges in den fließenden Verkehr müssen Radfahrer den anderen Fahrzeugen im fließenden Verkehr den Vorrang geben. Und Radfahrerüberfahrten, die nicht durch Ampel geregelt sind, dürfen von Radfahrern nur mit einer Geschwindigkeit von maximal 10 km/h und keinesfalls überraschend, unmittelbar vor einem herannahenden Fahrzeug befahren werden. Dem Kfz-Lenker ist wohl sein Aufmerksamkeitsmangel, vielleicht auch überhöhte Geschwindigkeit vorzuwerfen. Sollte auch Ihr Sohn gegen Radfahr-Regeln verstoßen haben und tatsächlich ein Mitverschulden am Unfall bestehen, muss der Schaden von beiden Unfalllenkern geteilt getragen werden.

▶▶ *Gesetzesstelle: § 68 Straßenverkehrsordnung (StVO), § 1304 Allgemeines Bürgerliches Gesetzbuch (ABGB)*

? SKATEBOARDFAHRT: Mein zehnjähriger Sohn liebt es, mit dem Skateboard zu fahren. Er fährt damit auch zur Schule, er benützt den Gehsteig. Immer wieder muss er sich von Passanten zurechtweisen lassen, die meinen, dass das verboten wäre. Stimmt das?

Das Befahren von Gehsteigen ist in der Straßenverkehrsordnung geregelt. Auch das Befahren des Gehsteiges mit – wie es im Gesetz in § 88 StVO heißt – »fahrzeugähnlichem Kinderspielzeug und ähnlichen Bewegungsmitteln« ist erlaubt, Spiele jeder Art sind aber verboten. Zudem darf die Fahrbahn keine zu starke Neigung haben. Zu den fahrzeugähnlichen Kinderspielzeugen und ähnlichen Bewegungsmitteln zählen neben Skateboards zum Beispiel auch Tretroller, Micro-Scooter oder Snakeboards.

Voraussetzung für das Befahren ist weiters, dass dadurch die Fußgänger oder der Verkehr auf der Fahrbahn nicht gefährdet oder behindert werden.

Zu beachten ist noch eine Regelung für den Fall, dass Ihr Sohn keinen Radfahrausweis hat: Kinder unter zwölf Jahren, die keinen Radfahrausweis haben, müssten beim Befahren von Gehsteigen mit den genannten Fortbewegungsmitteln von einer Person, die das sechzehnte Lebensjahr vollendet hat, beaufsichtigt werden.

▸▸ *Gesetzesstelle: § 88 Straßenverkehrsordnung (StVO)*

④ Bank und Geldgeschäfte

Das Bankrecht umfasst Verträge und Geschäftsbeziehungen zwischen Kunden und Banken. Es regelt unter anderem die Geheimhaltungspflicht der Bank, Konten- oder Darlehensverträge sowie die Haftung von Banken bei falscher Beratung des Kunden. Besonders aktuell ist der Anlegerschutz bei Fehlberatung durch Finanzdienstleister.

FÄLLE

? ANLAGEBERATUNG: Ich habe ein Wertpapierdepot genommen, weil mein Anlageberater mir zugesagt hat, dass ich nicht mehr verlieren kann, als ich angelegt habe. Es sieht jetzt aber schlecht aus. Ich fürchte hohe Verluste und fühle mich verraten. Kann ich ihn wegen der falschen Beratung verklagen?

Bloße Zusagen haben für eine wirksame Beratung sicher nicht gereicht. Der Anlageberater muss seinem Kunden alle Informationen mitteilen, die zur Wahrung der Interessen des Kunden und in Hinblick auf die Art und den Umfang der beabsichtigten Geschäfte erforderlich ist. Der Anlageberater muss schriftlich in einem Beratungsprotokoll einen Status über seinen Kunden erhoben haben, es gibt dazu ein Formblatt. Der Status enthält Angaben über die Risikobereitschaft und Veranlagungswünsche des Kunden. Dazu muss der Anleger nach seinen wirtschaftlichen Verhältnissen (Einkommen, Vermögen, Schulden) befragt werden. Liegt das ausgefüllte Status-Formblatt nicht vor, hat der Berater gegen eine Rechtspflicht verstoßen. Der Anleger muss auch über etwaige spezielle Risiken vollständig aufgeklärt und darauf hingewiesen werden. Das Formblatt muss vom Anleger unterschrieben werden, der Inhalt der Urkunde muss dem Anleger erklärt werden.

Es muss auch vereinbart worden sein, ob der Anlageberater über das Depot frei verfügen darf oder nur auf Anweisung des Kunden. Ist vereinbart, dass der Anlageberater über das Depot verfügt, muss er umso mehr das Risikoverhalten des Kunden kennen, sonst kann der Wertpapierdienstleister ja nicht dem Veranlagungsziel und den Wünschen des Kunden entsprechen.

Wünscht ein Anleger ein risikoarmes Papier, erwirbt er jedoch in Folge einer fehlerhaften Anlageberatung ein risikoreiches Papier, kann – wenn Schaden eintritt – Schadenersatz verlangt werden.

▶▶ *Gesetzesstelle: §§ 11–15 Wertpapieraufsichtsgesetz (WAG), Wohlverhaltensregeln*

❓ BANKEN UND EINLAGENSICHERUNG: Ich habe ein Sparbuch. Wo ist denn geregelt, dass und auf welche Art mein Guthaben gesichert ist?

Die sogenannte »Einlagensicherung« ist im Bankwesengesetz geregelt. Jedes österreichische Geldinstitut muss einer Einlagensicherungsgesellschaft angehören und eine Einlagensicherung für Einlagen seiner Kunden haben. Zu den gesicherten Einlagen zählen zum Beispiel Guthaben auf Sparbüchern oder Konten wie Gehalts- und Pensionskonten.

Bei Konkurs oder sonstiger Zahlungsunfähigkeit eines Bankinstituts muss die Bank dem Kunden das Sparguthaben bis zur Höhe der Einlagensicherung auszahlen – und zwar auf Verlangen des Kunden innerhalb von drei Monaten.

Ab 1. Jänner 2011 verkürzt sich die Auszahlungsfrist sogar auf maximal 30 Arbeitstage. Mit dieser Einlagensicherung sollen zumindest die kleineren Anleger vor dem gänzlichen Verlust ihrer Ersparnisse bewahrt werden. Seit dem 1. Jänner 2010 sind Einlagen natürlicher Personen bis zu einem Betrag von € 100 000 gesichert.

▶▶ *Gesetzesstelle: §§ 93 ff., § 103h und k Bankwesengesetz (BWG)*

? **BANKGEHEIMNIS:**
Was ist das Bankgeheimnis?

Das Bankgeheimnis ist die Pflicht und auch das Recht der Bank, gegenüber anderen Personen die Auskunft über finanzielle Verhältnisse der Kunden zu verweigern. Banken dürfen und müssen unter anderem nur in gesetzlichen Ausnahmefällen Informationen geben. Sie dürfen Auskünfte nur im Auftrag des Gerichtes geben, wenn ein Strafverfahren anhängig ist oder zum Beispiel im Todesfall gegenüber dem Verlassenschaftsgericht. Eine Kontoauskunft über ein Konto in Österreich kann einzig und allein nur ein österreichisches Gericht verfügen, egal ob der Kontoinhaber Österreicher oder Ausländer ist und wo er wohnt.

▶▶ *Gesetzesstelle: § 38 Bankwesengesetz (BWG)*

? **UNRICHTIGER KONTOAUSZUG:** Ich habe einen Kontoauszug erhalten, der Positionen aufweist, die unmöglich von mir stammen können. Insgesamt machen diese Posten über € 550 aus. Als alleinversorgende Mutter kann ich mir das nicht leisten. Wie kann ich das richtigstellen?

Sehen Sie in den Allgemeinen Geschäftsbedingungen Ihrer Bank zum Thema »Widerspruch, Einwendungen« nach. Wenn Sie bestimmte Zahlungspositionen bestreiten wollen, müssen Sie rechtzeitig, grundsätzlich innerhalb von sechs Wochen, bei der Bank Widerspruch erheben. Am besten, Sie bestreiten die falsche Buchung schriftlich per Fax oder eingeschriebenem Brief unter genauer Angabe der bestrittenen Positionen.

Wenn Sie rechtzeitig Widerspruch erheben, werden die Geldflüsse von der Bank weiterverfolgt und überprüft. Bei verspäteter Reklamation verlieren Sie zwar Ihr Recht auf Berichtigung nicht, allerdings gelten die Kontoauszüge als genehmigt, und es trifft Sie als Kunden die Beweislast für das Gegenteil.

▶▶ *Gesetzesstelle: § 6 Konsumentenschutzgesetz (KSchG), Allgemeine Geschäftsbedingungen (AGB) der Bank*

❓ VERZUGSZINSEN: Ich habe meinem Nachbarn Geld geborgt. Ich bin damals davon ausgegangen, dass ich mein Geld wie vereinbart zurückbekommen werde, deshalb habe ich nicht daran gedacht, Verzugszinsen zu fixieren. Jetzt warte ich seit 3 Monaten vergeblich auf seine Zahlung. Kann ich Verzugszinsen verlangen und in welcher Höhe?

Verzugszinsen können Sie verlangen, wenn Ihr Nachbar mit der Rückzahlung in Verzug ist, er also das Geld nicht fristgerecht zurückzahlt. Da Sie mit Ihrem Nachbarn zur Höhe von Verzugszinsen nichts vereinbart haben, gelten die gesetzlich festgelegten Verzugszinsen. Diese betragen vier Prozent pro Jahr.

▶▶ *Gesetzesstelle: §§ 1000, 1333 Allgemeines Bürgerliches Gesetzbuch*

❓ VERZUGSZINSEN UNTER GESCHÄFTSLEUTEN: Ich habe einem Geschäftspartner eine fällige Rechnung gestundet und für den Fall der nicht zeitgerechten Rückzahlung Verzugszinsen ausgemacht. Nun verweigert er die Zahlung des vereinbarten Zinssatzes mit der Begründung, dass die Gesetzeslage über die Verzugszinsen geändert wurde. Ist das richtig?

Ihre vertraglich vereinbarten Verzugszinsen gehen der gesetzlichen Regelung vor. Da Sie eine Zinsvereinbarung getroffen haben, gilt diese. Nur wenn Sie über die Höhe von Verzugszinsen nichts vereinbart hätten, würden die gesetzlichen Verzugszinsen »einspringen«. Die sind für Unternehmer im Unternehmensgesetzbuch (früher Handelsgesetzbuch) geregelt. Sie liegen 8% über dem Basiszinssatz. Der Basiszinssatz wird halbjährlich von der Österreichischen Nationalbank veröffentlicht und liegt derzeit bei 0,38%, sodass sich die Verzugszinsen zwischen Unternehmern mit 8,38% berechnen. Möglich ist es auch, über den normalen Verzugszins hinaus Zinseszinsen zu verlangen und zwar, wenn nicht anders vereinbart ist, 4 Prozent.

▶▶ *Gesetzesstelle: § 352 Unternehmensgesetzbuch (UGB), §§ 1333, 1000 Allgemeines Bürgerliches Gesetzbuch (ABGB)*

? **AUSKUNFT ÜBER VERMÖGEN:** Ich weiß, dass meine Mutter (89 Jahre) vermögend ist, sie weigert sich aber zu Lebzeiten, ihren Nachlass zu regeln. Seit sie im Pflegeheim ist, hat meine Schwester einen auffallend aufwendigen Lebensstil. Ich vermute, dass sie sich Vermögen unserer Mutter unter den Nagel gerissen hat. Kann ich irgendwie überprüfen, wie viel Geld meine Mutter auf ihren Konten hat und wie viel sie vor der Übersiedlung ins Pflegeheim hatte? Würde ein Sachwalter das überprüfen können?

Nein. Es gibt keine Möglichkeit von dritter Stelle Auskunft über das Geldvermögen Ihrer Mutter zu erhalten. Banken und Versicherungen sind zur Verschwiegenheit verpflichtet und an die Datenschutzbestimmungen gebunden. Sollten Sie Grundstücke im Vermögen vermuten, steht es Ihnen selbstverständlich frei, eine Grundbuchabfrage zu machen. Das Grundbuch ist öffentlich zugänglich.

Auch können Sie Ihre Mutter nicht dazu anhalten, ein Testament zu machen oder sonst über ihr Vermögen zu verfügen. Ihre Mutter ist hier nicht eingeschränkt und kann Ihrer Schwester etwas schenken, wenn sie das für richtig hält. Wenn Ihre Mutter für ihre Vermögensangelegenheiten einen Sachwalter hätte, wäre der Sachwalter berechtigt, Auskünfte bei Bank- und Versicherungsinstituten einzuholen. Aber auch der

Sachwalter dürfte Ihnen keine Auskünfte über die Vermögens-
verhältnisse Ihrer Mutter geben, denn er hat nur den Willen
und das Wohl Ihrer Mutter zu vertreten, nicht Ihres.

▸▸ *§ 38 Bankwesengesetz (BWG), § 15 Datenschutzgesetz (DSG)*

❓ BANKGEHEIMNIS UND ERBSCHAFT: Meine Mutter ist kürzlich verstorben. Ich weiß, dass sie bei ihrer Hausbank Wert-
papiere und Konten hatte. Die Bankangestellte, die meine Mutter
ständig betreute und mich auch kennt, verweigert mir Auskunft
darüber zu geben, wie viel Geld auf den Konten meiner Mutter liegt.
Das Verlassenschaftsverfahren hat schon begonnen, ich bin, wie es
derzeit aussieht, Alleinerbin. Die Bank muss mir als einziger Tochter doch Auskunft geben, oder?

Die Bank darf keine Auskunft geben, da das Bankgeheimnis sie
zur Verschwiegenheit verpflichtet. Das gilt auch gegenüber
engsten Verwandten eines verstorbenen Kunden und voraussichtlichen Erben. Informieren Sie das Verlassenschaftsgericht
oder den Gerichtskommissär darüber, dass Ihre Mutter ein
Konto bei dieser Bank hatte. Das Gericht oder der Gerichtskommissär kann und wird dann von der Bank oder Versicherung
schriftlich Auskunft verlangen. Die Banken und Versicherungen sind bei einer solchen Anfrage vom Bankgeheimnis ent-
bunden und zur Auskunft verpflichtet. So erlangt das Gericht
Auskunft über die Werte, die auf den Namen Ihrer verstorbenen Mutter lauten, wie zum Beispiel Wertpapierdepots, Sparbü-
cher, Bausparvertrag, Giro- oder Pensionskonto, Lebensversi-
cherungen, Er- und Ablebensversicherungen.

▸▸ *Gesetzesstelle: § 38 Abs. 2 Z 3 Bankwesengesetz (BWG)*

5 Todesfall und Erbschaft

Das Erbrecht regelt den Übergang der Erbschaft vom Verstorbenen auf dessen Erben. Der »Nachlass« sind das hinterlassene Vermögen und auch die Schulden des Verstorbenen, der Erblasser genannt wird.

Im Erbrecht gelten zwei Grundsätze: die Testierfreiheit und die gesetzliche Familienerbfolge.

Durch die Testierfreiheit kann man in einem Testament frei verfügen, wer im Todesfall das hinterlassene Vermögen erben soll. Der Erblasser kann sein Vermögen hinterlassen, wem er will: sei es einem Verein, seiner Lieblingstochter, einem gemeinnützigen Verein, dem Pflegeheim, dem Nachbarn, der die letzten Monate so freundlich war – dies gilt auch dann, wenn sich andere mehr um ihn gekümmert haben.

Durch die gesetzliche Familienerbfolge sollen die nächsten Verwandten des Erblassers etwas bekommen: Wird kein Testament gemacht, gilt automatisch das gesetzliche Erbrecht. Ein gesetzliches Erbrecht haben der Ehegatte des Verstorbenen, seine Kinder und deren Nachkommen. Gibt es keine Kinder oder Enkel, so kommen die Eltern des Verstorbenen neben dem Ehegatten zum Zug.

Die Testierfreiheit ist durch das »Pflichtteilsrecht« beschränkt: Selbst wenn der Erblasser ein Testament hinterlassen hat, in dem die Familienmitglieder unerwähnt sind, steht ihnen wegen der Familienerbfolge jedenfalls der Pflichtteil am hinterlassenen Vermögen zu. Der Pflichtteil besteht unabhängig davon, ob sich der Erblasser mit seiner Familie gut verstanden hat. Den Pflichtteil kann die Familie gegen den eingesetzten Erben durchsetzen, der Pflichtteil ist in Geld auszubezahlen. Er beträgt die Hälfte des gesetzlichen Erbteils.

Was nach dem Verlassenschaftsverfahren für die Erben letztlich überbleibt, berechnet der vom Gericht als Gerichtskommissär eingesetzte Notar: Er macht eine Aufstellung über die hinterlassenen Vermögenswerte wie Liegenschaften, Sparguthaben,

Schmuck und Forderungen gegen andere Personen. Davon zieht er die Schulden des Verstorbenen ab. Als Schulden werden vom Vermögen auch die Kosten des Begräbnisses und des Verlassenschaftsverfahrens abgezogen. Was übrig bleibt, wird unter den Erben aufgeteilt.

Aber nicht immer ist die Erbschaft ein Glücksfall! <u>Achtung</u>: Auch die Schulden des Verstorbenen sind vererblich. Wenn der Verstorbene größere Schulden hatte oder man das vermuten kann, so empfiehlt sich eine »bedingte Erbantrittserklärung« abzugeben, bei der man für die Schulden nur so weit haftet, als das hinterlassene Vermögen ausreicht.

FÄLLE

? **VERSTORBENER MIETER:** Unsere Tante ist verstorben. Ihre Mietwohnung ist noch voll persönlicher Gegenstände. Die Erbgeschichte ist kompliziert genug, müssen wir als ihre einzigen Verwandten auch noch auf unsere Kosten die Wohnung räumen?

Am besten ist es, im Verlassenschaftsverfahren einen Erbenmachthaber oder Nachlasskurator bestellen zu lassen. Der kann dann geordnet das Mietverhältnis beenden, und es kann nicht zu Spekulationen und Streitereien darüber kommen, ob und wer persönliche Dinge der Verstorbenen »verräumt« hat. Die Kosten der Räumung sind Kosten, die gegenüber der Verlassenschaft geltend zu machen sind. Sollten Sie die Räumung übernehmen, melden Sie die Kosten beim Gerichtskommissär.

▸▸ *Gesetzesstelle: §§ 145 ff. Außerstreitgesetz (AußStrG)*

? **ADOPTIERTER SOHN UND ERBRECHT:** Mein 18-jähriger Sohn hat sich vom neuen Mann meiner Exfrau adoptieren lassen. Den Kontakt zu mir hat er abgebrochen. Hat er mir gegenüber noch irgendwelche Rechte? Kann er von mir noch erben?

Ihr Sohn hat sein Erbrecht Ihnen gegenüber nicht verloren, es sei denn, es liegt ein Enterbungsgrund vor. Ein Kind kann dann enterbt werden, wenn es den Erblasser im Notstand hilflos gelassen hat. Der vom Gesetz geforderte »Notstand« meint nicht nur eine finanzielle Not, sondern allgemein einen Zustand der Bedrängnis. Der Umstand, dass sich Ihr Sohn adoptieren hat lassen, ist für sich alleine noch kein Enterbungsgrund.

▶▶ *Gesetzesstelle: § 768 Allgemeines Bürgerliches Gesetzbuch (ABGB)*

? ERBVERZICHT: Meine Schwester hat einen Erb- und Pflichtteilsverzicht abgeben müssen, als sie von meinen Eltern ein Haus geschenkt bekommen hat. Meine Mutter ist kürzlich verstorben. Bei Gericht wurde ein Testament vorgelegt, in dem meine Schwester nun ein Vermächtnis erhalten soll, das fast das ganze hinterlassene Vermögen auffrisst. Der Erbverzicht war gültig. Ist das Vermächtnis ungültig?

Erbeinsetzung im Testament und Vermächtnis sind ganz unterschiedliche Instrumente. Mit dem Vermächtnis will der Erblasser, hier Ihre Mutter, einer besonderen Person einen ganz bestimmten Gegenstand aus seinem Vermögen vermachen. Diese besondere Person ist nicht Erbe, sondern »Vermächtnisnehmer«. In ihrem Testament konnte Ihre Mutter auch eine Person, die einen Erbverzicht abgegeben hat, als Vermächtnisnehmer einsetzen. Ihre vormals verzichtende Schwester ist davon nicht ausgeschlossen. Das Vermächtnis besteht gültig neben dem Testament und muss von den Erben erfüllt werden.

▶▶ *Gesetzesstelle: §§ 535, 647 Allgemeines Bürgerliches Gesetzbuch (ABGB)*

43

? GESETZLICHER ERBANSPRUCH: Wenn meine Frau sterben sollte, wie viel Erbanspruch habe ich dann? Wir haben zwei Kinder. Meine Frau war schon einmal verheiratet, hat ihr Ex-Mann auch einen Anspruch?

Wenn Ihre Frau kein Testament hinterlässt, erben Sie als Ehegatte nach dem gesetzlichen Erbrecht. Gesetzliche Erben sind der Ehepartner und die nächsten Verwandten. Als überlebender Ehemann würden Sie neben Ihren Kindern ein Drittel des hinterlassenen Vermögens erben. Ihre Kinder teilen sich den Rest, also bekommt jedes Kind ein Drittel. Geschiedene Ehepartner gehören nicht zu den gesetzlichen Erben und sind auch nicht pflichtteilsberechtigt.

▶▶ *Gesetzesstelle: §§ 730, 757. Allgemeines Bürgerliches Gesetzbuch (ABGB)*

? KEIN VERMÖGEN: Mein Stiefvater hat nur eine kleine Pension, Erspartes gibt es, glaube ich, nicht. Was passiert, wenn mein Stiefvater stirbt und gar kein Vermögen zu vererben hat? Er hat keine anderen Verwandten als meine Mutter und mich. Wer zahlt dann das Begräbnis?

Wenn jemand bei seinem Tod nur sehr wenig Vermögen hinterlässt, muss es nicht zu einem förmlichen Verlassenschaftsverfahren kommen. Dann kann der Nachlass »armutshalber abgetan« werden.

Reicht das hinterlassene Vermögen gerade einmal für die Begräbniskosten, kann das hinterlassene Vermögen jener Person, die die Begräbniskosten getragen hat, »an Zahlungs statt« überlassen werden. Das Verlassenschaftsverfahren wird dann dadurch beendet, dass jene Person, die die Begräbniskosten bezahlt hat, vom Bezirksgericht dazu berechtigt wird, über den Nachlass zu verfügen. Der Nachlass wird dieser Person an Zahlungs statt überlassen, unabhängig davon, ob sie als Erbe bedacht wurde, oder nicht. Die Person hat das Begräbnis bezahlt und soll aus dem Nachlass für die Kosten entschädigt werden.

▶▶ *Gesetzesstelle: §§ 154 ff. Außerstreitgesetz (AußerStrG)*

? **MÜNDLICHES TESTAMENT:** Mein Taufpate ist schwer erkrankt und seit 3 Monaten in stationärer Spitalsbehandlung. Er hat kein schriftliches Testament hinterlassen, mir aber in Gegenwart der Stationsschwester und meines Mannes zugesichert, dass ich sein Vermögen erben soll. Ich möchte wissen, ob diese mündliche Zusage nach seinem Ableben ausreichend wäre, um zu erben?

Das mündliche Testament ist nur noch als Notfalllösung vorgesehen. Nur wenn der Erblasser in Lebensgefahr ist, oder die Gefahr besteht, dass er zu einem späteren Zeitpunkt nicht mehr gültig seinen letzten Willen erklären kann, kann ein mündliches Testament wirksam errichtet werden. Dazu ist es notwendig, dass der Erblasser vor zwei zugleich anwesenden, nicht erbberechtigten Zeugen seinen letzten Willen erklärt. Der Inhalt des letzten Willens muss von den Zeugen durch ihre übereinstimmende Aussage bestätigt werden können. Das mündliche Testament verliert aber bereits nach 3 Monaten seine Gültigkeit! Daher sollte ein mündliches Testament immer möglichst rasch durch ein schriftliches Testament ersetzt werden.

▶▶ *Gesetzesstelle: § 597 Allgemeines Bürgerliches Gesetzbuch (ABGB)*

? **PFLICHTTEILSANSPRUCH:** Mein Gatte und ich sind beide in zweiter Ehe verheiratet. Beide haben wir Kinder aus erster Ehe. Mein Mann hat ein schönes Wochenendhaus am See. Wenn er stirbt, haben dann auch meine Kinder Pflichtteilsanspruch auf dieses Haus?

Einen Anspruch auf den Pflichtteil haben der Ehegatte und die nächsten Verwandten des Verstorbenen. Nächste Verwandte sind neben dem Ehegatten die leiblichen Kinder, Enkel und Urenkel. Wenn keine Nachkommen vorhanden sind, neben dem Ehegatten auch die Eltern des Erblassers.

Zu Ihrer Anfrage daher: Nein, Ihre Kinder haben keinen Anspruch auf das Haus des Stiefvaters, es sei denn, sie wurden von Ihrem Mann adoptiert und damit dessen leiblichen Kindern gleichgestellt. Sonst sind nur seine eigenen Kinder »nächste« Verwandte.

▸▸ *Gesetzesstelle: § 762 Allgemeines Bürgerliches Gesetzbuch (ABGB)*

❓ SCHULDEN DES VERSTORBENEN – BEDINGTE UND UNBEDINGTE ERBANTRITTSERKLÄRUNG: Mein Vater ist unerwartet gestorben. Meine Mutter und ich sind seine Erben. Im Verlassenschaftsverfahren hat sich herausgestellt, dass er etliche Kredite laufen hatte. Meine Mutter und ich wussten nichts davon. Die Höhe der Schulden erfahren wir demnächst. Müssen wir die Schulden übernehmen, obwohl wir nichts davon wussten und nie etwas unterschrieben haben?

Im Verlassenschaftsverfahren erklären die Erben, ob und wie sie die Erbschaft antreten wollen. Um etwas erben zu können, muss man eine Erbantrittserklärung abgeben: Man kann eine Erbschaft »unbedingt« oder »bedingt« antreten. Die Unterscheidung ist wichtig für die Haftung des Erben, sollte der Verstorbene Schulden hinterlassen.

Wenn Sie als Erbe eine »unbedingte Erbantrittserklärung« abgeben, haften Sie für alle Nachlassschulden unbeschränkt, das heißt sogar mit Ihrem eigenen Vermögen.

Bei der »bedingten Erbantrittserklärung« haben Sie den Vorteil, dass Sie die hinterlassenen Schulden nur so weit übernehmen, als diese vom hinterlassenen Vermögen auch gedeckt sind. Die Schulden Ihres verstorbenen Vaters werden den

Gläubigern dann nur so weit bezahlt, als die Erbschaft dafür ausreicht.

Sie müssen nicht übereilt eine Erklärung abgeben. Zur Abgabe der Erbantrittserklärung ist Ihnen eine den Umständen entsprechende Bedenkzeit zu gewähren (mindestens vier Wochen, maximal ein Jahr).

Wenn schon klar ist, dass die Schulden ihres verstorbenen Vaters sein Vermögen übersteigen, müssen Sie das Erbe auch gar nicht antreten. Dann gibt man bei Gericht eine sogenannte »Erbsentschlagung« ab. Das heißt, Sie treten die Erbschaft nicht an, erben nichts, haften aber auch für nichts.

▶▶ *Gesetzesstelle: § 157 Außerstreitgesetz (AußStrG), §§ 801, 802 Allgemeines Bürgerliches Gesetzbuch (ABGB)*

❓ NEUES TESTAMENT UND PFLICHTTEIL: Wir haben vor einem Jahr ein Testament zugunsten unserer Tochter gemacht. Jetzt haben wir uns mit ihr zerstritten und möchten lieber unseren Sohn als Alleinerben einsetzen. Geht das einfach durch ein neues Testament? Welchen Anspruch hätte dann unsere Tochter?

Ja, durch ein neues Testament wird das alte Testament aufgehoben. Sie können im Testament frei über Ihr Vermögen verfügen. Sie können es natürlich inhaltlich ändern und korrigieren, wann und sooft Sie wollen. Damit das Testament gültig ist, müssen Sie aber die gesetzlichen Formvorschriften einhalten. Sie können entweder ein »eigenhändiges Testament« oder ein »fremdhändiges Testament« machen. Wenn Sie Ihrer Tochter im neuen Testament nichts zukommen lassen, hat Ihre Tochter nur mehr einen Pflichtteilsanspruch.

Wichtig ist, dass Sie auf dem neuen Testament das aktuelle Datum vermerken. Informieren Sie auch eine Person Ihres Vertrauens, wo das aktuelle Testament aufbewahrt ist. Sicherheitshalber könnten Sie das Testament auch bei einem Rechtsanwalt oder einem Notar hinterlegen. Damit laufen Sie nicht Gefahr, dass Ihr Testament verloren geht oder von jemandem verfälscht oder unterdrückt wird.

▸▸ *Gesetzesstelle: § 713 Allgemeines Bürgerliches Gesetzbuch (ABGB)*

❓ ERFORDERLICHES ALTER FÜR TESTAMENT: Wie alt muss man sein, um ein Testament machen zu können?

Voll »testierfähig« sind Personen über 18 Jahre, die im Vollbesitz ihrer geistigen Kräfte sind. Minderjährige im Alter zwischen 14 und 18 Jahren sind insofern nur beschränkt testierfähig, als sie zwar über ihr ganzes Vermögen verfügen dürfen, das Testament aber nur mündlich vor Gericht oder bei einem Notar errichtet werden kann. Personen unter 14 Jahren können noch kein Testament errichten.

▸▸ *Gesetzesstelle: § 569 Allgemeines Bürgerliches Gesetzbuch (ABGB)*

❓ TESTAMENTSVERFASSUNG: Wie kann ich mein Testament schreiben?

Sie haben zwei Möglichkeiten. Das »eigenhändige Testament« müssen Sie selbst handschriftlich, »mit eigener Hand« schreiben und unterschreiben. Ihr Testament unterschreiben Sie mit Vor- und Zunamen und setzen Datum und Ort dazu. Die Anführung des Datums ist deshalb anzuraten, da Sie Ihre Meinung über die Erbseinsetzung in Zukunft vielleicht ändern und ein neues Testament errichten, das das alte Testament aufheben soll. Das Datum schließt aus, dass im Verlassenschaftsverfahren über widersprüchliche, nicht datierte Testamente gestritten werden muss.

Das »fremdhändige Testament« wird nicht von Ihnen handgeschrieben. Sie können es auf dem Computer schreiben oder auch von einer anderen Person verfassen lassen. Das fremdhändige Testament muss, um gültig zu sein, von Ihnen und von drei nicht erbberechtigten Zeugen eigenhändig unterschrieben werden. Vor den Zeugen erklären Sie, dass es sich bei dem Text um Ihren letzten Willen handelt, dabei müssen mindestens zwei Zeugen anwesend sein. Die Zeugen müssen ihrer Unterschrift den Zusatz »als Testamentszeuge« hinzufügen.

▸▸ *Gesetzesstelle: §§ 578–581 Allgemeines Bürgerliches Gesetzbuch (ABGB)*

❓ **UNBEKANNTE ERBEN: Wenn der Vater vom Kind getrennt lebt und nur selten Kontakt besteht, wie kann dann das Kind zu seinem Erbe kommen, falls der Vater stirbt?**

Ist bekannt, dass zwar ein bestimmter Erbe existiert, aber sein Aufenthaltsort unbekannt ist, wird vom Gericht ein Abwesenheitskurator bestellt und ein sogenanntes »Erbenedikt« erlassen. Im Edikt wird der Name des Verstorbenen und des Erben, dessen Aufenthalt unbekannt ist, veröffentlicht und der Erbe aufgefordert, sich binnen sechs Monaten bei Gericht zu melden. Das Edikt wird bei Gericht angeschlagen und in Zeitungen veröffentlicht.
Läuft die Frist erfolglos ab, wird das Erbe mit den bekannten Erben und dem bestellten Abwesenheitskurator abgehandelt. Der Anteil des abwesenden Erben wird nach Verfahrensende aufbewahrt. Der Abwesenheitskurator forscht weiter nach dem Aufenthalt des Erben. Seine Tätigkeit endet entweder, wenn der Erbe gefunden wurde, wenn feststeht, dass der Erbe tot ist, oder wenn sein reservierter Erbteil für die Kosten der Aufenthaltsermittlung aufgebraucht ist.

▸▸ *Gesetzesstelle: § 158 Außerstreitgesetz (AußStrG), § 270 Allgemeines Bürgerliches Gesetzbuch (ABGB)*

? ERBRECHT UNEHELICHER KINDER: Mein Mann hat eine uneheliche Tochter. Die Tochter hatte nie Kontakt mit meinem Mann oder uns. Kann sie trotzdem erben?

Uneheliche Kinder sind gegenüber dem Vater genauso erbberechtigt wie eheliche. Nur wenn zu gar keiner (!) Zeit ein familiäres Naheverhältnis zwischen der Tochter und ihrem Vater bestanden hat, kann der Vater in einem Testament eine »Pflichtteilminderung« verfügen: Er kann im Testament den Pflichtteilsanspruch der Tochter auf die Hälfte herabsetzen. Wenn Ihr Mann stirbt, kann die Tochter die Pflichtteilsminderung bestreiten, indem sie behauptet, dass sie doch Kontakt zum Vater hatte, oder nur deshalb kein Kontakt bestand, weil der Vater ihn verweigerte. Dann müssen die eingesetzten Testamentserben beweisen, dass niemals ein familiäres Naheverhältnis zwischen Vater und Tochter bestanden hat.

▶▶ *Gesetzesstelle: § 773a Allgemeines Bürgerliches Gesetzbuch (ABGB)*

? VERSCHENKTE ERBSCHAFT: Meine 70-jährige Mutter hat ihr Wohnhaus meiner Schwester geschenkt, ich habe nichts bekommen. Vom elterlichen Vermögen ist für die Erbschaft jetzt fast nichts mehr vorhanden. Kann ich dagegen etwas tun?

Nicht solange Ihre Mutter am Leben ist. Sie können bei Tod Ihrer Mutter im Verlassenschaftsverfahren verlangen, dass die Schenkung an Ihre Schwester bei der Aufteilung des Nachlasses berücksichtigt wird. Der Wert des geschenkten Hauses wird dann zum Verlassenschaftsvermögen dazugerechnet. Und Ihr Pflichtteil wird dann von einem Wert berechnet, den die Verlassenschaft gehabt hätte, wenn die Schenkung an Ihre Schwester nicht gemacht worden wäre. Eine solche »Schenkungsanrechnung« können nur die

Pflichtteilsberechtigten, also pflichtteilsberechtigte Kinder und der Ehegatte zum Ausgleich von Vorausempfängen verlangen.

▶▶ *Gesetzesstelle: § 785 Allgemeines Bürgerliches Gesetzbuch (ABGB)*

WOHNRECHT IN DER EHEWOHNUNG: Mein Mann und ich leben in einer Eigentumswohnung. Mein Mann hat aus erster Ehe zwei Söhne. Stirbt mein Mann, so haben seine Söhne ja einen Anspruch auf seinen Anteil an der Wohnung. Ich könnte sie nicht auszahlen. Muss ich dann ausziehen und verkaufen?

Um Ihr Wohnrecht müssen Sie sich keine Sorge machen. Als überlebender Ehegatte sind Sie unabhängig davon, ob Sie Erbe der Wohnung sind oder nicht, berechtigt, die einst gemeinsam bewohnte Ehewohnung und den Hausrat weiter zu benützen.

Wenn Sie nach Ableben Ihres Mannes seinen Hälfteanteil an der Ehewohnung kaufen wollen, damit Sie voller Eigentümer sind, müssten Sie nur einen reduzierten Übernahmspreis für den halben Wohnungsanteil an den Nachlass zahlen (die Hälfte des Verkehrswerts des Mindestanteils).

▶▶ *Gesetzesstelle: § 14 Wohnungseigentumsgesetz (WEG), § 758 Allgemeines Bürgerliches Gesetzbuch (ABGB)*

ERBVERZICHT:
Was ist ein Erbverzicht zu Lebzeiten?

Das ist ein Vertrag zwischen einer erbberechtigten Person und dem Erblasser, in dem der Erbberechtigte auf sein Erbe verzichtet. Der Vertrag bindet beide Seiten. Eine Vertragspartei alleine kann ihn einseitig nicht widerrufen. Die Aufhebung des Erbverzichtsvertrages ist nur einvernehmlich möglich. <u>Achtung</u>: Ist nichts anderes vereinbart, gilt der Erbverzicht auch für die Nachkommen des Erbberechtigten.

▶▶ *Gesetzesstelle: § 551 Allgemeines Bürgerliches Gesetzbuch (ABGB)*

6 Familie – Lebensgemeinschaft und Ehe

Das **Familienrecht** regelt die rechtlichen Beziehungen der Familienmitglieder zueinander und zu Dritten. Vor allem das Recht der Ehe, die elterliche Sorge und ihre Ergänzung durch Vormundschaft, Pflegschaft sowie die Regelung des Unterhalts unter Ehegatten, Verwandten und Kindern sind Gegenstand des Familienrechts.

Das **Eherecht** regelt, wie eine Ehe zustande kommt und wie eine Ehe wieder aufgelöst werden kann. Es regelt auch die Rechte und Pflichten in der Ehe: Die Ehegatten sind einander zur umfassenden ehelichen Lebensgemeinschaft, besonders zum gemeinsamen Wohnen sowie zur Treue, zur anständigen Begegnung und zum Beistand verpflichtet. Auch sind beide Ehegatten verpflichtet, zur Deckung ihrer Lebensbedürfnisse gemeinsam beizutragen.

Die Ehe ist ein Vertrag, in dem zwei Personen verschiedenen Geschlechtes ihren Willen erklären, »in unzertrennlicher Gemeinschaft zu leben, Kinder zu zeugen, sie zu erziehen und sich gegenseitigen Beistand zu leisten« (§ 44 Allgemeines Bürgerliches Gesetzbuch).

Die **Scheidung** ist die Trennung einer gültigen Ehe durch eine gerichtliche Entscheidung. Bei der Scheidung unterscheidet man zwischen einvernehmlicher Scheidung und streitiger Scheidung. Auch bei der einvernehmlichen Scheidung muss die Ehe zerrüttet sein. Bei der streitigen Scheidung ist zusätzlich zur Zerrüttung der Ehe noch zu prüfen, wer die Zerrüttung verschuldet hat.

Eine **nichteheliche Lebensgemeinschaft** ist, wenn zwei Partner länger andauernd in einer Wohn-, Wirtschafts- und Geschlechtsgemeinschaft zusammenleben. In einer Lebensgemeinschaft bestehen keine Rechte und Pflichten wie in einer Ehe. Daher können bei einer Trennung die Rechtsfolgen problematisch sein. Eine vertragliche Absicherung der Partner kann bei Auflösung der Lebensgemeinschaft nützlich sein, wenn gemeinsam Vermögen geschaffen wird.

Für Familienrechtssachen ist ausschließlich das Bezirksgericht am Wohnort des Betroffenen zuständig.

FÄLLE

? ABZUGELTENDE MITWIRKUNG AM ERWERB: Ich habe während meiner Ehe mit meinem Mann einen Betrieb mit aufgebaut. Trotz vollem Einsatz war ich nur geringfügig angemeldet. Jetzt wo die Trennung ansteht, verweigert mein Mann die Anerkennung meiner Leistungen, obwohl ich unzählige Zeugen für meine Arbeit habe. Kann ich eine Abschlagszahlung verlangen, und wie mache ich das?

Der Ehegatte, der am Erwerb des anderen mitwirkt, hat einen Anspruch auf angemessene Abgeltung. Unter »Mitwirkung am Erwerb« wird eine Tätigkeit zur Erlangung des Lebensunterhaltes verstanden. Die angemessene Abgeltung kann schon während aufrechter Ehe verlangt werden. Die Höhe der Abgeltung richtet sich nach Art und Dauer der Leistungen. Achtung: Beachten Sie die Frist von 6 Jahren: Ihr Anspruch verjährt nach 6 Jahren ab Ende des Monats, in dem Sie die Leistung erbracht haben.

▸▸ *Gesetzesstelle: § 98 und § 1486a Allgemeines Bürgerliches Gesetzbuch (ABGB)*

? AUSSTATTUNG: Mein Bruder hat heimlich geheiratet und erst nach der Hochzeit unseren Eltern davon erzählt. Meine Eltern haben das noch nicht verdaut. In letzter Zeit lässt mein Bruder immer anklingen, dass er kein Heiratsgut bekommen hat. Meine Eltern sind der Meinung, dass ihm nichts zusteht, da sie nicht einmal zur Hochzeit eingeladen waren. Steht ihm eine Ausstattung zu und wenn ja, wird diese beim Erbe abgezogen?

Die Ausstattung (früher für Frauen auch Heiratsgut genannt) ist eine Form der elterlichen Unterhaltspflicht bei Heirat des Kindes. Sie soll eine Starthilfe für die Hausstands- und Familiengründung sein. Seit 2010 ist der Begriff Heiratsgut aus dem Gesetz gestrichen worden.

Die Ausstattung ist nur dann zu zahlen, wenn das Kind selbst kein ausreichendes Vermögen hat. Die Höhe des Anspruchs richtet sich nach den Vermögensverhältnissen und der Leistungsfähigkeit der Eltern. Es ist daher schwierig, zahlenmäßig die Höhe festzulegen, die Rechtsprechung geht von 25–30% des Jahresnettoeinkommens der Eltern aus.

Ob der Ehepartner des Kindes vermögend ist, ist dabei unerheblich. Durch die Eheschließung ohne Wissen der Eltern wird der Ausstattungsanspruch nicht in jedem Fall verwirkt, sondern dies geschieht nur dann, wenn die Eltern ausreichend Gründe gehabt hätten, die Ehe mit diesem Ehepartner zu missbilligen. Die Missbilligungsgründe müssen schwerwiegend sein: zum Beispiel ein Altersunterschied der Eheleute von 40 Jahren, gerichtliche Vorstrafen oder dauernde Arbeitsscheu des auserwählten Ehegatten.

Im Gesetz werden auch die »Vorempfänge« genannt, die im Erbfall bei der Berechnung der Erbansprüche berücksichtigt werden. Demnach wird das, was der Verstorbene zu Lebzeiten seinen Kindern an Aussteuer gegeben hat, als Vorausempfang beim Pflichtteil berücksichtigt.

▶▶ *Gesetzesstelle: §§ 1220–1223, 788 Allgemeines Bürgerliches Gesetzbuch (ABGB)*

? WEGWEISUNG UND BETRETUNGSVERBOT: Meine Frau hat vor zwei Tagen nach einem wilden Streit die Polizei ins Haus gerufen und ich wurde weggewiesen. Aus meiner Sicht hat sich alles wieder beruhigt, einer Versöhnung steht nichts im Weg. Kann ich jetzt trotz Betretungsverbot wieder zu Hause einziehen?

Sobald die Polizei das Betretungsverbot anordnet, gilt es für maximal zwei Wochen. Solange es aufrecht ist, dürfen Sie zu Hause nicht einziehen und das Haus auch nur in Begleitung der Polizeibeamten betreten (zum Beispiel bei notwendiger Abholung von Dokumenten). Wenn Sie trotz Betretungsverbot in das Haus zurückkommen, machen Sie sich einer Verwaltungsübertretung strafbar und zwar auch dann, wenn Ihre Frau Ihnen den Zutritt nicht verwehrt. Als Strafe kann eine Geldstrafe und bei wiederholter Missachtung auch eine Haftstrafe verhängt werden. Das Betretungsverbot wird von der Behörde binnen 48 Stunden ab Anordnung überprüft. Sind die Voraussetzungen nicht gegeben, wird das Verbot aufgehoben. Sie werden dann davon verständigt und bekommen Ihren Hausschlüssel zurück. Wurden Sie über eine vorzeitige Aufhebung nicht verständigt, tun Sie gut daran, sich an die bestehende polizeiliche Anordnung zu halten.

▶▶ *Gesetzesstelle: § 38a Sicherheitspolizeigesetz (SPG)*

? **DIENSTWAGEN UND UNTERHALT:** Angeblich soll auch mein Dienstwagen für die Berechnung des Unterhalts meiner Ex-Gattin wichtig sein. Das kann ich mir nicht erklären, was hat denn mein Dienstwagen, der Eigentum der Firma ist, mit meinem Einkommen zu tun?

Der Unterhalt wird von der Summe der Ihnen aus Ihrem Arbeitsverhältnis zufließenden Einkünfte berechnet. Es gelten Ihre Geldeinkünfte, aber auch Sachbezüge mit Geldwert als Einkommen. Ein Firmenwagen, der für Privatfahrten verwendet werden darf, ist ein relevanter Sachbezug. Nicht in die Unterhaltsbemessungsgrundlage gehören nur Einkünfte, mit denen Ihnen ein tatsächlicher beruflicher Mehraufwand abgegolten wird, wie zum Beispiel Kilometergeldzahlungen.

▶▶ *Gesetzesstelle: §§ 66 ff. Ehegesetz (EheG)*

❓ EHEGATTENUNTERHALT IN DER EHE: Ich bin geringfügig beschäftigt. Ich bekomme von meinem Mann zwar Wirtschaftsgeld, trotzdem geht auch mein Gehalt für unsere Lebenskosten auf. Mein Mann verdient viel mehr als ich, muss er mir davon nicht etwas abgeben?

Ja, wenn Ihr Einkommen für Ihren angemessenen Unterhalt nicht ausreicht. Voraussetzung ist auch, dass Ihr Einkommen wesentlich geringer ist als das Ihres Mannes. Wie viel »wesentlich« ist, steht nicht im Gesetz. Ausschlaggebend ist die Einkommensdifferenz, wenn der Einkommensunterschied zirka 60% beträgt. Der Unterhaltsanspruch berechnet sich so: Der einkommensschwächere Partner bekommt 40 Prozent des gemeinsamen Nettoeinkommens abzüglich des eigenen Nettoeinkommens. Wenn zum Beispiel Ihr Gatte netto € 2500 verdient, Sie € 1000, so addieren Sie die Einkommen. Das ergibt ein Gesamtnettoeinkommen von € 3500. Davon berechnen Sie 40%, das sind € 1400. Von diesem Betrag ziehen Sie Ihr eigenes Nettoeinkommen ab. Das ergibt € 400 als Unterhalt für Sie. Wenn Ihr Mann noch Sorgepflichten für andere Personen wie Kinder oder Ex-Frau hat, so wird Ihr Unterhalt um 4% für jedes unterhaltsberechtigte Kind und um 1–3% für eine unterhaltsberechtigte Frau gekürzt.

▶▶ *Gesetzesstelle: § 94 Allgemeines Bürgerliches Gesetzbuch (ABGB)*

❓ EHEGATTENUNTERHALT–ERHÖHUNG: Ich habe bei meiner Scheidung 2002 eine Unterhaltszahlung für mich vereinbart und nun erfahren, dass mein Ex-Mann ein wesentlich höheres Einkommen bezieht als zum Zeitpunkt der Scheidung. Kann ich eine Erhöhung verlangen oder ist die seinerzeitige Vergleichsvereinbarung für mich bindend?

Wenn Sie im Scheidungsvergleich auf eine Erhöhung verzichtet haben, können Sie jetzt keine verlangen. Haben Sie nicht verzichtet, können Sie bei einer sogenannten »wesentlichen Änderung der Verhältnisse« (Umstandsklausel) die Unterhaltserhöhung fordern. Die Voraussetzung ist gegeben, wenn Ihr Ex-Gatte nun ein erheblich höheres Nettoeinkommen als 2002 hat (ab 10% mehr). Ist Ihr Ex-Gatte zur Erhöhung nicht bereit, müssen Sie gerichtlich vorgehen. Eine Erhöhung des Unterhalts kann sich auch aus einer im Scheidungsvergleich vorgesehenen Wertsicherung des Unterhaltsbetrages ergeben. Ist zum Beispiel die Anpassung der Unterhaltszahlung an die Steigerung des Verbraucherpreisindex (VPI) vorgesehen, können Sie die aus der Preissteigerung seit 2002 angefallene Differenz einfordern. Wenn keine Einigung möglich ist, ist der rechtskräftige Vergleich ein Exekutionstitel – Sie müssen nicht extra eine Klage einbringen.

▶▶ *Gesetzesstelle: § 94 Allgemeines Bürgerliches Gesetzbuch (ABGB)*

 **EHELICHES GEBRAUCHSVERMÖGEN:** Was versteht man denn unter dem »ehelichen Gebrauchsvermögen«?

Das eheliche Gebrauchsvermögen sind alle beweglichen und unbeweglichen Sachen, die während der Ehe von beiden Ehegatten verwendet, »gebraucht« wurden.
Eheliches Gebrauchsvermögen sind zum Beispiel: die Ehewohnung und der Hausrat, Möbel, das gemeinsam genutzte Auto, eine Zweitwohnung, elektrisches Gerät (CD-Player, DVD, Fernseher) und Luxusgüter. Auch Kunstgegenstände können Gebrauchsvermögen sein, wenn sie von den Eheleuten benützt werden. Bei einer Scheidung ist das eheliche Gebrauchsvermögen unter den Ehegatten aufzuteilen, unabhängig davon, wer tatsächlich Eigentümer ist.

▶▶ *Gesetzesstelle: §§ 81 ff. Ehegesetz (EheG)*

? EHEVERTRAG: Meine Freundin und ich wollen diesen Sommer heiraten. Mir geht es finanziell wesentlich besser als ihr, ich führe das Familienunternehmen meiner Eltern, habe eine Eigentumswohnung und Vermögen geschaffen. Soll ich mich mit einem Ehevertrag absichern?

Mit einem Ehevertrag können Sie die vermögensrechtlichen Beziehungen zu Ihrer zukünftigen Gattin für die Zeit während oder auch nach der Ehe regeln. Mit dem Ehevertrag können Sie über eheliche Ersparnisse und die Ehewohnung Vereinbarungen treffen. Er muss nicht Ihr gesamtes Vermögen zum Gegenstand haben, er kann einen Bruchteil oder auch nur Wohnungseigentumsrechte erfassen.

▶▶ *Gesetzesstelle: § 1217 Allgemeines Bürgerliches Gesetzbuch (ABGB)*

? GÜTERTRENNUNG: Ich habe vor zu heiraten. Ich habe von meinen Eltern einiges an Vermögen geerbt. Soll ich mit meinem Zukünftigen noch vor der Hochzeit Gütertrennung vereinbaren?

Sie brauchen zur Gütertrennung keinen Vertrag abzuschließen, die besteht kraft Gesetzes während aufrechter Ehe. Das heißt, dass jeder Ehepartner Eigentümer von dem bleibt, was er in die Ehe eingebracht und während der Ehe erworben hat. Jeder verwaltet sein Vermögen selbstständig und haftet auch für seine Schulden alleine. Da eine spätere Trennung nie ausgeschlossen werden kann, rate ich Ihnen, schon jetzt schriftlich festzuhalten, was Sie in die Ehe einbringen und welche Zahlungen Sie für die gemeinsame Wohnung und Anschaffungen tätigen.

▶▶ *Gesetzesstelle: §§ 81 ff. Ehegesetz (EheG)*

? EHE- UND FAMILIENNAMEN: Mein Freund und ich werden diesen Sommer heiraten. Wir sind uns noch nicht darüber einig, wer welchen Familiennamen annehmen will. Welche Möglichkeiten gibt es da jetzt genau?

Zum gemeinsamen Familiennamen kann der Name der Frau oder des Mannes gewählt werden. Für den, dessen Name nicht der gemeinsame Familienname sein wird, gibt es auch die Möglichkeit einen Doppelnamen zu führen, er kann seinen bisherigen Namen dem gemeinsamen Familiennamen voran- oder nachstellen.

Jeder Ehegatte kann auch seinen eigenen Namen weiterführen, die Ehegatten haben dann keinen gemeinsamen Familiennamen. Dann muss zumindest für die gemeinsamen Kinder ein gemeinsamer Familienname bestimmt werden. Ein Doppelname kann den Kindern nicht gegeben werden. Wenn sich die Eltern nicht auf einen einzigen Familiennamen für ihre Kinder einigen können, erhält das Kind den Namen des Mannes.

Grundsätzlich behält auch ein geschiedener Ehegatte seinen erworbenen Nachnamen. Der erheiratete Familienname kann bei neuerlicher Verehelichung auch an den »neuen« Ehepartner und ein gemeinsames eheliches Kind weitergegeben werden.

▸▸ *Gesetzesstelle: § 93 Allgemeines Bürgerliches Gesetzbuch (ABGB)*

? GEPLATZTE VERLOBUNG: Mein Verlobter hat mich von seiner Auslandsreise via SMS wissen lassen, dass unsere Verlobung »geplatzt« ist und er nichts mehr mit mir zu tun haben will. Im August hätte die Hochzeit sein sollen, ich habe schon alles geplant und teils auch schon fixiert. So einfach kriegt er mich nicht los, oder?

Eine Verlobung ist das Versprechen, einander künftig zu heiraten. Derartige Heiratsversprechen sind rechtlich aber nicht verbindlich. Die versprochene Eheschließung selbst kann man natürlich nicht erzwingen. Wenn Sie keinen Anlass für den »Rücktritt« vom Verlöbnis gegeben haben, können Sie Schadenersatz verlangen. Ersatz können Sie aber nur für den Schaden fordern, der Ihnen dadurch entstanden ist, dass Sie Ausgaben im Vertrauen auf das Hochzeitsversprechen gemacht haben. Wenn Sie zum Beispiel Kosten für Hochzeitsanzeigen oder das Hochzeitsaufgebot hatten, muss Ihr Ex-Verlobter Ihnen diese ersetzen. Diese Kosten müssen Sie aber auch beweisen können.

▶▶ *Gesetzesstelle: §§ 45, 46, 1295 Allgemeines Bürgerliches Gesetzbuch (ABGB)*

? ZEICHNUNGSBERECHTIGUNG AM EHEKONTO: Ich heirate kommenden März, ist dann mein Mann auf meinem Konto zeichnungsberechtigt?

In Österreich gilt während aufrechter Ehe die Gütertrennung. Daher sind die Ehepartner nicht automatisch über das Konto des anderen Ehepartners verfügungsberechtigt. Das müsste eigens vereinbart werden, zum Beispiel durch die Einrichtung eines Gemeinschaftskontos. Bei einem Gemeinschaftskonto sind beide Partner Kontoinhaber und jeder für sich alleine über das Konto voll verfügungsberechtigt. Bei einer bloßen Zeichnungsberechtigung ist ein Ehegatte Kontoinhaber mit allen Verfügungsrechten, der zeichnungsberechtigte Ehegatte ist lediglich ein vom Kontoinhaber Bevollmächtigter mit eingeschränkten Rechten: er kann Überweisungen tätigen und Auskunft über den Kontostand verlangen.

▶▶ *Gesetzesstelle: §§ 1233, 1237 ABGB (ABGB)*

? EHEGATTENUNTERHALT: Mein Mann geht in Pension, ich bin derzeit ohne Einkommen und versorge den Haushalt. Ich kaufe ein, koche, putze, wasche und erledige alle sonst anfallenden Hausarbeiten. Kann ich für all diese Arbeiten von meinem Mann eine Entschädigung verlangen?

Ehegatten sind verpflichtet, gemeinsam zur Deckung ihrer Lebensbedürfnisse beizutragen. Grundsätzlich müssen daher – wenn möglich – beide einer Arbeit nachgehen. Der eheliche Alltag kann natürlich auch als »Hausfrauenehe« gestaltet werden, in der ein Ehegatte den Haushalt führt und der andere auswärts arbeitet und ein Einkommen bezieht. Jener Ehegatte, der den Haushalt führt, ist berechtigt, Unterhalt vom Ehegatten mit Einkommen zu bekommen. Wenn Ihr Mann in Pension geht, sind natürlich auch Pensionszahlungen ein Einkommen, sodass Sie als haushaltsführender Teil Anspruch auf Unterhaltszahlungen haben. Auf ihren Anspruch auf Geldunterhalt müssen Sie sich anrechnen lassen, was Ihr Mann mit seinem Einkommen an sogenanntem »Naturalunterhalt« zur Verfügung stellt, also Wohnungskosten und sonstige Lebenskosten, die er auch für Sie übernimmt.

▸▸ *Gesetzesstelle: § 94 Allgemeines Bürgerliches Gesetzbuch (ABGB)*

? VERZICHT AUF UNTERHALT: Mein Verlobter verlangt, dass ich ihm vor der Hochzeit unterschreibe, dass ich im Fall einer Scheidung auf Ehegattenunterhalt verzichten werde. Kann ich das unterschreiben?

Auf einen zukünftigen allgemeinen Unterhaltsanspruch können Sie im Voraus gar nicht wirksam verzichten. Während Ihrer Ehe können Sie auf einzelne bereits anfallende Unterhaltsansprüche verzichten. Auch in einem laufenden Ehescheidungsverfahren kann wirksam ein Unterhaltsverzicht vereinbart werden. Aber selbst dann kann ein geschiedener Ehegatte später dennoch zur Unterhaltsleistung verpflichtet werden, wenn der andere unverschuldet in Not gerät und seine Existenz gefährdet ist.

▶▶ *Gesetzesstelle: § 94 Allgemeines Bürgerliches Gesetzbuch (ABGB)*

? WITWENPENSION: Mein Mann ist vor zwei Monaten verstorben. Wir waren 28 Jahre verheiratet. Ich hatte bisher nicht die Kraft, mich um die Witwenpension zu kümmern. Nun befürchte ich, dass ich eine Frist versäumt habe. Ich selbst habe nur eine geringe Pension und bitte um entsprechende Aufklärung.

Sie haben keine Frist versäumt. Damit Sie eine Witwenpension bekommen, müssen Sie bei der Pensionsversicherung Ihres verstorbenen Gatten einen Antrag stellen. Das Formular bekommen Sie dort. Wenn Sie den Antrag innerhalb von sechs Monaten ab dem Tod Ihres Mannes einbringen, beginnt Ihr Pensionsanspruch rückwirkend bereits einen Tag nach dem Todestag. So Sie den Antrag nach dieser Sechs-Monatsfrist einbringen, entsteht Ihr Pensionsanspruch erst verspätet ab dem Tag Ihrer Antragstellung.

Die Witwenpension soll den hinterbliebenen Ehepartner finanziell absichern. Voraussetzung für den Anspruch ist, dass der Verstorbene die Mindestversicherungszeit erfüllt hat. Die Höhe der Witwenpension beträgt bis zu 60% der Pension, auf die der Verstorbene Anspruch hatte. Etwaige eigene Pensionseinkünfte vermindern Ihren Anspruch. Da Sie über zehn Jahre verheiratet waren, werden Sie einen unbefristeten Pensionsanspruch haben.

▶▶ *Gesetzesstelle: § 258 Allgemeines Sozialversicherungsgesetz (ASVG)*

? KREDITHAFTUNG NACH SCHEIDUNG: Die Scheidung von meinem Mann ist absehbar. Wir haben für den Hausbau einen Kredit bei unserer Hausbank aufgenommen, und ich habe als Bürge fungiert. Was passiert mit den hohen Schulden bei der Scheidung?

Als Bürge haben Sie sich gegenüber dem Kreditgeber, Ihrer Hausbank, verpflichtet zu zahlen, falls Ihr Mann seiner Verpflichtung zur Zahlung der Kreditraten nicht nachkommt. Ein Bürge haftet voll, wenn der Kreditnehmer in Zahlungsverzug ist.

Den Kredit haben Sie aufgenommen, um die Ehewohnung zu finanzieren. Solche Kreditschulden werden nach einer Scheidung bei der Aufteilung des Ehevermögens berücksichtigt, also aufgeteilt. Zum Beispiel kann vereinbart werden, dass jener, der das Haus übernimmt, auch den Kredit zurückzahlen muss.

Einigen sich die Eheleute nicht über die Aufteilung ihrer Schulden, kann das Gericht bestimmen, welcher Ehegatte intern zur Zahlung der Schulden verpflichtet ist. Gegenüber der Bank haften weiter beide Ehegatten für die Kreditrückzahlung. Auf Antrag der Ehegatten kann das Gericht aber aussprechen, dass derjenige Ehegatte, der im Innenverhältnis zur Zahlung verpflichtet ist, der Hauptschuldner und der andere Ehegatte ein Ausfallsbürge ist. Ein Ausfallsbürge ist insofern begünstigt, als er nur haftet, wenn die Bank zuvor mit der Exekution gegen den Hauptschuldner erfolglos war. Die Bank kann erst dann auf den Ausfallsbürgen greifen, wenn sie den Hauptschuldner geklagt und vergeblich gegen ihn Exekution geführt hat.

Die Regelung soll verhindern, dass die Bank ohne Rücksicht auf die zwischen den Ehegatten intern bestehende Schuldenzahlungsvereinbarung die Schulden eintreibt.

Achtung: Die Umwandlung Ihrer Bürgschaft in eine Ausfallsbürgschaft müssten Sie innerhalb eines Jahres nach der Scheidung beantragen.

▶▶ *Gesetzesstelle: §§ 81, 98 ff. Ehegesetz (EheG)*

? VERWEIGERTER SCHEIDUNGSTERMIN: Ich habe eine Scheidungsklage wegen ständiger Seitensprünge meines Mannes
eingebracht, schon zweimal war ein Gerichtstermin angesetzt.
Mein Mann hat die Klage und Ladung erhalten, ist zu beiden
Gerichtsterminen aber einfach nicht erschienen. Jetzt gibt es wieder einen neuen Gerichtstermin. Wie lange kann mein Mann die
Gerichtsverhandlung boykottieren und die Scheidung hinauszie-
hen?

Bei einer Scheidungsklage muss der Richter klären, wer am
Scheitern der Ehe schuld ist. Dazu muss er beide Parteien laden
und sich ihre Sicht der Dinge anhören. Normalerweise versucht
jeder Ehegatte, das Gericht mit Beweisen davon zu überzeugen,
dass die Eheverfehlungen des anderen zum Scheitern der Ehe
geführt haben. Wenn, wie in Ihrem Fall, der beklagte Ehegatte
zum Prozess nicht erscheint, kann seine Sicht über den Ehever-
lauf nicht berücksichtigen werden, der Richter lädt daher die
Parteien zu einem neuen Verhandlungstermin. Eine andauern-
de Weigerung Ihres Mannes kann aber nicht zu Ihren Lasten
gehen und das Scheidungsverfahren endlos verzögern.
Daher kann das Gericht bei wiederholtem, unbegründetem
Nichterscheinen den beklagten Ehegatten entweder zum persönlichen Erscheinen zwingen oder das unentschuldigte Fernbleiben zu seinem Nachteil auslegen. Das persönliche Erscheinen kann durch Geldstrafe oder zwangsweise Vorführung
erzwungen werden. Das ist die Ausnahme. Eher wird der Richter das wiederholte unentschuldigte Fernbleiben als Indiz dafür
würdigen, dass Ihr Gatte Ihren Anschuldigungen nichts entge-
gensetzen kann. Dann kann Ihrer Scheidungsklage stattgegeben werden, ohne Ihren Ehemann noch einmal zu laden.

▸▸ *Gesetzesstelle: §§ 460 ff. Zivilprozessordnung (ZPO); § 87 Gerichtsor-*
ganisationsgesetz (GOG)

? BEWEISBARKEIT: Ich bin im Scheidungskrieg und habe meinen Mann, der ein Verhältnis immer geleugnet hat, vergangenes Wochenende mit einer anderen erwischt. Wie kann ich das aber der Richterin beweisen?

Als Beweis können Sie dem Gericht Ihre persönliche Einvernahme anbieten. Dass Sie sonst keine Beweise haben, ist zwar schade, tut Ihrer Glaubwürdigkeit aber keinen Abbruch. In der Ihnen widerfahrenen Situation hat in den seltensten Fällen jemand einen Fotoapparat dabei, auch unabhängige Zeugen sind dabei selten gegenwärtig. Ich rate Ihnen, Zeit, Ort und Erlebtes für sich möglichst detailliert aufzuschreiben, damit Sie bei Gericht die Begebenheit genau schildern können. Das Gericht wird dann auch Ihren Mann dazu einvernehmen. In Österreich haben wir die sogenannte »freie Beweiswürdigung«. Das Gericht, Ihre Verhandlungsrichterin, macht sich bei der Einvernahme ein genaues Bild von den einvernommenen Personen und beurteilt dann unter Berücksichtigung aller Verhandlungen und Beweise nach ihrer freien Überzeugung, ob eine Angabe für wahr zu halten ist, oder eben nicht. Wenn Sie eine wahre Begebenheit nachvollziehbar und glaubwürdig wiedergeben, führen Sie damit bei Gericht einen Beweis.

▶▶ *Gesetzesstelle: §§ 272 ff. Zivilprozessordnung (ZPO)*

? BÖSWILLIGES VERLASSEN: Mein Mann kommt seit einem Jahr täglich betrunken nach Hause und ist dann immer aggressiv. Ich halte seine ständigen Stänkereien nicht mehr aus. Ich habe vor, mich von ihm zu trennen. Kann ich aus unserer Wohnung vor einer Scheidung ausziehen?

Das sollten Sie ohne Vorkehrungen nicht machen. Grundsätzlich sind Ehegatten zum gemeinsamen Wohnen verpflichtet. Zieht ein Ehegatte ohne Zustimmung des anderen aus der Ehewohnung aus, kann das im Scheidungsverfahren als Eheverfehlung »böswilliges Verlassen« verwendet werden, um die Schuld am Scheitern der Ehe dem, der ausgezogen ist, anzulasten. Wenn Sie Unterhalt fordern wollen, ist jede Ihnen angelastete Eheverfehlung für Sie nachteilig. Eine Eheverfehlung wäre Ihr Auszug aus der Ehewohnung dann, wenn Sie den gemeinsamen Haushalt ohne ausreichenden Grund verlassen.

Einen ausreichenden Grund für das Verlassen der Ehewohnung haben Sie, wenn Ihr Ehegatte Ihnen durch sein Verhalten das Zusammenleben unzumutbar macht, zum Beispiel durch ständiges Drohen, Heraufbeschwören von Streitigkeiten oder durch Alkoholismus. Das Verhalten Ihres Mannes wäre ihm als Eheverfehlung anzulasten. Wenn Ihnen das Zusammenleben noch bis zur Ehescheidung möglich ist, ist es aus rechtlicher Sicht ratsamer, bald rechtliche Schritte einzuleiten und so lange noch auszuharren. Ist Ihnen das Zusammenleben unzumutbar, können Sie einen Antrag auf gesonderte Wohnungsnahme stellen, weil berechtigte Gründe vorliegen. Nur damit es kein Missverständnis gibt: Eine durch das Verhalten Ihres Mannes möglicherweise gegebene Gefährdung Ihrer körperlichen oder psychischen Gesundheit brauchen Sie keinesfalls zu ertragen.

▶▶ *Gesetzesstelle: § 92 Allgemeines Bürgerliches Gesetzbuch (ABGB)*

❓ EINVERNEHMLICHE EHESCHEIDUNG UND EIGENTUMS-WOHNUNG: Ich bin seit vier Jahren verheiratet, wir wohnen in einer Eigentumswohnung, die auf uns beide lautet. Wie ist unsere Wohnung im Fall einer einvernehmlichen Scheidung aufzuteilen, und was passiert, wenn wir keine Einigung finden?

Für eine einvernehmliche Scheidung müssen die Ehegatten einen gemeinsamen Scheidungsantrag bei Gericht stellen und dem Gericht eine Vereinbarung über die wesentlichen Scheidungsfolgen (Obsorge, Besuchsrecht, Unterhalt, Vermögensaufteilung) vorlegen. In dieser Vereinbarung müssen Sie daher auch regeln, wie das gemeinsame Vermögen und die Ehewohnung aufgeteilt werden sollen. Eine Möglichkeit ist, dass der eine Ehegatte gegen Ausgleichszahlung das Hälfteeigentum des anderen übernimmt. Wenn sich ein Ehegatte alleine die Ausgleichszahlung oder den Erhalt der Wohnung nicht leisten kann, so muss die Wohnung wohl verkauft und der Erlös geteilt werden. Sollten Sie keine Einigung über die Vermögensaufteilung finden, ist auch eine einvernehmliche Scheidung nicht möglich. Dann wird das Gericht nach der sogenannten »strittigen« Ehescheidung im Aufteilungsverfahren über die Aufteilung des Vermögens, somit der Ehewohnung entscheiden. <u>Achtung</u>: Ein Aufteilungsantrag ist binnen 1-Jahresfrist nach rechtskräftiger Scheidung bei Gericht einzubringen!

▶▶ *Gesetzesstelle: §§ 55a, 81 ff. Ehegesetz (EheG)*

? AUFZUTEILENDE GESCHENKE: Mein Mann hat mir vor 20 Zeugen bei einer Jahresfeier ein Auto geschenkt. Jetzt stehen wir vor der Scheidung. Bei unserem Gespräch über die Aufteilung unseres Vermögens sagt er plötzlich, dass auch dieses geschenkte Auto aufgeteilt werden soll. Das steht angeblich so im Gesetz. Unfassbar! Er hat doch nicht etwa recht?

Möglicherweise. Es kommt darauf an, wie das geschenkte Auto während Ihrer Ehe genützt wurde. Grundsätzlich unterliegen bei einer Ehescheidung auch Geschenke unter Ehegatten der Aufteilung. Demnach wäre der Wert des Autos bei der Aufteilung Ihres Ehevermögens zu berücksichtigen. Wenn das geschenkte Auto allerdings nur Ihrem alleinigen persönlichen Gebrauch gedient hat, so ist es nicht aufzuteilen.

Hat also Ihr Mann während der Ehe sein eigenes Auto benützt, wurde Ihr geschenktes Auto während der Ehe nicht gemeinsam verwendet (zum Beispiel als größeres Familienauto), so können Sie sich gegen seine Absicht, auch das geschenkte Auto aufzuteilen, wehren.

▸▸ *Gesetzesstelle: §§ 81, 82 Ehegesetz (EheG)*

? **NEUES ZUR EHEWOHNUNG IM AUFTEILUNGSVERFAHREN:** Stimmt es, dass die Ehewohnung nach neuem Gesetz bei einer Scheidung nicht mehr aufgeteilt werden muss?

Bisher war die gemeinsam benützte Ehewohnung, auch wenn sie ein Gatte in die Ehe eingebracht hat, bei der Scheidung aufzuteilen, wenn der andere auf ihre Weiterbenützung existenziell angewiesen war oder ein gemeinsames Kind an der Weiterbenützung einen Bedarf hatte.

Mit dem Familienrechtsänderungsgesetz, das Jänner 2010 in Kraft getreten ist, gilt neu: Die Ehegatten können in Zukunft in einem schriftlichen Vertrag mit Notariatsakt vorweg – für den Fall der Scheidung – auch die Aufteilung der Ehewohnung regeln.

Die neue Regelung gilt für eine von einem Partner in die Ehe »eingebrachte« Ehewohnung – also eine in die Ehe mitgebrachte oder von ihm geerbte oder an ihn von dritter Seite geschenkte Wohnung – die von beiden Partnern benützt wird und in die Aufteilung fallen würde. Hier können die Ehegatten nun vorab schriftlich vereinbaren, dass in einem späteren Aufteilungsverfahren dem anderen Ehegatten an der eingebrachten Wohnung kein Eigentum oder ein sonstiges dingliches Recht übertragen werden soll.

Haben die Ehegatten im Voraus auch über die Nutzung der Ehewohnung eine Vereinbarung getroffen, soll das Gericht im Aufteilungsverfahren davon abweichen können, wenn der andere Ehegatte oder ein gemeinsames Kind ihre Lebensverhältnisse nicht decken können oder sich ihre Lebensverhältnisse deutlich verschlechtern würden.

▶▶ *Gesetzesstelle: §§ 81, 97 Ehegesetz (EheG)*

? EHEVERFEHLUNG: Meine Frau und ich durchleben turbulente Zeiten, kein Tag vergeht ohne Riesenstreiterei. Sie droht nun mit Scheidung, schiebt mir die Schuld zu und meint, das würde teuer für mich werden. Was kann mir als Verschulden angelastet werden?

Die Scheidung wegen Verschulden setzt voraus, dass ein Ehegatte durch eine schwere Eheverfehlung oder ehrloses oder unsittliches Verhalten die Ehe so tief zerrüttet hat, dass eine Wiederherstellung der Ehe nicht erwartet werden kann. Voraussetzung für den »Schuldausspruch« ist also, dass die Gemeinschaft der Ehepartner unheilbar zerrüttet ist, bei einem oder beiden Ehegatten Eheverfehlungen gerichtlich festgestellt werden. Schwere Eheverfehlungen sind zum Beispiel: das Begehen von Ehebruch, das Zufügen körperlicher Gewalt oder seelischer Grausamkeiten (etwa durch gezielten Psychoterror), böswilliges Verlassen des Ehepartners, die grundlose Verweigerung des Geschlechtsverkehrs, die Verletzung der Pflicht zur gemeinsamen Haushaltsführung, die Verletzung der Pflicht zur anständigen Begegnung (etwa durch tagelanges, beharrliches Schweigen oder liebloses und feindseliges Verhalten oder Beschimpfungen und unbegründete Eifersucht).
Keine Eheverfehlung sind hingegen geringe Streitigkeiten, Kränkungen und Pflichtversäumnisse, wie sie in vielen Ehen vorkommen können.
Wenn beide Ehegatten Eheverfehlungen begangen haben, wird vom Richter das Verschulden abgewogen und das Gesamtverhalten der Ehegatten einander gegenübergestellt. Bei gegenseitigem lieblosem Verhalten kann auch ein gleichteiliges Verschulden an der Zerrüttung der Ehe das Ergebnis sein.

Die gerichtliche Entscheidung über das Verschulden ist für Unterhaltsansprüche eines Ehegatten gegen den anderen wichtig. Das ist mit »teuer werden« angesprochen.

▶▶ *Gesetzesstelle: §§ 49 ff. Ehegesetz (EheG)*

? **SCHEIDUNG BEI AUFLÖSUNG DER HÄUSLICHEN GEMEIN-SCHAFT:** Bereits vor fünf Jahren habe ich meine Frau verlassen und bin zu meiner Freundin gezogen. Dennoch lehnt meine Frau eine Scheidung kategorisch ab. Habe ich gar keine Chance auf einen Neustart? Stimmt es, dass ich nach drei Jahren der Trennung sowieso die Scheidungsklage einbringen kann?

Nachdem eine einvernehmliche Scheidung für Sie nicht in Frage kommt, könnten Sie nur eine Scheidungsklage wegen »Auflösung der häuslichen Gemeinschaft« einbringen. Dann wird, wenn seit mindestens drei Jahren keine häusliche Gemeinschaft mehr besteht, angenommen, dass die Ehe zerrüttet ist. Die »häusliche« Gemeinschaft gilt nicht nur dann als aufgehoben, wenn getrennt gewohnt wird, sondern auch, wenn die Ehepartner zwar gemeinsam wohnen, ihr Leben aber getrennt und alleine gestalten. Ihre beklagte Ehefrau kann allerdings Ihrer Scheidungsklage entgegenhalten, dass die Scheidungsfolgen sie härter träfen, als Sie der Umstand, weiter verheiratet bleiben zu müssen.
Ihr Scheidungsbegehren kann daher abgewiesen werden, wenn Ihre Frau die Zerrüttung der Ehe nicht mitverschuldet hat und sie die Scheidung härter treffen würde als Sie die Aufrechterhaltung der Ehe.
Sobald die häusliche Gemeinschaft bereits sechs Jahre aufgehoben ist, wird dem Scheidungsbegehren jedenfalls stattgegeben. Auch wenn Sie das Scheitern der Ehe verschuldet haben.

▶▶ *Gesetzesstelle: § 55 Ehegesetz (EheG)*

❓ ERSATZ VON DETEKTIVKOSTEN: Ich habe meine Frau von einem Detektivbüro observieren lassen, da ich ein Verhältnis mit einem Arbeitskollegen vermutete. Der Ehebruch hat sich nun bestätigt, die Scheidung habe ich eingereicht. Der Detektiv hat gemeint, dass ich die Kosten der Observierung, rund € 4000, als Schadenersatz einklagen könnte. Hätte ich Aussicht auf Erfolg?

Sie können die Detektivkosten unabhängig vom dem Scheidungsprozess als normalen Schadenersatz von der Person einklagen, mit der Ihre Frau Ehebruch begangen hat. Denn auch der sogenannte »Ehestörer« hat Ihnen die Observierungsausgaben verursacht.

Zum anderen können Sie Detektivkosten »erfolgreicher« Nachforschungen als vorprozessuale Kosten in Ihrem Scheidungsverfahren vom untreuen Ehegatten verlangen, wenn die Nachforschung zur Beweissicherung notwendig war.

Der Erfolg hängt bei beiden Varianten davon ab, ob die Überwachung erforderlich war, um die Eheverfehlung nachzuweisen. Nicht zugesprochen werden Observierungskosten etwa dann, wenn die Nachforschung überflüssig war, weil der Ehebruch schon zugegeben wurde oder offenkundig war.

▶▶ *Gesetzesstelle: § 1295 Allgemeines Bürgerliches Gesetzbuch (ABGB)*

❓ RÄUMUNGSKLAGE GEGEN LEBENSGEFÄHRTEN: Ich bin vor drei Jahren in die Eigentumswohnung meiner Freundin eingezogen. Ich habe immer die Hälfte der Betriebskosten gezahlt und den Kühlschrank gefüllt. Meine Freundin hat plötzlich mit mir Schluss gemacht und fordert, dass ich meine Sachen packe und ausziehe. Meine Versöhnungsversuche waren zwecklos. Gestern hat sie mir sogar die Räumungsklage angedroht! Sie kann mich doch nicht so einfach aus der Wohnung werfen?

Doch, kann sie. Da Sie nicht Miteigentümer der Wohnung sind und auch keinen Mietvertrag mit Ihrer Lebensgefährtin geschlossen haben, gibt es keinen rechtlichen Grund für Ihre weitere Benützung der Wohnung. Ihre Beteiligung an Betriebskosten reicht nicht aus. Ihre Lebensgefährtin hat Sie bei sich einziehen lassen, ein Rechtsanspruch als Mieter wurde für Sie damit nicht begründet. Wenn Sie sich weigern, die Eigentumswohnung zu verlassen, wäre eine Räumungsklage Ihrer Lebensgefährtin erfolgreich, und Sie müssten auch noch die Verfahrenskosten zahlen. Sollten Sie sich dann weiter weigern auszuziehen, kann Ihre Freundin das Räumungsurteil sogar gerichtlich durchsetzen lassen und Sie zwangsweise »räumen« lassen. Natürlich wäre es unüblich, dass Sie mit Ihrer Freundin, der Wohnungseigentümerin, einen Mietvertrag abgeschlossen und Mietzins an sie bezahlt hätten. Aber nur dann würden Sie dem Schutz und auch den Pflichten des Mietrechts unterstehen.

▶▶ *Gesetzesstelle: §§ 33 ff. Mietrechtsgesetz (MRG)*

? GETRENNTE LEBENSGEFÄHRTEN, WOHNUNG UND UNTERHALT: Ich habe sieben Jahre mit meinem Lebensgefährten zusammen gelebt. Wir haben eine dreijährige Tochter. Letzte Woche sagt er mir, dass er nicht mehr mit mir zusammenleben möchte und ich ausziehen soll. Er ist nur bereit, für unsere Tochter Unterhalt zu bezahlen. Muss ich wirklich mit dem Kind aus seiner Wohnung raus, ohne finanzielle Hilfe, und obwohl wir so lange zusammen waren?

Ja. Auch wenn Sie jahrelang zusammen gelebt haben, bringt Ihnen die Lebensgemeinschaft nicht die rechtliche Absicherung einer Ehe. Dafür stehen den Rechten von Eheleuten Pflichten gegenüber, die Sie als Lebensgefährten nicht treffen. Sie haben keinen Anspruch auf Aufteilung der »gemeinsamen« Wohnung, wenn Sie nicht zu deren Erwerb oder Ausstattung beigetragen haben. In der Lebensgemeinschaft bleibt jeder alleiniger Eigentümer seines Vermögens. Aus der

Lebensgemeinschaft entstehen auch keine gegenseitigen Unterhaltsansprüche zwischen den Partnern. Normale, in der Beziehung übliche Arbeitsleistungen, wie Haushaltsführung, geben keinen Anspruch auf Entlohnung. Auch wenn aus der Lebensgemeinschaft gemeinsame Kinder hervorgegangen sind, haben Sie keinen gültigen, von den Gerichten anerkannten Titel für die Wohnungsbenützung. Wird in einer Lebensgemeinschaft gemeinsames Vermögen geschaffen, zum Beispiel durch Hausbau, ist daher eine vertragliche Einigung der Partner wichtig, die den Anteil beider für die Zukunft festhält.

▶▶ *Gesetzesstelle: Finanzielle Ansprüche aus Lebensgemeinschaft sind gesetzlich nicht gesondert geregelt*

? **MIETRECHT DES HINTERBLIEBENEN LEBENSGEFÄHRTEN:** Ich wohne seit Jahren mit meiner Lebensgefährtin in ihrer Mietwohnung. Allerdings habe ich nie einen Mietvertrag unterschrieben. Sie wurde nun schwer krank ins Spital eingewiesen. Sollte ihr etwas zustoßen, muss ich dann aus der Wohnung ausziehen?

Nein, stirbt der Hauptmieter, ist der hinterbliebene Lebensgefährte nicht automatisch gezwungen, die gemeinsame Wohnung zu verlassen. Es besteht auch die Möglichkeit, den Mietvertrag Ihrer Lebensgefährtin zu »übernehmen«. Sie können in den Mietvertrag Ihrer Partnerin dann eintreten, wenn Ihre Partnerin einen Hauptmietvertrag hatte und Sie zur Zeit des Todes Ihrer Lebensgefährtin mindestens drei Jahre mit ihr im gemeinsamen Haushalt gelebt haben oder Sie als Paar gemeinsam eingezogen sind. Außerdem dürfen Sie keine andere Wohngelegenheit als Ausweichmöglichkeit haben. Mit dem Eintritt in den Mietvertrag haften Sie für den offenen Mietzins, der während der bisherigen Mietzeit entstanden ist. Sie müssten also etwaige Rückstände begleichen. Sollten Sie im

Todesfall Ihrer Lebensgefährtin Ihrem Vermieter erklären, dass Sie die Wohnung übernehmen, darf der Mietzins auch nicht angehoben werden.

▸▸ *Gesetzesstelle: § 14 Mietrechtsgesetz (MRG)*

❓ EINGETRAGENE PARTNERSCHAFT FÜR GLEICHGESCHLECHT-LICHE LEBENSGEMEINSCHAFT: Was ist eine eingetragene Lebensgemeinschaft, und wo muss sie »eingetragen« werden? Wenn ein Partner verstirbt, bekommt der andere dann auch eine Pension? Ich lebe seit 10 Jahren mit meinem Lebensgefährten zusammen. Es wäre uns sehr wichtig, dass falls einer von uns stirbt, der andere Partner zu seiner Absicherung alles bekommen würde.

Die eingetragene Partnerschaft wurde durch das »Eingetragene Partnerschaft-Gesetz« ausschließlich für gleichgeschlechtliche Paare geschaffen. Das Gesetz gilt seit Jänner 2010. Die Voraussetzungen dafür sind: Gleichgeschlechtlichkeit, Volljährigkeit und Geschäftsfähigkeit.

Homosexuelle Paare können vor der Bezirksverwaltungsbehörde ihre eingetragene Partnerschaft begründen. Die Heirat vor dem Standesamt ist nicht möglich.

Die Partner können einen gemeinsamen Nachnamen beantragen oder einen Doppelnamen führen. Auch eingetragene Partner sind zu einer umfassenden partnerschaftlichen Lebensgemeinschaft, besonders zum gemeinsamen Wohnen, zur anständigen Begegnung und zum gegenseitigen Beistand verpflichtet. Sie haben auch Unterhaltspflichten während der aufrechten Partnerschaft, etwa, wenn wie bei der »Hausfrauenehe« ein Partner den Haushalt führt und der andere Einkommen aus Arbeit oder Vermögen hat.

Für die Auflösung einer eingetragenen Partnerschaft ist das Gericht am Wohnort der Partner zuständig. Wie bei der Scheidungsklage kann jeder Partner eine Klage auf Auflösung der Partnerschaft einbringen. Nach einer gerichtlichen Auflösung der Partnerschaft kann der, der die Trennung verschuldet hat, zu Unterhaltszahlungen für den anderen verpflichtet werden, wenn letzterer selbst keine ausreichenden Einkünfte hat. Auch ohne Verschulden kann, wie bei der Scheidung von Ehegatten, ein »Billigkeitsunterhalt« anfallen. Nach der Auflösung der Partnerschaft kann das partnerschaftliche Vermögen in einem Gerichtsverfahren aufgeteilt werden.

Das Erbrecht ist wie bei Ehegatten geregelt. Stirbt bei einer eingetragenen Partnerschaft ein Partner, erbt der andere zumindest den Pflichtteil. Er hat dann auch einen Anspruch auf Witwen- beziehungsweise Witwerpension.

Die eingetragenen Partner haben aber nicht das Recht, gemeinsam ein Kind zu adoptieren. Nur ein Partner als Einzelperson kann ein Kind adoptieren, sein Partner hat für dieses Kind aber keine Elternrechte.

▶▶ *Gesetzesstelle: Eingetragene Partnerschaft-Gesetz (EPG)*

7 Kinder und Jugend

Das Kindschaftsrecht regelt die Rechte und Pflichten zwischen Eltern und Kindern, vor allem jene der Obsorge und des Unterhalts. Wichtigster Maßstab für Gerichtsentscheidungen ist das Kindeswohl.

Andere dürfen in die elterlichen Rechte nur insoweit eingreifen, als ihnen dies durch die Eltern selbst, unmittelbar auf Grund des Gesetzes oder durch eine behördliche Verfügung gestattet ist.

Trennen sich die Eltern, müssen sie sich darauf einigen, wer die Obsorge für das Kind übernehmen soll, bei welchem Elternteil das Kind sich hauptsächlich aufhalten soll, wie häufig der Elternteil, der von zu Hause auszieht, das Kind sehen kann und wie viel Kindesunterhalt er zahlen muss.

In Gerichtsverfahren sind daher die häufigsten Themen Obsorge, Besuchsrecht und Kindesunterhalt. Auch bei gemeinsamer Obsorge der Eltern ist ein Heim erster Ordnung zu bestimmen, in dem das Kind den überwiegenden Teil lebt. Im Übrigen behalten bei gemeinsamer Obsorge beide Eltern dieselben Rechte zur Erziehung, Pflege und Vertretung des Kindes, wie bei aufrechter Ehe.

Der Kinder- und Jugendschutz wird vom Staat überprüft. Das Jugendamt übernimmt Aufgaben des Kinder- und Jugendschutzes: Erziehungshilfe, Herausnahme eines Kindes aus der Familie ohne Zustimmung der Eltern. Das Jugendamt wirkt auch in Verfahren vor dem Pflegschaftsgericht mit, falls die Eltern über Obsorge oder Besuchsrecht streiten und das Wohl des Kindes gefährden.

FÄLLE

BESUCHSKOSTEN: Ich musste aus beruflichen Gründen nach Italien ziehen. Bei der Scheidung haben wir ein 14-tägiges Besuchsrecht für meine Tochter vereinbart. Kann ich wegen der hohen Flug- und Reisekosten den Unterhalt kürzen?

Nein, die Kosten der Ausübung Ihres Besuchsrechts können Sie nicht vom Unterhalt Ihres Kindes abziehen. Ihre Ex-Frau muss auch während Ihrer Besuchswochenenden die laufenden Kosten für den Haushalt, in dem Ihre Tochter sonst wohnt, zahlen. Ihre Tochter hat einen Unterhaltsanspruch gegen beide Elternteile. Ihre Frau leistet den Unterhalt, indem sie Ihre Tochter laufend betreut, Ihrer Tochter Wohnung und sonstigen Naturalunterhalt wie Kleidung, Essen und so weiter zur Verfügung stellt. Sie leisten reinen Geldunterhalt. Würden Ihre Besuchskosten dabei berücksichtigt werden, müssten Sie umgekehrt höheren Geldunterhalt zahlen, sollten Sie Ihr Besuchsrecht nicht ausüben und sich dadurch Geld für Reisekosten oder sonstige Kosten ersparen.

▸▸ *Gesetzesstelle: § 148 Allgemeines bürgerliches Gesetzbuch (ABGB)*

BESUCHSRECHT OHNE OBSORGE: Welche Rechte habe ich als Vater, wenn die Mutter von Geburt an das alleinige Obsorgerecht für das Kind hat? Wenn das Kind den Wunsch äußert, heute nicht zum Papa gehen zu wollen, darf der Vater trotzdem das Kind mitnehmen?

Unabhängig vom Obsorgerecht hat der Vater das Recht auf Kontakt mit dem Kind und das Kind ein Recht auf Kontakt mit dem Vater. Sie haben daher unabhängig davon, dass Sie kein Obsorgerecht haben, ein Besuchsrecht. Wenn das Besuchsrecht vereinbart wurde und das Kind den Wunsch äußert, einmal nicht zum Vater zu wollen, kommt es wesentlich auf das Alter des Kindes an. Mündige Kinder (über 14 Jahre alt) können gegen ihren Willen nicht mehr zum Besuchsrecht gezwungen werden. Bei minderjährigen Kindern kann der persönliche Kontakt nur verweigert werden, wenn der Kontakt dem Wohl des Kindes abträglich ist. Grundsätzlich gilt, dass jener Elternteil, der das Kind in seinem Haushalt betreut, das Kind auf den Besuchskontakt positiv vorbereiten muss. In Ihrem Fall soll daher die Mutter darauf hinwirken, dass das Kind auf den Besuch positiv eingestimmt ist.

▶▶ *Gesetzesstelle: § 144, § 148 Allgemeines Bürgerliches Gesetzbuch (ABGB)*

? **BESUCHSRECHT OHNE SCHEIDUNG. GERICHTLICHE REGE-LUNG:** Meine Frau und ich leben seit Kurzem getrennt. Wir sind beide der Meinung, dass unsere achtjährige Tochter weiter mit ihr wohnen soll und ich sie sehen kann, wann ich will. Muss man das schriftlich oder sogar bei Gericht regeln?

Das Gesetz sieht vor, dass das Besuchsrecht zuallererst einvernehmlich zwischen den Eltern und dem Kind geregelt werden soll. Solange das einvernehmlich vereinbarte Besuchsrecht funktioniert und dem Wohl Ihrer Tochter entspricht, ist die Form der Regelung egal. Eine schriftliche Vereinbarung mit Ihrer Frau ist nicht notwendig.

Damit die Besuchsplanung für alle leichter ist, empfiehlt sich, möglichst schon bei der Trennung oder Scheidung eine schriftliche Besuchsvereinbarung festzuhalten, die zumindest die Grundzüge festlegt: Die regelmäßige Abfolge von Besuchen an Wochenenden, Besuchszeiten für die Feiertage (Weihnachten, Silvester, Geburtstag, etc.) und für Urlaube während der Schulferien. Gibt es zwischen den Eltern ohnehin ein gutes Verständnis, sollten später einzelne Abweichungen kein Problem sein. Vor allem, wenn Eltern aus vorhergehenden Ehen oder Lebenspartnerschaften Kinder in die neue Beziehung mitbringen, ist die Abstimmung der Familien für eine funktionierende Besuchsregelung und damit für das Aufrechterhalten der Beziehung zum Kind notwendig.

Wenn die Besuchsgestaltung für die Beteiligten nicht klappt, können Sie oder Ihre Frau einen Antrag auf gerichtliche Besuchsregelung bei Ihrem Bezirksgericht stellen. Dann übernimmt das Gericht die Besuchsrechtsregelung.

Das Gericht wird auch im Besuchsrechtsverfahren zuerst auf eine Einigung der Eltern hinwirken. Dadurch sollen die Verantwortung der Eltern und ihr Bemühen um eine gemeinsame Lösung gefördert werden. Scheitert eine gemeinsame Lösung, wird das Besuchsverfahren geführt, damit das Gericht sich ein Bild machen kann, was dem Wohl des Kindes entspricht. Es werden beide Eltern einvernommen, Zeugen können einvernommen werden, die darüber Auskunft geben, wie die Beziehung des Kindes zu beiden Eltern ist und wie die Eltern mit dem Kind umgehen. Das Gericht legt am Ende die Besuchszeiten, die Art und Weise der Abholung und der Rückbringung des Kindes mit einem Gerichtsbeschluss fest.

Oberster Grundsatz für jede Besuchsregelung ist das Wohl des Kindes, dem haben sich die Interessen der Eltern unterzuordnen. Das Recht des Kindes auf persönlichen Kontakt mit dem nicht im gemeinsamen Haushalt lebenden Elternteil ist ausdrücklich gesetzlich verankert. Beide Eltern müssen dafür sorgen, dass das Besuchsrecht störungsfrei abläuft.

▶▶ *Gesetzesstelle: § 148 Allgemeines Bürgerliches Gesetzbuch (ABGB), § 110 Außerstreitgesetz (AußStrG)*

? **REGELUNG DER BESUCHSZEITEN: Wie ist das Besuchsrecht im Gesetz geregelt? Mein Sohn hat nächstes Jahr seinen 6. Geburtstag.**

Im Gesetz geregelt ist »nur« das grundsätzliche Recht auf persönlichen Umgang. Besuchszeiten oder Besuchsdauer sind nicht gesetzlich festgelegt.

Das Recht auf persönlichen Kontakt hat nicht nur der Elternteil, der nicht im gemeinsamen Haushalt mit dem Kind lebt, sondern auch das Kind.

Das Besuchsrecht ist so zu gestalten, dass der Kontakt mit beiden Eltern aufrechterhalten werden kann und das Kind die Trennung möglichst schonend erlebt.

Können sich die Eltern auf Besuchszeiten nicht einigen, fällt das Gericht auf Antrag eine Entscheidung über deren Ausmaß.

Das Gericht stellt auf den Einzelfall ab, und hat sich bei der Ausgestaltung der Besuchszeiten vornehmlich am Wohl des Kindes zu orientieren. Maßgeblich ist auch die bisherige Rechtsprechung in Besuchsverfahren, die, je nach Alter des Kindes, übliche Besuchszeiten festlegt:

Zum Wochenendbesuchsrecht: Im Regelfall wird ein Wochenendbesuchsrecht im Abstand von 14 Tagen festgelegt; ein Wochenendbesuchsrecht über 2 Tage mit Übernachtung ist bei Kindern ab etwa dem 6. Lebensjahr üblich. Das Wochenendbesuchsrecht ist so zu vereinbaren, dass es dem Kind möglich ist, sich auf die kommende Schulwoche vorzubereiten.

Zum Urlaubbesuchsrecht: Das Urlaubbesuchsrecht beträgt übers Jahr 2–3 Wochen. Es wird für einen 5-Jährigen ein Urlaubbesuchsrecht von 14 Tagen als ausreichend betrachtet, gegen einen 4-wöchigen Besuchsurlaub eines 6-Jährigen spricht nichts.

Zum Feiertagbesuchsrecht: Der Heilige Abend, der Christtag und der Geburtstag des Kindes sind nicht teilbar, das Kind soll an diesen Tagen beim sorgeberechtigten Elternteil feiern.

Einvernehmlich können die Eltern natürlich Abweichendes regeln.

▶▶ *Gesetzesstelle: § 148 Allgemeines Bürgerliches Gesetzbuch (ABGB)*

? BESUCHSRECHT ZU DEN WEIHNACHTSFEIERTAGEN: Ich habe mich vor drei Jahren von meiner Frau getrennt, unser gemeinsamer Sohn (11 Jahre) lebt bei ihr. Ich lebe mit meiner neuen Familie im Nachbarort. Die Wochenendbesuche meines Sohnes funktionieren mittlerweile, jedoch haben wir noch keine Lösung für die Weihnachtszeit gefunden. Ich wünsche mir, dass mein Sohn Weihnachten einmal mit uns verbringt, jedes Jahr wird ab November heftig darüber gestritten. Gibt es eine gesetzliche Regelung?

Die Frage, mit wem die Kinder die Festtage verbringen, ist in der Praxis oft Anlass für Streitereien. Eine allgemein gültige Regelung des Besuchsrechts gibt es nicht, da in jedem einzelnen Fall das Alter und das Umfeld des Kindes sowie die Machbarkeit für die Eltern zu berücksichtigen sind.

Vom Gesetzgeber vorgegeben ist jedenfalls, dass das Besuchsrecht zuallererst den Bedürfnissen und Wünschen des Kindes entsprechen soll. Im Streitfall geht die Rechtsprechung davon aus, dass das Kind den Heiligen Abend und den Christtag ungestört mit dem obsorgeberechtigten, ständig betreuenden Elternteil verbringen soll und das Recht des anderen Elternteils auf Kontakt mit dem Kind bei einem Besuchsrecht am 26.12. ausreichend gewahrt ist.

Eine Besuchsrechtsvereinbarung kann bei gutem Einvernehmen der Eltern und auf Wunsch des Kindes natürlich vorsehen, dass das Kind den heiligen Abend in einem Jahr bei der Mutter und im darauffolgenden Jahr beim Vater verbringen soll. Eine von beiden Eltern getragene, verlässliche Regelung kann dem Kind Stabilität und Sicherheit trotz Trennung vermitteln. Kurz vor Weihnachten über die Planung der Weihnachtsbesuche zu streiten, ist wohl unzweckmäßig, damit wird allen die Weihnachtsfreude verdorben. In diesem Sinn ist Ihre Absicht, bereits am Anfang dieses Jahres mit der Mutter an einer Einigung zu arbeiten, zielführend.

▶▶ *Gesetzesstelle: § 148 Allgemeines Bürgerliches Gesetzbuch (ABGB) i.V.m. § 109 Außerstreitgesetz (AußStrG)*

? DURCHSETZUNG DES BESUCHSRECHTES: Im Scheidungsvergleich mit meiner Frau hatten wir uns darauf geeinigt, dass meine Frau die alleinige Obsorge haben soll. Dabei haben wir auch gleich mein Besuchsrecht für jedes zweite Wochenende vereinbart. Die Abholzeiten sollten flexibel vereinbart werden. Seit Wochen weigert sich meine Ex-Frau, einen Termin für den nächsten mir zustehenden Besuch auszumachen. Ich habe aber doch den Besuchsrechtsvergleich, ist der gar nichts wert?

Natürlich ist der Vergleich einzuhalten, damit das Kind den Kontakt zum nicht obsorgeberechtigten Elternteil halten kann. Zur Durchsetzung der bereits vereinbarten Besuchsrechtsregelung kann bei Gericht der Antrag auf zwangsweise Durchsetzung des Rechtes auf persönlichen Verkehr gestellt werden.

Im Gesetz finden sich angemessene Zwangsmittel aufgelistet, sollte der obsorgeberechtigte Elternteil das berechtigte Besuchsrecht weiter verhindern. So können etwa Geldstrafen, aber auch die Beugehaft und die zwangsweise Vorführung zur Durchsetzung von Entscheidungen verhängt werden. Das Besuchsrecht wird nur dann nicht durchgesetzt werden, wenn und solange dadurch das Wohl des Minderjährigen gefährdet ist.

▸▸ *Gesetzesstelle: § 79 Außerstreitgesetz i.V.m. § 110 Außerstreitgesetz (AußStrG)*

? GROSSELTERNBESUCHSRECHT: Ich habe schon vor zwei Monaten mein Enkelkind eingeladen, in den Weihnachtsfeiertagen einige Tage mit uns zu verbringen. Bisher habe ich keine Rückmeldung von meiner Tochter bekommen. Ich führe das auf mein schlechtes Verhältnis zum Schwiegersohn, der den Kontakt unterbinden will, zurück. Gibt es eine rechtliche Möglichkeit einzuschreiten?

Großeltern haben grundsätzlich schon ein Recht auf Kontakt mit ihren Enkelkindern. Ihr Besuchsrecht ist aber schwächer als das von Eltern. Ein Besuchsrecht kann auch auf Antrag der Großeltern vom Bezirksgericht festgelegt werden. Das Recht auf persönlichen Kontakt wird allerdings eingeschränkt oder ist zu untersagen, wenn dadurch das Familienleben der Eltern oder deren Beziehung zum Kind gestört würde. Aufgrund Ihrer Schilderung empfehle ich Ihnen nachzufragen, wie es um die Einladung steht, vielleicht wurde Ihr Wunsch nicht entsprechend wahrgenommen.

▶▶ *Gesetzesstelle: § 148 Allgemeines Bürgerliches Gesetzbuch (ABGB)*

? **GUTACHTEN FÜR BESUCHSRECHT:** Ich bin seit zwei Jahren geschieden, und über das Besuchsrecht für unsere Kinder streite ich mit meiner Ex-Frau nun seit Monaten. Während eines Gerichtstermins wurde kurz die Möglichkeit eines Sachverständigen-Gutachtens angesprochen. Was bedeutet das, und was kann ich mir davon erwarten?

Wenn in einem Besuchsrechtsverfahren eine Seite behauptet, dass das Besuchsrecht des anderen Elternteils zum Schaden der Kinder ist, wird oft ein Gutachten eingeholt, um zu klären, welche Auswirkungen das Besuchsrecht hat und ob es notwendig ist, das Besuchsrecht auszusetzen.

Das Gericht bestellt dafür einen Sachverständigen für Familien-, Kinder- und Jugendpsychologie. Dieser Sachverständige soll ein Gutachten darüber erstellen, ob Besuchskontakte des Elternteils dem Kindeswohl entsprechen und wenn ja, in welchem Umfang und in welcher Art und Weise die Besuchskontakte stattfinden können.

▶▶ *Gesetzesstelle: § 109 Außerstreitgesetz i.V.m. § 16 Außerstreitgesetz (AußStrG)*

? **INFORMATIONSRECHTE:** Ich bin geschieden. Dem Frieden zuliebe habe ich auf die Obsorge für meine Tochter verzichtet. Sie wohnt bei meiner Frau und ich besuche sie alle zwei Wochen.

Meine Frau informiert mich aber nicht über Dinge, die meine Tochter betreffen, ich erfahre vieles nur zufällig im Nachhinein. Kann ich von meiner Frau verlangen, dass sie mich besser informiert?

Sie haben ein gesetzliches Informations- und Äußerungsrecht zu wichtigen Angelegenheiten und wesentlichen Vertretungsmaßnahmen, die Ihre Tochter betreffen. Informiert werden müssten Sie vor allem über Angelegenheiten wie Schul- oder Ausbildungserfolg, ernste Erkrankungen, Unfallfolgen oder Wohnsitzwechsel. Zu wesentlichen Vertretungsmaßnahmen zählen zum Beispiel der Namenswechsel oder die vorzeitige Lösung eines Lehr-, Ausbildungs- oder Dienstvertrages. Davon müssen Sie rechtzeitig verständigt werden. Geschieht das nicht, und können Sie die Sache mit der Kindesmutter nicht klären, können Sie sich an Ihr zuständiges Bezirksgericht als Pflegschaftsgericht wenden.

▶▶ *Gesetzesstelle: § 178 Allgemeines Bürgerliches Gesetzbuch (ABGB)*

❓ ABHOLUNG DES KINDES: Ich habe die alleinige Obsorge für meinen 9-jährigen Sohn. Er und ich wohnen in Wien, mein Ex-Mann wohnt in Wr. Neustadt. Er erwartet, dass ich ihm für das Besuchswochenende meinen Sohn nach Mödling »entgegenbringe« und dort seiner Mutter übergebe. Mein Ex-Mann holt ihn dann von dort ab. Für mich ist diese »Übergabe« immer äußerst unangenehm. Wie ist das eigentlich im Gesetz geregelt?

Es gibt keine konkrete gesetzliche Regelung, wie die Abholung des Kindes zu geschehen hat. Es wird bei jungen Kindern meist so geregelt, dass das Kind von seinem Heim zu einer bestimmten Zeit abgeholt und zu einer bestimmten Zeit dorthin zurückgebracht werden muss. Das hat den Vorteil, dass das Kind in seiner gewohnten Umgebung auf die Abholung warten kann. Wenn eine einvernehmliche Lösung nicht möglich ist und die Streitigkeiten zur Besuchsorganisation die Besuchstage überschatten, können Sie das Bezirksgericht mit der Besuchsregelung befassen. Im Gerichtsbeschluss sind dann die Abhol- und Rückbringungszeiten sowie Örtlichkeiten genau festgelegt. Sie sind jedenfalls nicht verpflichtet, das Kind »entgegenzubringen« und bei Ihrer Ex-Schwiegermutter abzugeben. Wichtig ist eine Regelung, die dem Wohl Ihres Kindes entspricht und es den Beteiligten ermöglicht, Spannungen auszuklammern.

▶▶ *Gesetzesstelle: § 148 Allgemeines Bürgerliches Gesetzbuch (ABGB)*

❓ ANSPANNUNG: Was bedeutet der Anspannungsgrundsatz?

Das ist ein Grundsatz aus dem Unterhaltsrecht. Er soll verhindern, dass der Unterhaltspflichtige absichtlich weniger oder gar nichts offiziell verdient, um so seinen Zahlungspflichten zu entkommen. Der Anspannungsgrundsatz sagt, dass der Unterhaltspflichtige all seine Kräfte nützen, »anspannen« muss, um so viel Einkommen zu erzielen, dass er seine Unterhaltspflichten erfüllen kann. Sein Einkommen muss dem entsprechen, was er nach seiner Ausbildung, seinem Alter, seiner Gesundheit und Arbeitskraft und seinen beruflichen Chancen am Arbeitsmarkt verdienen könnte. Wenn der Unterhaltspflichtige gar nichts oder weit weniger verdient, kann der Unterhalt nach dem bemessen werden, was er bei Nutzung seiner Leistungsfähigkeit verdienen könnte.

▶▶ *Gesetzesstelle: § 140 Allgemeines Bürgerliches Gesetzbuch (ABGB)*

❓ DIREKT GELDUNTERHALT AN KIND? Ich bin geschieden, mein Sohn lebt bei meiner Ex-Frau und macht gerade seine Lehre. Seit Jahren zahle ich für ihn Unterhalt an meine Ex-Frau. Kann ich das Geld nicht meinem Sohn persönlich geben? Dann weiß ich wenigstens, dass das Geld bei ihm landet, und er weiß, dass er von mir unterstützt wird.

Nein, das sollten Sie nicht tun. Für minderjährige Kinder sind die Unterhaltsbeiträge an den gesetzlichen Vertreter, bei dem das Kind den hauptsächlichen Aufenthalt hat, zu bezahlen. In Ihrem Fall also an Ihre Ex-Frau. Unterhaltszahlungen, die direkt an minderjährige Kinder geleistet werden, befreien Sie nicht von der Unterhaltsschuld. Sie könnten in dem Fall noch einmal zur Zahlung des Unterhaltsbetrages verpflichtet werden. Direkt an Ihr Kind können Sie erst zahlen, wenn Ihr Sohn volljährig ist. Das ist er mit Erreichen des achtzehnten Lebensjahres.

▶▶ *Gesetzesstelle: §§ 140 ff, § 172 Allgemeines Bürgerliches Gesetzbuch (ABGB)*

❓ DAUER DER UNTERHALTSPFLICHT: Mein Sohn ist 20 Jahre alt, studierte mit mäßigem Erfolg Wirtschaft und will jetzt zu Medizin wechseln. Müssen wir das finanzieren?

Eltern müssen für den Unterhalt ihrer Kinder so lange aufkommen, bis diese selbsterhaltungsfähig sind, also selbst aus eigenen Einkünften ihre Lebensbedürfnisse bestreiten können. Solange das Kind die Berufsausbildung noch nicht abgeschlossen hat, ist es nicht selbsterhaltungsfähig. Wenn aber aus Schuld des Kindes die Berufsausbildung scheitert, muss sich das Kind wie ein Selbsterhaltungsfähiger behandeln lassen. So Ihr Sohn das Studium ernsthaft und zielstrebig betreibt und Ihnen die Beteiligung an den Kosten des Studiums möglich und zumutbar ist, haben Sie zur weiteren Berufsausbildung beizutragen.
Ihr Sohn verliert seinen Unterhaltsanspruch nicht schon deshalb, weil er die Ausbildung wechselt. Für die Auswahl des Studiums wird eine gewisse Überlegungszeit – üblicherweise ein Jahr – gewährt. Durchgehende Leerläufe im Studium müssen nicht finanziert werden. Wenn die durchschnittliche Studiendauer erreicht ist und nicht besondere Gründe das überlange Studieren rechtfertigen, erlischt der Unterhaltsanspruch des Sohnes.

▶▶ *Gesetzesstelle: § 140 Abs. 3 Allgemeines Bürgerliches Gesetzbuch (ABGB)*

87

? EIGENES EINKOMMEN DES KINDES: Unser Sohn beginnt endlich mit einer Lehre. Damit wird er auch ein regelmäßiges eigenes Einkommen haben. Sind wir damit nicht mehr verpflichtet, für seinen Unterhalt aufzukommen?

Eigenes Arbeitseinkommen des Kindes vermindert den konkreten Unterhaltsbedarf des Kindes. Daher ist ein Eigeneinkommen des Kindes bei der Unterhaltsbemessung, zu berücksichtigen. Auch die Lehrlingsentschädigung, die Ihr Sohn bezahlt bekommt, ist Eigeneinkommen. Der Unterhaltsanspruch des Sohnes beziehungsweise Ihre Unterhaltspflicht endet mit Antritt der Lehre aber nicht automatisch, da Lehrlinge nur eine »Lehrlingsentschädigung« bekommen. Bei der neuen Unterhaltsbemessung ist auch der Mehraufwand des Kindes zu berücksichtigen, den es durch seine Berufstätigkeit hat. Wenn es sich beim Einkommen nur um einen Ausgleich des berufsbedingten Mehraufwandes handelt (etwa für Arbeitskleidung), so wird sich der Unterhalt nicht verringern. Auch nur für eine kurze Zeit erzieltes Einkommen, zum Beispiel für einen Ferial-Job, bleibt für Unterhaltskürzungen außer Betracht.

▶▶ *Gesetzesstelle: § 140 Allgemeines Bürgerliches Gesetzbuch (ABGB)*

? FINANZSPRITZE DER GROSSELTERN: Mein Exmann ist zum Unterhalt für unseren 15-jährigen Sohn verpflichtet. Er versucht, sich seiner Verpflichtung mit dem Argument zu entziehen, dass die Großeltern – also meine Eltern – sowieso unseren Sohn »sponsern«. Es stimmt, dass meine Eltern ihren Enkel unterstützen. Kann sich aber mein Exmann darauf berufen?

Nein. Ein Vater ist natürlich vor den Großeltern für sein Kind unterhaltspflichtig. Wenn nun die Großeltern – und sei es aus Mitleid – ihr Enkelkind und damit indirekt Sie finanziell unterstützen, so geht die Rechtsprechung davon aus, dass sie das tun, weil sie sich sittlich dazu verpflichtet fühlen, ihre nächsten

Angehörigen zu unterstützen. Es wird nicht die Absicht unterstellt, dass die Großeltern mit ihren Zahlungen den unterhaltspflichtigen Vater entlasten wollen. Die Zahlungen und Geschenke der Großeltern an das Kind haben daher keinen Einfluss auf die Zahlungspflicht des Vaters.

▸▸ *Gesetzesstelle: Allgemeines Bürgerliches Gesetzbuch § 140 (ABGB)*

❓ HÖHE KINDESUNTERHALT: Mein Sohn ist heuer 10 Jahre alt geworden und meine Exfrau fordert deshalb mehr Unterhalt. Ich zahle jetzt monatlich schon € 550 Unterhalt, ist das nicht schon zuviel?

Das hängt auch von Ihrer finanziellen Situation ab. Ihre Unterhaltspflicht wird einerseits als Prozentsatz Ihres Nettoeinkommens errechnet. Bei einem 10-Jährigen beträgt die Unterhaltspflicht 20% Ihres monatlichen Nettoeinkommens. Daneben gibt es zur Orientierung den »Regelbedarf«, der die durchschnittlichen altersentsprechenden Geldbedürfnisse eines Kindes festsetzt. Bei einem Kind zwischen 10–15 Jahren wird derzeit der Regelbedarf mit € 334 angenommen. Die Obergrenze für Unterhaltszahlungen ist unabhängig vom errechneten Prozentsatz. Die »Luxusgrenze« wird auch »Playboygrenze« genannt: Wenn Sie ein sehr hohes Einkommen haben, ist der zu zahlende Geldunterhalt mit dem $2\frac{1}{2}$-fachen des Regelbedarfs begrenzt, auch wenn die prozentuelle Berechnung einen höheren Unterhaltsanspruch ergäbe. Als Unterhalt kann daher in Ihrem Fall bei entsprechendem Einkommen bis zu € 835 (das ist der $2\frac{1}{2}$-fache Betrag von € 334) zuerkannt werden.

▸▸ *Gesetzesstelle: § 140 Allgemeines Bürgerliches Gesetzbuch (ABGB)*

? KEIN GELD FÜR UNTERHALT: Ich bin geschieden und seit zwei Monaten arbeitslos. Ein passender Job ist derzeit nicht in Aussicht. Ich kann den Unterhalt für mein Kind nicht bezahlen. Was kann ich tun?

Auch bei Arbeitslosigkeit muss Unterhalt bezahlt werden. Sie können aber am Bezirksgericht des Wohnortes Ihres Kindes einen Antrag auf Herabsetzung des Unterhalts stellen. Legen Sie auch Ihre Arbeitslosenbestätigung vor. Der Unterhalt kann wegen unverschuldeter Arbeitslosigkeit herabgesetzt werden, bis sich die Einkommensverhältnisse wieder geändert haben. Herabgesetzt wird der Unterhalt dann, wenn Sie trotz nachgewiesenem Bemühen keinen Arbeitsplatz finden. Ihnen muss zur Deckung Ihrer angemessenen Lebensbedürfnisse ein entsprechender Betrag bleiben, der sich am Existenzminimum orientiert.

▶▶ *Gesetzesstelle: § 101 Außer Streitgesetz (AußStrG); § 140 Allgemeines Bürgerliches Gesetzbuch (ABGB)*

? SELBSTERHALT: Die 18-jährige Tochter meines Lebensgefährten wohnt immer noch zu Hause. Da sie arbeitslos ist und auch nicht arbeiten gehen will, überlegt er, sie vor die Türe zu setzen. Ist es wirklich so, dass er seine Tochter erhalten muss, obwohl sie zum Arbeiten nur zu faul ist? Wir arbeiten zwar beide, viel Spielraum für weitere Personen haben wir aber nicht.

Die Unterhaltspflicht für Kinder endet mit deren Selbsterhaltungsfähigkeit, das ist grundsätzlich der Abschluss der Berufsausbildung (zum Beispiel Lehre, Studium, etc.). Wenn die Tochter keine Ausbildung macht, sondern auf Kosten der Unterhaltspflichtigen nichts tut, obwohl sie arbeitsfähig ist, besteht keine Unterhaltspflicht. Die Tochter ist aber noch relativ jung. Wenn sie zum Beispiel gerade im Ausbildungswechsel ist, wird man ihr wahrscheinlich eine gewisse Zeit für ihre Berufsentscheidung zugestehen. Bemüht sie sich nicht einmal um eine Ausbildung, dann nicht. Das wird von den Gerichten auf den Einzelfall bezogen beurteilt.

Wenn Ihr Lebensgefährte keinen Unterhalt mehr bezahlt, muss die Tochter Unterhaltsklage einbringen. Im Unterhaltsverfahren sollte Ihr Lebensgefährte Angaben über die Ausbildung der Tochter und etwaige Berufserfahrungen machen können.

▶▶ *Gesetzesstelle: § 140 Abs. 3 Allgemeines Bürgerliches Gesetzbuch (ABGB) i.V.m. § 101 Außer Streitgesetz (AußStrG)*

❓ ZUSÄTZLICHE ZAHLUNGEN ZUM UNTERHALT: Mein Kind wünscht sich ein neues Fahrrad, auch die Schulsportwoche steht an. Mein Exmann will nichts dazuzahlen. Muss er?

Das muss er nicht. Mit dem monatlichen Kindesunterhalt deckt der Vater seinen Anteil für die gewöhnlichen Lebenskosten des Kindes. Zusätzlich zum laufenden monatlichen Kindesunterhalt muss er nur jene Aufwendungen tragen, die »Sonderbedarf« des Kindes sind. Sonderbedarf sind zusätzliche finanzielle Belastungen, die den sogenannten Regelbedarf übersteigen, also außerordentliche beziehungsweise existenznotwendige Anschaffungen.

Sonderbedarf sind vor allem Kosten, die durch teure medizinische Behandlungen entstehen, zum Beispiel Zahnregulierungskosten, Kosten, die von der Krankenversicherung nicht gedeckt sind, allenfalls Computerkosten und Sprachferien. Bei den Kosten für das Fahrrad handelt es sich aber um allgemeine Kosten, die aus dem laufenden Unterhalt, den Ihr Exmann leistet, zu zahlen sind. Bei Sportschulwochen wird kein Sonderbedarf anzunehmen sein, weil diese Kosten regelmäßig für die meisten gleichaltrigen Kinder in Österreich anfallen.

▶▶ *Gesetzesstelle: § 140 Allgemeines Bürgerliches Gesetzbuch (ABGB)*

? UNTERHALT FÜR STUDIERENDE KINDER: Mein Sohn hat im Oktober mit dem Studium begonnen und verlangt von uns monatliche Geldzahlungen. Sind wir dazu verpflichtet?

Wenn Ihr Sohn das Studium nachweislich ernsthaft und zielstrebig betreibt, ist er bis zum Ende des Studiums unterhaltsberechtigt. Für die Dauer Ihrer Unterhaltspflicht ist dann die durchschnittliche Studiendauer maßgeblich. Nur eine Verzögerung aus besonderen Gründen verlängert Ihre Unterhaltspflicht, etwa bei Erkrankung Ihres Sohnes oder Studienwechsel am Anfang des Studiums. Grundsätzlich kann Unterhalt als Naturalunterhalt oder als Geldunterhalt gewährt werden.

Solange das Kind mit beiden Eltern in einem Haushalt wohnt, wird der laufende Unterhalt in Naturalleistungen beglichen. Dabei stellen die Eltern »in Naturalien« den Wohnraum, Kleidung, Nahrung und dergleichen zur Verfügung und tragen so zur geistigen und körperlichen Entwicklung des Kindes bei. Auch Taschengeld gehört zu den Naturalleistungen.

Ihr Sohn hat dann einen Unterhaltsanspruch gegen beide Eltern in Geld, wenn er mit keinem der beiden Eltern zusammen wohnt, weil er zum Beispiel in einer anderen Stadt studiert. Wohnt Ihr Sohn mit einem Elternteil zusammen und lebt der andere Elternteil getrennt, so leistet derjenige, der im selben Haushalt lebt, seinen Unterhalt in Naturalien, der andere muss seinen Unterhaltsbeitrag als Geldunterhalt leisten.

▶▶ *Gesetzesstelle: § 140 Allgemeines Bürgerliches Gesetzbuch (ABGB)*

? ÄNDERUNG UNTERHALT BEI ZUSÄTZLICHER SORGE-PFLICHT: Bei der Scheidung von meiner ersten Frau wurde Unterhalt für unsere beiden Kinder vereinbart. Jetzt habe ich noch einen Sohn mit meiner zweiten Frau bekommen. Trotzdem wurde der Unterhalt für meine älteren Kinder erhöht. Finanziell wird es für mich echt knapp. Habe ich eine Chance auf Herabsetzung?

Zusätzliche Sorgepflichten eines Unterhaltspflichtigen reduzieren in der Tat die übrigen Unterhaltspflichten. Unterhaltsansprüche unterliegen der Umstandsklausel, was bedeutet, dass sich der Unterhalt dann verändert, wenn eine wesentliche Änderung der Umstände eintritt. Mit der Geburt Ihres dritten Kindes haben Sie eine zusätzliche Sorgepflicht zu erfüllen, die Sie zu einem Herabsetzungsantrag berechtigt. Auch ist ein Unterhaltserhöhungs- oder Herabsetzungantrag des Unterhaltspflichtigen bei zirka 10% Einkommenserhöhung oder -verlust möglich. Möglicherweise ergibt sich die letzte Heraufsetzung Ihrer Unterhaltszahlungen daraus, dass Ihre älteren Kinder einen »Alterssprung« gemacht haben, das heißt, ein Alter erreicht haben, bei dem wegen der altersbedingten Erhöhung der Bedürfnisse eine Unterhaltserhöhung beantragt werden kann. Am besten Sie machen einen Termin mit dem Rechtspfleger aus, der die Berechnung vorgenommen hat, um den vorgeschriebenen Betrag zu klären. Gut eignet sich dafür der Amtstag, der ist jeden Dienstagvormittag am Bezirksgericht. Um eine Herabsetzung wegen der Geburt Ihres Kindes zu erreichen, müssen Sie Ihre zusätzliche Sorgepflicht beim Bezirksgericht bekannt geben und dort einen Unterhalsherabsetzungsantrag stellen.

▶▶ *Gesetzesstelle: §§ 140 Allgemeines Bürgerliches Gesetzbuch (ABGB) i.V.m. 101 Außer Streitgesetz (AußStrG)*

❓ **UNTERHALTSPFLICHT VON GROSSELTERN:** Ich bin im achten Monat schwanger. Der Vater meines Kindes ist plötzlich verstorben. Ich bin in Ausbildung und habe selbst kaum Geld. Kann ich mich wegen Unterhalt an die Großeltern meines Kindes wenden?

Gesetzlich sind zuallererst die Eltern eines Kindes verpflichtet, für den ausreichenden Unterhalt des Kindes zu sorgen.
Kann ein Elternteil dieser Pflicht nicht nachkommen, muss der

andere alleine für den Kindesunterhalt sorgen. Ist das trotz aller Anstrengungen nicht möglich oder ist wie in Ihrem Fall der andere Elternteil verstorben, und hat das Kind selbst kein Vermögen, auf das zurückgegriffen werden kann, so müssen die Großeltern einspringen.

Jeder Großelternteil muss nur soweit Unterhalt leisten, als er dadurch den eigenen Unterhalt nicht gefährdet. Zwischen den vier Großelternteilen gibt es keine Rangfolge, sie haben gemeinsam anteilsmäßig zum Unterhalt des Enkelkindes beizutragen.

▶▶ *Gesetzesstelle: § 141 Allgemeines Bürgerliches Gesetzbuch (ABGB)*

? UNTERHALTSVORSCHUSS: Der Vater meiner Kinder zahlt nie den geregelten Unterhalt, ich bin Alleinerzieherin und auf die Zahlungen angewiesen. Wann bekomme ich Unterhaltsvorschuss vom Staat?

Zahlt ein Elternteil seinen Geldunterhalt nicht, springt unter bestimmten Voraussetzungen der Staat ein, um den minderjährigen Kindern die Existenz zu sichern. Der Unterhaltsvorschuss-Betrag wird vom Gericht festgesetzt. Die gesetzlichen Grenzen für das Jahr 2010 sind: Grundbetrag 105,40; Maximalbetrag 512,41.

Seit 2010 gilt eine Neuregelung, damit Unterhaltsvorschüsse schneller bezahlt werden können. Es ist nun nicht mehr notwendig, dass erfolglos Exekution geführt wird. Es reicht jetzt aus, wenn ein vollstreckbarer Exekutionstitel für die Unterhaltsforderung vorliegt und ein Exekutionsantrag bei Gericht eingebracht wurde. Es muss nicht mehr abgewartet werden, was das Exekutionsverfahren ergibt.

Außerdem wurde die Maximaldauer von Unterhaltsvorschüssen von drei Jahre auf fünf Jahre erhöht. Das gilt für Anträge, die nach dem 31. Dezember 2009 gestellt werden. Für die Anträge zuständig ist das Bezirksgericht. Im Verfahren werden die

Kinder durch Sie oder das zuständige Jugendamt vertreten. Der Jugendwohlfahrtsträger muss vom Vater Ihres Kindes die bevorschussten Beträge eintreiben.

▶▶ *Gesetzesstelle: §§ 2,3,4,5,7 Unterhaltsvorschussgesetz (UVG)*

❓ VERJÄHRUNG – UNTERHALT: Mein Vater ist unregelmäßig in Österreich. Genauso unregelmäßig hat er für mich, seine Tochter, Unterhalt bezahlt. Kann ich die ausstehenden Monate rückfordern?

Ja. Der grundsätzliche Anspruch auf Unterhalt verjährt nicht. Allerdings verjähren bereits fällige Unterhaltsleistungen innerhalb von drei Jahren. Daher sind Ihre Unterhaltsforderungen, die älter als drei Jahre sind, verjährt. Die Ansprüche, die in der 3-Jahresfrist sind, können Sie rückwirkend geltend machen. Für die offenen Zahlungsrückstände können Sie gesetzliche Zinsen von vier Prozent verlangen.

▶▶ *Gesetzesstelle: § 148 Allgemeines Bürgerliches Gesetzbuch (ABGB)*

❓ KOSTEN FÜR GEMEINSAME URLAUBE: Ich verbringe mit meinem Sohn im Sommer drei Wochen auf einem Tenniscamp. Mein Sohn lebt sonst bei der Mutter. Kann ich für die Zeit den Unterhalt aussetzen?

Ihre Kosten für die Verpflegung des Kindes könnten Sie bei Ihrer Unterhaltzahlung nur berücksichtigen, wenn sich das Kind länger als einen Monat bei Ihnen aufhält. Und auch dann kann nur abgezogen werden, was der sonst betreuende Elternteil, die Kindesmutter, sich durch die lange Abwesenheit des Kindes erspart und nicht das, was Sie an Ausgaben hatten. Denn für den betreuenden Elternteil fallen in der Zeit im Wesentlichen nur die Kosten für zusätzliche Nahrungsbeschaffung weg, nicht aber die laufenden Kosten für den Haushalt, in dem das Kind sonst lebt, wie etwa Mietkosten.

▸▸ *Gesetzesstelle: § 140 Allgemeines Bürgerliches Gesetzbuch (ABGB)*

? **TOD DES ALLEINERZIEHERS:** Ich bin alleinerziehende Mutter und vor einiger Zeit schwer erkrankt. Ich mache mir große Sorgen um meine beiden Töchter, die vier und sechs Jahre alt sind. Was würde mit meinen Kindern geschehen, falls ich sterbe? Wer ist dann für sie verantwortlich, bei wem würden sie aufwachsen?

Die Antwort auf Ihre Frage hängt davon ab, wie die Obsorge für Ihre Kinder bisher geregelt ist. Wenn Sie alleine die Obsorge für Ihre Töchter haben, entscheidet im Fall Ihres Todes das Gericht darüber, an wen die Obsorge für Ihre Kinder übertragen wird. Als Personen kommen infrage: der bisher nicht mit der Obsorge betraute Elternteil, die Großeltern oder die Pflegeeltern.
Bei der Entscheidung wird auf das Wohl der Kinder abgestellt. Ausschlaggebend ist das Verwandtschaftsverhältnis; zu wem ihre Töchter schon bisher gefühlsmäßig und sozial eine Nahebeziehung haben, und ob diese Person und deren Lebensverhältnisse geeignet sind. Bei gleich guter Eignung von überlebendem Elternteil, Großeltern oder Pflegeeltern wird dem leiblichen Elternteil der Vorrang gegeben. In Ihrem Fall dem Vater Ihrer Kinder, wenn nicht entscheidende Gründe dagegen sprechen, die die Entwicklung Ihrer Kinder gefährden könnten.
Für den Fall, dass Sie mit dem Vater der Kinder gemeinsame Obsorge vereinbart haben, ginge mit Ihrem Tod die alleinige Obsorge auf den anderen Elternteil, hier den Kindesvater, über.

▸▸ *Gesetzesstelle: § 145 Allgemeines Bürgerliches Gesetzbuch (ABGB)*

? FESTSTELLUNG DER VATERSCHAFT: Ich bin seit 10 Jahren verheiratet und habe eine achtjährige Tochter. Mein Mann ist nicht der echte Vater meiner Tochter, sie weiß das aber nicht und liebt ihn als ihren Vater. Mit dem echten Vater hatte ich eine kurze Affäre. Er vermutet seit Langem, der Vater meiner Tochter zu sein. Ich habe das immer bestritten. Nun hat er mir geschrieben, dass er einen DNA-Vaterschaftstest fordert. Das Ergebnis des Tests würde alles zerstören. Kann er das verlangen?

Wird während der Ehe ein Kind geboren, kommt dem Ehemann der Mutter schon gesetzlich die Position als Vater zu, er ist der »gesetzliche« Vater. Steht die Vaterschaft des Ehemanns fest, kann der biologische Vater nicht gegen den Willen des Kindes oder, wenn das Kind noch minderjährig ist, nicht ohne Mitwirkung der Mutter die gerichtliche Feststellung seiner Vaterschaft erlangen. Sofern aber das Kind noch keinen Vater hat, ist ein Antrag des Vaters möglich. Auch wenn somit Ihre »Affäre« ein Gutachten hätte, das seine Vaterschaft bestätigen würde, kann er sich nicht gegen den Willen aller übrigen Beteiligten in die bestehende Familiengemeinschaft hineindrängen.

Damit soll die bestehende Familie geschützt werden, das Interesse an der Feststellung der biologischen Abstammung hat dagegen weniger Gewicht. Es soll verhindert werden, dass sich ein dem Kind fremder »biologischer« Vater dem Kind aufdrängen kann, obwohl zum Ehemann der Mutter eine familiäre Beziehung besteht. Der biologische Vater, der keine Nahebeziehung zu Ihrer Tochter hat, könnte seine mit Gutachten nachgewiesene biologische Vaterschaft daher nur bestätigt bekommen, wenn die übrigen Betroffenen zustimmen. Er bräuchte für sein rechtswirksames Vaterschaftsanerkenntnis die Zustimmung Ihrer Tochter und solange diese minderjährig ist, Ihre Zustimmung, um die Vaterschaft Ihres Ehemanns zu durchbrechen. Dagegen hat das Kind das Recht, die Feststellung der Vaterschaft zu beantragen, auch wenn die Vaterschaft eines anderen Mannes bereits feststeht.

▸▸ *Gesetzesstelle: § 163 Allgemeines Bürgerliches Gesetzbuch (ABGB)*

? VATERSCHAFTSANERKENNTNIS: Ich habe eine Ladung der Bezirkshauptmannschaft Voitsberg erhalten: Ich soll mich für ein Vaterschaftsanerkenntnis einfinden, da ich von einer Ex-freundin als Vater angegeben wurde. Ich war zwar mit der Frau zusammen, Kind habe ich aber sicher keines. Wie muss ich gegen die Behauptung vorgehen?

Die Kindesmutter hat als gesetzlicher Vertreter des Kindes dafür zu sorgen, dass die Vaterschaft festgestellt wird. Das aber nur, wenn sie den Vater bekannt geben will.
Ein unehelicher Vater kann wiederum seine Vaterschaft freiwillig durch eine persönliche Erklärung vor den Behörden oder einem Notar anerkennen. Das ist Zweck der von Ihnen angesprochenen Ladung. Wenn Sie die Vaterschaft aber bestreiten wollen, müssen Sie bei dem Termin einfach der Behauptung der Kindesmutter widersprechen und geben kein Anerkenntnis ab. Dann kann die Kindesmutter als Vertreterin des Kindes Sie auf Feststellung der Vaterschaft klagen.
Durch ein Blutgutachten können Sie als Beklagter vor dem Bezirksgericht beweisen, dass Ihre Vaterschaft unwahrscheinlich ist und das Kind einen anderen Mann zum Vater hat. Die Feststellung des Vaters ist Voraussetzung für einen Unterhaltsanspruch des Kindes und sein gesetzliches Erbrecht.

▸▸ *Gesetzesstelle: §§ 156 Allgemeines Bürgerliches Gesetzbuch (ABGB) i.V.m. 163 ff. Allgemeines Bürgerliches Gesetzbuch (ABGB)*

? NAMENSÄNDERUNG DES KINDES: Meine Exfrau hat nach unserer Scheidung wieder ihren Mädchennamen als Familiennamen angenommen. Jetzt hat sie die alleinige Obsorge für unsere Tochter beantragt. Wenn sie die alleinige Obsorge erhält, möchte sie sofort den Nachnamen unserer Tochter auf ihren neuen Nachnamen ändern. Kann sie das veranlassen?

Grundsätzlich kann ein Nachname geändert werden, wenn der bisherige Familienname lächerlich oder anstößig wirkt, oder der Nachname schwer auszusprechen oder zu schreiben ist. Aber auch dann ist eine Änderung möglich, wenn der minderjährige Antragsteller den Familiennamen jener Person erhalten soll, der die alleinige Obsorge für ihn zukommt. Sollte Ihre Tochter zwischen 10 und 14 Jahre alt sein, hat die zuständige Behörde Ihre Tochter zur beantragten Namensänderung anzuhören. Ab dem 14. Lebensjahr hat Ihre Tochter ein Zustimmungsrecht, ohne ihre Zustimmung kann der Nachname dann nicht geändert werden.
Ein Elternteil kann für ein minderjähriges Kind die Namensänderung beantragen. Während aufrechter Ehe oder wenn nach der Scheidung gemeinsame Obsorge besteht, muss für den Antrag die Zustimmung des anderen Elternteils gegeben sein. Wenn Ihre Frau das alleinige Obsorgerecht hat, muss die Behörde Sie über die beantragte Namensänderung informieren und Sie dazu anhören.

▶▶ *Gesetzesstelle: § 2 Namensänderungsgesetz (NÄG), § 154 Allgemeines Bürgerliches Gesetzbuch (ABGB)*

? ADOPTION: Meine Frau hat eine 19-jährige Tochter aus erster Ehe. Vor zwei Monaten ist deren leiblicher Vater verstorben. Ich selbst bin kinderlos und überlege, die Tochter meiner Gattin zu adoptieren. Was muss ich bei einer Adoption beachten?

Da Ihre Tochter bereits volljährig ist, kommt die Adoption durch einen schriftlichen Vertrag zwischen Ihnen und der

Tochter zustande. Dieser Vertrag ist gültig, sobald er vom Bezirksgericht bewilligt wurde.

Beachten Sie die Folgen der Adoption: Dadurch kommt es zur »Annahme an Kindes statt«. Es wird ein Verhältnis wie zwischen leiblichen Eltern und Kindern begründet. Die Tochter wird mit der Adoption auch Ihnen gegenüber erbberechtigt und – sollte die Tochter noch nicht berufstätig sein – werden Sie gemeinsam mit Ihrer Gattin unterhaltspflichtig, bis die Tochter sich selbst erhalten kann.

▶▶ *Gesetzesstelle: §§ 179–185a Allgemeines Bürgerliches Gesetzbuch (ABGB)*

? AUFLÖSUNG DER ADOPTION: Meine Exfrau hatte einen Sohn in die Ehe mitgebracht, den ich adoptiert habe. Nach der Trennung von meiner Exfrau hat er den Kontakt zu mir komplett abgebrochen. Nicht einmal zu Weihnachten meldet er sich. Von seiner Hochzeit habe ich durch Briefsendung erfahren. Gibt es eine Möglichkeit, die Adoption aufzulösen?

Die Adoption ist als Vertrag zwischen Ihnen als Wahlvater und dem Wahlkind durch gerichtliche Bewilligung zustande gekommen. Nur aus den im Gesetz geregelten Gründen kann eine Adoption widerrufen und aufgehoben werden. Zum Beispiel, wenn die Adoption nur zum Zweck der Namensverschaffung vorgenommen wurde oder wenn die notwendige Zustimmung eines Obsorgeberechtigten gefehlt hat oder der Adoptionsvertrag nicht schriftlich geschlossen wurde und seit der gerichtlichen Bewilligung nicht mehr als fünf Jahre vergangen sind. Wurde die Adoption listig oder zwangsweise herbeigeführt, kann sie ebenfalls aufgehoben werden.

Für Sie findet sich eine Möglichkeit, wenn auch Ihr Adoptivsohn zur Aufhebung bereit ist: Die Adoption kann aufgehoben werden, wenn beide, Sie als Wahlvater und der mittlerweile eigenberechtigte Adoptivsohn, die Aufhebung beantragen.

Dass sich das Verhältnis zwischen Wahlkind und Wahlvater nicht zu dem erhofften Eltern-Kind-Verhältnis entwickelt hat, ist kein Aufhebungsgrund. Wegen Irrtums kann daher die Adoption nicht aufgehoben werden.

Wird eine Adoption aufgehoben, erlöschen mit dem Aufhebungsbeschluss die familienrechtlichen Beziehungen zwischen Ihnen und dem Wahlsohn.

▶▶ *Gesetzesstelle: § 184 und § 184a Allgemeines Bürgerliches Gesetzbuch (ABGB)*

? AUFENTHALT DER KINDER: Mein Sohn ist 18 Jahre alt geworden, er hat bisher bei mir gelebt, sein Vater hat Unterhalt für ihn an mich bezahlt. Nun will mein Sohn ausziehen, und ich soll das mitfinanzieren. Das könnte ich mir gar nicht leisten! Kann ich ihm verbieten auszuziehen?

Nein. Mit 18 Jahren ist Ihr Sohn volljährig. Ein volljähriges Kind kann selbst über seinen Aufenthalt entscheiden, diesen frei bestimmen. Lebt das Kind dann bei keinem der beiden Elternteile, sind beide Eltern zur Zahlung von Geldunterhalt für das Kind verpflichtet.

Die Volljährigkeit wirkt sich auch darauf aus, an wen der Unterhalt zu zahlen ist: Bis zur Volljährigkeit des Kindes ist der Geldunterhalt an den betreuenden Elternteil zu bezahlen, ab der Volljährigkeit des Kindes und bis zur Selbsterhaltungsfähigkeit an das Kind selbst. Wenn Ihr Sohn also auszieht, müssten Sie ab nun gemeinsam mit seinem Vater anteilig den Geldunterhalt für den Sohn bestreiten. Der zu zahlende Betrag bemisst sich nach Ihrem Einkommen, dem Einkommen des Vaters und den Bedürfnissen des Kindes.

▶▶ *Gesetzesstelle: § 140 Allgemeines Bürgerliches Gesetzbuch (ABGB)*

? GEMEINSAME OBSORGE NACH DER SCHEIDUNG: Im Scheidungsvergleich haben meine Frau und ich uns auf die gemeinsame Obsorge für unseren 5-jährigen Sohn geeinigt. Zuletzt gab es mit meiner Exfrau immer wieder Streit in Erziehungsfragen. Obwohl es nur um Kleinigkeiten ging, hat sie einen Antrag auf alleinige Obsorge bei Gericht gestellt. Was bedeutet das für mich?

Bei der Scheidung können Eltern die gemeinsame Obsorge für ihre Kinder vereinbaren. Durch die Vereinbarung der gemeinsamen Obsorge bleiben beide Eltern nach der Scheidung zur Erziehung und Vertretung des Kindes weiterhin so berechtigt wie vor der Scheidung, bei aufrechter Ehe.

Die gemeinsame Obsorge nach der Scheidung ist so lange aufrecht, so lange sich die Eltern einig sind. Verlangt ein Elternteil durch einen Antrag bei Gericht die Aufhebung der gemeinsamen Obsorge, wird das Gericht in der ersten Verhandlung versuchen, eine gütliche Einigung der Eltern herbeizuführen.

Ist keine Einigung möglich, muss das Gericht einem Elternteil die alleinige Obsorge zusprechen. Das Gericht kann dann nicht beschließen, dass die gemeinsame Obsorge aufrecht zu bleiben hat. Ein Obsorgeverfahren endet daher, wenn die Eltern keine Einigung finden, immer damit, dass ein Elternteil seine Obsorgerechte verliert und nur noch ein Elternteil alleine die Obsorgerechte für das Kind ausüben darf. Ausschlaggebend für die Obsorgeentscheidung ist das Kindeswohl, nicht die Wünsche der Eltern. Bei kleinen Kindern wird, wenn das Kind nach der Scheidung bei der Mutter wohnen blieb und nicht besondere Gründe dagegensprechen, normalerweise die Obsorge der Mutter zugesprochen werden. Selbst wenn die Obsorge aber der Mutter zugesprochen wird, bleibt Ihr Recht auf Kontakt zu Ihrem Sohn durch ein Besuchsrecht aufrecht.

▶▶ *Gesetzesstelle: §§ 177 ff. Allgemeines Bürgerliches Gesetzbuch (ABGB)*

? PATCHWORKFAMILIE: Ich habe eine Frau geheiratet, die zwei Kinder in unsere Ehe mitgebracht hat. Der Vater der Kinder akzeptiert mich überhaupt nicht. Weder ist er nach den Besuchswochenenden bereit, mir die Kinder zu übergeben, noch soll ich sie von der Schule abholen dürfen. Dass nur meine Frau das machen »darf«, bringt für uns einen ziemlichen Zeit- und Organisationsaufwand. Er akzeptiert auch nicht, wenn ich mich in die Erziehung der Kinder einbringe, und kritisiert stets mein noch so gutwilliges Engagement. Habe ich keine Rechte, wir sind doch auch eine Familie? Denn die Kosten der Wohnung, in der wir mit den Kindern leben, die Lebenserhaltungskosten und so weiter darf ich schon mitzahlen.

Die Kinder dürfen Sie abholen, wenn Ihre Frau das wünscht. Sie vertreten dabei Ihre Frau. Sonst ist es aber so, dass die gesetzlichen Rechte zur Obsorge, Erziehung und Pflege von Kindern zuerst auf das biologische Verwandtschaftsverhältnis abstellen. Elterliche Rechte haben Stiefeltern nur, wenn Sie ein Adoptions- oder Pflegeverhältnis zum Kind des Ehegatten haben.
Mit dem Familienrechtsänderungsgesetz, das seit Jänner 2010 gilt, wurden jedoch Neuerungen eingeführt, die dem Umstand Rechnung tragen sollen, dass es neben der klassischen Familie verheirateter Eltern als Familienform die »Patchworkfamilien« gibt, in der Stiefeltern in die Ehe mitgebrachte Kinder mitbetreuen, erziehen und auch zu deren Unterhalt beitragen.
Seit Jänner 2010 haben Sie nicht das Recht, sondern vielmehr die gesetzliche Pflicht, Ihrem Ehegatten bei der Ausübung seiner Obsorge für dessen Kinder »angemessen« beizustehen. Diese Regelung gilt nicht für das Verhältnis zwischen Stiefeltern und Stiefkindern, sondern zwischen den Ehegatten. Wer jemanden heiratet, der ein minderjähriges Kind in die Ehe mitbringt, soll bereits nach dem Gesetz verpflichtet sein, seinen Ehepartner bei dessen elterlichen Aufgaben zu unterstützen, wenn dieser das wünscht. Diese Beistandspflicht betrifft

ausschließlich die Obsorge für Stiefkinder, nicht aber deren Unterhalt.

Seit 2010 gibt es nicht nur die neue Pflicht, sondern als Gegengewicht auch das Recht als Stiefelternteil seinen Ehegatten in Obsorgeangelegenheiten zu vertreten. Ihr Vertretungsrecht ist aber im Gesetz eingeschränkt auf die »Obsorgeangelegenheiten des täglichen Lebens«, und auch da nur »soweit es die Umstände erfordern«.

Die »Umstände erfordern« die Vertretung Ihrer Frau, wenn ihre Frau verhindert ist und gehandelt werden muss. Und »Obsorgeangelegenheiten des täglichen Lebens« sind solche, die häufig vorkommen und keine schwer abzuändernden Auswirkungen auf die Entwicklung des Kindes haben.

Praktisch sind es Alltagshandlungen wie das Schreiben einer Entschuldigung für den Turnunterricht oder das Abholen des Kindes von der Schule. Sie müssen bei der Vertretung aber immer den erklärten oder mutmaßlichen Willen des vertretenen Ehegatten befolgen: Sie müssen so handeln, wie Ihre Frau handeln würde, wäre sie nicht verhindert. Gegen den Willen Ihrer Frau dürfen Sie nicht vertreten. Denn Sie vertreten Ihre Ehefrau nur bei der Ausübung der Obsorge. Direkte Obsorgerechte und -pflichten haben Sie für die Kinder weiterhin nicht.

▶▶ *Gesetzesstelle: §§ 90, 137 Allgemeines Bürgerliches Gesetzbuch (ABGB)*

❓ INTERNATIONALE KINDESENTFÜHRUNG: Meine Frau hat unser Kind in ihren Heimatstaat gebracht. Ohne meine Zustimmung und trotz gemeinsamer Obsorge. Wozu dient das Internationale Kindesentführungsabkommen in Obsorgesachen?

Ziel des Internationalen Haager Kindesentführungsabkommens ist die schnellstmögliche Rückführung des Kindes an seinen letzten gewöhnlichen Aufenthaltsort. Dort soll dann über etwaige Obsorgefragen entschieden werden.

Gegen die Rückführung des Kindes kann das Argument der »Eingewöhnung des Kindes in sein neues Lebensumfeld« nur dann eingewendet werden, wenn der Antrag auf Rückführung nicht innerhalb eines Jahres nach der Entführung gestellt wurde.

Die Rückführung des Kindes kann auch dann gerichtlich nicht angeordnet werden, wenn damit die schwerwiegende Gefahr eines körperlichen oder seelischen Schadens für das Kind verbunden ist.

Eine Trennung der Mutter vom Kind ist grundsätzlich nicht Thema. Die Mutter kann mit dem Kind an den Ort des früheren Aufenthaltes zurückkehren. Argumente, dass eine Rückkehr die Mutter in unzumutbarer Weise belasten würde, begründen für keine unzumutbare Härte und können einer Rückführung des Kindes nicht entgegenstehen.

▶▶ *Gesetzesstelle: Artikel 12 und 13 Haager Kindesentführungsabkommen (HKÜ)*

? **KINDERBEIHILFE: Wenn die Eltern zusammen mit dem Kind in einem Haushalt leben, wer bekommt dann die Kinderbeihilfe?**

Gehört ein Kind zum gemeinsamen Haushalt der Eltern, so hat Anspruch auf Familienbeihilfe der Elternteil, der den Haushalt überwiegend führt. Bis zum Nachweis des Gegenteils wird vom Gesetz vermutet, dass die Mutter den Haushalt überwiegend führt. Sie hat also einen vorrangigen Anspruch gegenüber dem Vater, kann aber zu Gunsten des anderen Elternteils verzichten.

▶▶ *Gesetzesstelle: §§ 2, 2a Familienlastenausgleichsgesetz (FLAG)*

? VERTRÄGE – UNWIRKSAMES RECHTSGESCHÄFT EINES JUGENDLICHEN? Meine Tochter, eine 16-jährige Schülerin, hat gemeinsam mit ihrer Freundin ohne mein Wissen eine Jahreskarte in einem Fitnessklub unterschrieben. Jetzt kam die erste Rechnung, die monatlichen Kosten betragen € 83. Sie kann sich das keinesfalls leisten, muss ich das zahlen?

Nein. Wenn Ihre Tochter bei Vertragsabschluss Schülerin war und kein eigenes Einkommen hatte, ist der Vertrag ohne Ihre Zustimmung rechtsunwirksam, weil es sich nicht um ein Rechtsgeschäft des täglichen Lebens handelt und ein Jahresvertrag abgeschlossen wurde. Sie können dem Fitnesscenter schriftlich mitteilen, dass Sie den von Ihrer Tochter abgeschlossenen Vertrag nicht genehmigen. Am besten machen Sie das mit einem eingeschriebenen Brief.

▶▶ *Gesetzesstelle: § 151 Allgemeines Bürgerliches Gesetzbuch (ABGB)*

? VOLLJÄHRIGKEIT: Ab wann ist man volljährig? Und kann meine Tochter schon mit 17 Jahren von zu Hause ausziehen?

Volljährig ist man in Österreich mit dem achtzehnten Geburtstag. Damit ist eine Person im juristischen Sinn »erwachsen« und rechtlich eigenverantwortlich. Bis zur Volljährigkeit können die Eltern bestimmten, wo das Kind wohnen soll. Bis dahin können die Eltern auch notfalls über die Polizei den Aufenthaltsort des Kindes ermitteln lassen und eine Rückbringung veranlassen. Mit Ihrem Einverständnis kann Ihre Tochter schon mit 17 Jahren ausziehen.

▶▶ *Gesetzesstelle: §§ 172 ff. Allgemeines Bürgerliches Gesetzbuch (ABGB)*

8 Gerichte, Behörden, Prozessieren

Das Gericht ist das Staatsorgan, das für die Rechtsprechung zuständig ist. Es entscheidet, was bei bestimmten Sachverhalten rechtens ist. Die Gerichte sind nach unterschiedlichen Gebieten aufgeteilt, so gibt es zum Beispiel eigens zuständige Arbeitsgerichte, Pflegschaftsgerichte, Strafgerichte sowie Verwaltungsgerichtshof und Verfassungsgerichtshof.

Bei einem Gerichtsverfahren entstehen Gerichtskosten, die sogenannten Gerichtsgebühren. Sie werden nach dem Gerichtsgebührengesetz bemessen und an den Staat bezahlt. Im Gegensatz dazu werden die Vertretungskosten an den Anwalt bezahlt. Sie bemessen sich nach dem Rechtsanwaltstarifgesetz oder einer getroffenen Vereinbarung zwischen Rechtsanwalt und Mandanten.

FÄLLE

? ABLEHNUNG DES RICHTERS: Ich habe meinen Nachbarn beim Bezirksgericht geklagt. Mit dem Richter komme ich überhaupt nicht zurecht. Von Anfang an hatte er etwas gegen mich und seine ganze Sympathie liegt beim Nachbarn. Wie der Prozess ausgeht, kann ich mir schon jetzt ausmalen. Kann ich den Richter wegen der Ungleichbehandlung ablehnen?

Als Partei können Sie den Richter ablehnen, wenn es einen Grund gibt, an seiner Unbefangenheit und an seiner objektiven Entscheidung zu zweifeln. Zum Beispiel: Ihr Richter pflegt private, persönliche Beziehungen zu der anderen Prozesspartei, oder er verhält sich offensichtlich parteiisch.

Die Gründe, die für die Befangenheit eines Richters sprechen, müssen Sie, sobald sie Ihnen bekannt sind, bei Gericht geltend machen. Sonst haben Sie auf Ihr Ablehnungsrecht verzichtet. Der betroffene Richter hat zu den Ablehnungsgründen eine Erklärung abzugeben. Bestreitet der Richter die geltend gemachten Ablehnungsgründe, müssten Sie die Gründe glaubhaft machen. Beim Bezirksgericht entscheidet der Gerichtsvorsteher über die Ablehnung. Wenn die Prüfung ergibt, dass der betroffene Richter nicht voreingenommen ist, wird Ihr Ablehnungsantrag als unberechtigt abgelehnt werden. Sollte der Richter tatsächlich wegen Befangenheit ersetzt werden, sind seine bisher in Ihrem Verfahren vorgenommenen Rechtshandlungen nichtig – also unwirksam – und ein neuer, anderer Richter wird das Verfahren neu durchführen.

Abgesehen von den Befangenheitsgründen beim Richter gibt es noch ausdrücklich geregelte Ausschlussgründe. Liegt ein Ausschlussgrund vor, ist der betroffene Richter in dem Verfahren von der Ausübung des Richteramtes jedenfalls ausgeschlossen. Ein Ausschlussgrund liegt beispielsweise vor, wenn der Richter in dem Verfahren selbst Partei ist, wenn es um die Angelegenheit seines Ehegatten oder anderer Personen, mit denen der Richter verwandt ist, geht.

Rein persönliche Gründe können für eine Ablehnung des Richters nicht herangezogen werden. Findet man den Richter lediglich unsympathisch oder unwirsch, ist man nicht berechtigt, ihn abzulehnen.

▸▸ *Gesetzesstelle: §§ 19 ff. Jurisdiktionsnorm (JN)*

? ANLEITUNGSPFLICHT VON GERICHTEN UND BEHÖRDEN: Ein Freund hat mir gesagt, ich sollte mich in dem von mir geführten Gerichtsverfahren beim Richter auf seine »Manuduktionspflicht« berufen. Was meint er?

Der Richter leitet den Prozess. Er befragt und belehrt die Parteien, er sorgt dafür, dass die Grundlagen für sein Urteil vollständig beigebracht und erörtert, Urkunden vorgelegt und Beweise aufgenommen werden. Die »Manuduktionspflicht« ist eine besondere Anleitungs- und Belehrungspflicht beim Bezirksgericht: Der Richter hat Parteien, die rechtsunkundig und nicht durch einen Rechtsanwalt vertreten sind, die nötige Anleitung für Prozesshandlungen zu geben. Er soll sie auch über die mit ihren Handlungen oder Unterlassungen verbundenen Rechtsfolgen belehren. Der Richter muss eine Partei natürlich nicht über alle erdenklichen Schritte und Rechtsfolgen informieren, sondern nur über jene, die sich aus den behaupteten Ansprüchen oder Einwendungen der Partei ergeben. Die Anleitungspflicht kann auch nicht so weit gehen, dass damit seine Unparteilichkeit im Verfahren in Zweifel gezogen wird.

Eine Manuduktionspflicht gibt es auch im Verwaltungsverfahren: Die Behörde hat jenen Personen, die nicht durch einen Rechtsanwalt vertreten sind, die nötige Anleitung zu geben und sie über die Rechtsfolgen der Handlungen und Unterlassungen zu belehren.

▶▶ *Gesetzesstelle: § 432 Zivilprozessordnung (ZPO), § 13a Allgemeines Verwaltungsverfahrensgesetz*

? AUSKUNFTSPFLICHT DER BEHÖRDEN: Ich wollte von einer Behörde eine Auskunft erlangen, die mir aber ständig verweigert wird. Welche Möglichkeiten hat ein Bürger, um seine Auskunft doch noch zu erhalten?

Die Auskunftspflicht gilt für Bundes- und Landesbehörden. Die Auskunftspflicht von Landesbehörden ist je nach Bundesland in den Landesgesetzen geregelt. Ein Beispiel:

Gemäß § 1 Wiener Auskunftspflichtgesetz haben Gemeinde- und Landesorgane über Angelegenheiten ihres Wirkungsbereiches Auskunft zu erteilen, wenn dem nicht eine gesetzliche Verschwiegenheitspflicht entgegensteht. Auskunft kann vom Bürger schriftlich, mündlich oder telefonisch begehrt werden und die Auskunft ist ohne unnötigen Aufschub, spätestens aber acht Wochen nach dem Einlangen des Auskunftsbegehrens zu erteilen.

Für die Bundesbehörden gibt es das Bundesgesetz über die Auskunftspflicht. Die Organe des Bundes sowie die Organe der durch die Bundesgesetzgebung zu regelnden Selbstverwaltung haben über Angelegenheiten ihres Wirkungsbereiches Auskünfte zu erteilen, soweit eine gesetzliche Verschwiegenheitspflicht dem nicht entgegensteht.

Bei Bundes- wie Landesbehörden gibt es die Säumnisbeschwerde: Wenn die zuständige oberste Behörde nicht binnen sechs Monaten entschieden hat, liegt Säumnis vor, und es ist möglich, eine Säumnisbeschwerde zu erheben. Sie richtet sich gegen die Untätigkeit einer Verwaltungsbehörde. Eine Verletzung der Entscheidungspflicht kann aber nur derjenige geltend machen, der als Partei in einem Verwaltungsverfahren Anspruch auf die Erlassung eines Bescheides, somit Entscheidung der Behörde, hat.

▶▶ *Gesetzesstelle: §§ 1 ff. Auskunftspflichtgesetz, Art. 132 Bundesverfassungsgesetz (B-VG)*

? EUROPÄISCHER GERICHTSHOF FÜR MENSCHENRECHTE: Ich habe in einem Verlassenschaftsverfahren beim Landesgericht Krems verloren. Nun habe ich erfahren, dass man auch beim Europäischen Gerichtshof vorstellig werden kann. Wie funktioniert das?

Den Europäischen Gerichtshof für Menschenrechte (EGMR) können Sie anrufen, wenn mit dem österreichischen Urteil eines Ihrer Menschenrechte verletzt wird. Eine Voraussetzung ist auch, dass Sie den österreichischen Rechtsweg voll ausgeschöpft haben. Das heißt: Solange Sie in Österreich ein Rechtsmittel gegen das Urteil erheben können, ist der Weg zum Europäischen Gerichtshof nicht offen. Erst wenn die letzte österreichische Gerichtsinstanz die Behandlung der Rechtssache ablehnt oder Sie auch dort »verlieren«, können Sie eine Beschwerde an den EGMR richten.

▶▶ *Gesetzesstelle: Artikel 34, 35 Europäische Menschenrechtskonvention (EMRK)*

? FAX AN DIE BEHÖRDE: Ich habe von der Behörde eine Aufforderung zur Stellungnahme mit 14-tägiger Frist erhalten. Es ist nun für den Postweg schon recht knapp, kann ich an die Behörde auch per Fax schreiben, oder halte ich damit die Frist nicht ein?

Die Stellungnahme können Sie auch per Fax bei der Behörde einbringen. Schriftliche Eingaben können Sie in jeder der Behörde zu Verfügung stehenden technischen Form, also auch per Fax einbringen. Das gilt auch im Verwaltungsstrafverfahren, sodass Sie zum Beispiel auch einen Einspruch oder eine Berufung mittels Fax bei der Behörde einbringen können. Die Behörde ist aber nur während der Amtsstunden verpflichtet, schriftliche Eingaben entgegenzunehmen. Nur wenn die technische Übermittlungsart den Zeitpunkt des Einlangens anzeigt, kann auch außerhalb der Amtsstunden die Eingabe rechtzeitig eingebracht werden. Da das Fax die Sendezeit und das Einlangen anzeigt, können Sie Ihre Stellungnahme auch nach den Amtsstunden fristgerecht übermitteln.

▸▸ *Gesetzesstelle: § 13 Allgemeines Verwaltungsverfahrensgesetz (AVG)*

? GEHEIME TONBANDAUFNAHME: Ich vermute, dass mich meine Geschwister um mein Vermögen betrügen wollen. Wir leben im selben Haushalt. Unser Telefon habe ich nun »angezapft«, um ihre Gespräche mitzuschneiden und damit ihre Absichten zu klären. Ist das strafbar?

Strafbar ist das geheime Aufnehmen von Äußerungen, die gar nicht für den Abhörenden bestimmt sind, also das Abhören »fremder« Gespräche. Nimmt jemand sein eigenes Gespräch mit einem anderen ohne Einwilligung des Gesprächspartners, auf, macht in der Folge die Aufnahmen aber nicht jemandem anderen zugänglich, ist das nicht strafbar. Bestraft wird das geheime Abhören fremder Gespräche mit einer Geldstrafe

111

beziehungsweise mit bis zu einem Jahr Freiheitsstrafe. Die Tat wird vom Gericht nur verfolgt, wenn es vom abgehörten Tatopfer dazu ermächtigt wird (ein sogenanntes Ermächtigungsdelikt).

An sich illegale Tonaufnahmen können gerechtfertigt und straflos sein, wenn sie dem eigenen Schutz, also zum Beispiel zur Abwehr von Erpressung, dienen.

▶▶ *Gesetzesstelle: § 120 Strafgesetzbuch (StGB)*

❓ HEIMLICHE AUFNAHME ALS BEWEIS: Ich habe heimlich ein Gespräch zwischen meinem Gatten und dessen – wie ich meine – Freundin auf Band aufgenommen. Derzeit läuft mein Scheidungsverfahren. Diese Tonbandaufzeichnung hat deshalb großen Wert, da mein Gatte immer schon seinen Kontakt zu dieser Dame bestreitet. Ich möchte das Band bei Gericht vorspielen, damit man mir seine Betrügereien endlich glaubt. Geht das?

Sie können dem Gericht die Tonbandaufnahmen schon vorlegen. Sie müssen aber wissen, dass das Abspielen der Aufnahmen ohne Einverständnis Ihres Gatten für Sie strafrechtliche Konsequenzen haben kann. Denn es ist eine Straftat, wenn man heimlich fremde private Telefongespräche abhört und aufnimmt, diese Aufnahmen an eine andere Person weitergibt oder gar veröffentlicht. Dass Sie das Gespräch zur Beweissammlung für Ihr Ehescheidungsverfahren aufgenommen haben, ist noch keine Rechtfertigung. Illegal hergestellte Tonaufnahmen können in einem Straf- oder Zivilprozess nur verwendet werden, wenn sie das einzige Beweismittel und damit einzige Verteidigungsmittel sind, um sich gegen falsche Anschuldigungen und Behauptungen zu wehren.

Man geht dann davon aus, dass die »berechtigte« Partei in einer Notwehrsituation ist, da sie außer der heimlichen Gesprächsaufnahme keine anderen Beweise hat, um gegen den Prozessbetrug anzukämpfen. Ihr Beweisnotstand muss so sein, dass die

Tonbandverwertung Ihr einzig wirksames Verteidigungsmittel ist. Die rechtswidrige Gesprächsaufnahme wird vom Staatsanwalt nur dann verfolgt, wenn die heimlich abgehörte Person ihre Ermächtigung dazu gegeben hat.

▶▶ *Gesetzesstelle: § 120 Strafgesetzbuch (StGB)*

❓ ABLAUF GERICHTSVERHANDLUNG: Ich bin geklagt worden. Die Richterin hat mich nun zu einer »vorbereitenden Tagsatzung« geladen. Ich wüsste gerne, was mich erwartet. Was passiert dort?

Mit der »vorbereitenden Tagsatzung« beginnt die mündliche Streitverhandlung bei Gericht. Es treffen die klagende und die beklagte Partei erstmals vor Gericht aufeinander. Die Richterin nützt dieses erste Zusammentreffen dazu, den Fall und das in den Schriftsätzen von den Parteien bisher Vorgebrachte mit den Parteien zu erörtern. Es wird in dieser ersten Verhandlung auch besprochen, ob die Parteien nicht doch vergleichsbereit – also bereit für einen prozessbeendenden Kompromiss – sind, und es werden unter Anleitung der Richterin Vergleichsgespräche geführt werden. Sollte der Vergleichsversuch scheitern, wird die Richterin das voraussichtliche Prozessprogramm für das Verfahren bekannt geben. Wenn die Zeit reicht und es für den Prozessverlauf zweckmäßig ist, können in der ersten Verhandlung auch schon der Kläger und Sie als Beklagter einvernommen werden. Als Vorbereitung für die Verhandlung sollten Sie überlegen, ob und zu welchen Bedingungen Sie bereit wären, einen Vergleich zu schließen. Außerdem sollten Sie sich darauf einstellen, dass Sie zu den Umständen, die zur Klage geführt haben, und zu Ihrem Standpunkt befragt werden.

▶▶ *Gesetzesstelle: § 258 Zivilprozessordnung (ZPO)*

? WANN GIBT ES VERFAHRENSHILFE: Ein früherer Bekannter hat eine Schadenersatzklage gegen mich eingebracht. Seine Forderung ist völlig unbegründet, die Höhe ein Wahnsinn! Er bekommt Verfahrenshilfe und führt nun Prozess, ohne selbst für die Kosten aufkommen zu müssen. Dadurch hat er natürlich einen langen Atem. Kann man dem ein Ende setzen?

Verfahrenshilfe bekommt eine Partei, wenn sie außerstande ist, die Kosten des Verfahrens ohne Beeinträchtigung des eigenen notwendigen Unterhalts (dem, was man zum Leben braucht) zu bezahlen. Darüber hinaus darf die beabsichtigte Rechtsverfolgung oder Rechtsverteidigung nicht offenbar mutwillig oder aussichtslos erscheinen.

Sie könnten beantragen, dass dem Kläger die Verfahrenshilfe wegen »mutwilliger Prozessführung« entzogen wird. Ob sogenannte »mutwillige Prozessführung« vorliegt, prüft das Gericht. Diese liegt vor, wenn sich die Prozesspartei dessen bewusst ist, dass ihr Standpunkt unrichtig und unhaltbar ist und sie dennoch den Prozess führt.

Mutwillig ist die Prozessführung auch, wenn der dahinterstehende Zweck von der Rechtsordnung nicht geschützt wird: etwa beim Prozessieren aus Feindseligkeit oder aus Sensationslust.

Oft ist es schwierig, vor Prozessbeginn abzuschätzen, ob jemand mutwillig prozessiert oder eine Klage tatsächlich aussichtslos ist. Wenn das Verfahren einige Zeit läuft, wird sich eine Mutwilligkeit der weiteren Prozessführung leichter belegen lassen. Sollte Ihr Kläger etwa Forderungen und Anträge aufrecht halten, obwohl für jedermann mittlerweile klar erkennbar ist, dass der Standpunkt des Klägers unrichtig und aussichtslos ist – er weiterhin den vollen Schadensbetrag einklagt, obwohl alle Beweise gegen ihn sprechen – liegt Mutwilligkeit vor, und Sie können beantragen, dass ihm die Verfahrenshilfe entzogen wird.

Sollten Sie den Prozess gewinnen, haben Sie einen Anspruch auf den Ersatz Ihrer Prozesskosten auch dann, wenn der Gegner Verfahrenshilfe hat.

Ihre Lage ist natürlich misslich, wenn der Kläger kein Einkommen oder kein Vermögen hat: Sollten Sie den Prozess gewinnen, der Gegner kann aber Ihre Kosten nicht bezahlen, werden Sie Ihren Kostenzuspruch erst realisieren können, wenn der Kläger zu Vermögen gekommen ist und eine Exekution gegen ihn sinnvoll ist. Bis dahin müssten Sie alle Kosten Ihrer Rechtsverteidigung selbst tragen.

▸▸ *Gesetzesstelle: §§ 63 ff. Zivilprozessordnung (ZPO)*

PROZESSKOSTEN: Mir steht ein Gerichtsprozess wegen einer Zahlung ins Haus. Wer muss denn am Ende welche Kosten bezahlen?

Im Zivilverfahren ist der Kostenersatz nach dem Erfolgsprinzip geregelt.

Die Partei, die den Prozess verloren hat, muss neben ihren eigenen Kosten auch die Prozesskosten der gegnerischen Partei tragen. Gewinnt der Kläger, muss der Beklagte ihm alle durch das Gerichtsverfahren entstandenen Prozesskosten ersetzen und umgekehrt. Es kann auch so ausgehen, dass jede Partei nur teilweise gewinnt und teilweise verliert. Zum Beispiel wenn das Gericht nur einen Teil der Klagsforderung zuspricht, den anderen Teil aber abweist. Im Urteil werden dann die Prozesskosten zwischen den Parteien so aufgeteilt, wie es der Erfolgsquote (dem Verhältnis von Obsiegen und Unterliegen) entspricht. Die Prozesskosten sind: die Gerichtskosten (zum Beispiel die Klagegebühr), die Kosten der Rechtsanwälte und bestimmte Kosten, die von den Parteien zusätzlich zu tragen sind, wie Zeugengebühr oder Sachverständigenkosten.

▸▸ *Gesetzesstelle: §§ 40 ff. Zivilprozessordnung (ZPO)*

? RECHTSSCHUTZ ABGELEHNT: Ich habe vor zirka zwei Monaten eine Rechtsschutzversicherung abgeschlossen und die Prämien bezahlt. Jetzt droht ein Rechtsstreit, aber trotzdem weigert sich die Versicherung, die Kosten zu decken, weil angeblich kein Versicherungsschutz besteht. Was kann ich tun?

Überprüfen Sie die Versicherungsbedingungen in Ihrer Polizze. In der Polizze haben Sie die verschiedenen Rechtsgebiete aufgelistet, für die Sie Rechtsschutz beanspruchen können. Das sind zum Beispiel Schadenersatzprozesse, Arbeitsgerichtsverfahren, Vertragsrecht oder Erbstreitigkeiten. Nur für die in der Polizze aufgelisteten Rechtsangelegenheiten können Sie Deckung beantragen.

Für manche der Rechtsgebiete ist in der Polizze geregelt, dass der Versicherungsschutz erst eintritt, wenn die sogenannte »Wartefrist« abgelaufen ist.

Ist in Ihrem Versicherungsvertrag für Ihr Streitgebiet eine Wartefrist von drei Monaten vorgesehen, erlangen Sie eine Versicherungsdeckung nur für jene Vorfälle, die drei Monate nach dem Versicherungsabschluss passiert sind. Möglicherweise ist die Wartefrist noch nicht abgelaufen. Dann genießen Sie noch keinen Versicherungsschutz. Ist keine Wartefrist vorgesehen, sind Sie ab Versicherungsbeginn versichert. Vielleicht ist aber für Ihren Fall nur eine eingeschränkte Deckung in den Versicherungsbedingungen vorgesehen, dann wird erst für das Rechtsmittelverfahren, wenn Sie in erster Instanz verloren haben, Kostendeckung gewährt. Oft sind Besuchsrechts- oder Obsorgeverfahren im Gerichtsverfahren vor der ersten Instanz noch nicht von der Versicherung gedeckt.

Wird Ihr Versicherungsschutz unberechtigterweise endgültig abgelehnt, haben Sie die Möglichkeit, die Versicherung innerhalb eines Jahres auf Deckung zu klagen. Ist die Klagefrist von einem Jahr verstrichen, ist Ihre Rechtsschutzversicherung von der Verpflichtung zur Leistung frei.

▸▸ *Gesetzesstelle: § 12 Versicherungsvertragsgesetz (VersVG)*

❓ ANWALTSPFLICHT: Mein 20-jähriger Sohn hat mich auf Unterhalt geklagt. Braucht man bei Gericht immer einen Anwalt?

Im Verfahren über Unterhaltsansprüche zwischen volljährigen Kindern und ihren Eltern besteht relative Anwaltspflicht, wenn der Streitwert, das ist der geforderte Unterhalt, € 5000 übersteigt. »Relative« Anwaltspflicht bedeutet, dass Sie sich vor Gericht selbst vertreten können. Sollten Sie wegen der heiklen emotionalen Situation oder fehlender Kenntnis die Vertretung durch eine andere Person wünschen, kann Sie aber nur ein Anwalt vertreten.

Es gibt außerdem die »absolute« Anwaltspflicht. Das bedeutet, dass man sich vor Gericht gar nicht selbst vertreten kann, sondern nur ein Rechtsanwalt für einen tätig werden kann.

▶▶ *Gesetzesstelle: §§ 27 ff. Zivilprozessordnung (ZPO)*

❓ SACHVERSTÄNDIGENGUTACHTEN: Wir prozessieren seit einem Jahr in einer komplizierten Bausache. Damit die Schäden an unserem Haus beurteilt werden, hat das Gericht einen Gutachter bestellt. Sein Gutachten fällt gut für uns aus. Jetzt soll trotzdem noch eine Gutachtenserörterung bei Gericht stattfinden. Wieso? Es ist doch alles klar! Wie lange kann das noch dauern?

Das Gericht hat den Sachverständigen zunächst mit einem schriftlichen Gutachten beauftragt. Für die Fertigstellung des schriftlichen Gutachtens setzt das Gericht eine angemessene Frist. Diese richtet sich nach der Schwierigkeit der Materie, dem Umfang der Fragen und dem Umfang der zu verarbeitenden Informationen. Ist das schriftliche Gutachten fertig, ist der Sachverständige auf Verlangen verpflichtet, sein Gutachten bei der mündlichen Streitverhandlung zu erläutern. Die Parteien können zum schriftlichen Gutachten noch Erörterungsanträge stellen und Fragen für die mündliche Gutachtenserörterung stellen, die dann in der mündlichen Streitverhandlung vom Gutachter erörtert werden. Wie lange es noch dauern wird, hängt davon ab, wie umfangreich die Erörterungsanträge sind, und wann der Gerichtstermin stattfinden kann.

▶▶ *Gesetzesstelle: §§ 357 ff. Zivilprozessordnung (ZPO)*

? **VERFAHREN RUHT:** In meiner Gerichtsverhandlung wurde besprochen, dass das Verfahren ruhen könnte, um Vergleichsgespräche zu führen. Was hätte das Ruhen für Folgen?

Wenn Sie Ruhen des Verfahrens vereinbaren, können Sie das Verfahren frühestens nach drei Monaten wieder fortsetzen, es sei denn, Sie haben eine längere Ruhenspause vereinbart. Sollten die inzwischen geführten Vergleichsgespräche ergebnislos bleiben, können Sie die Fortsetzung des Verfahrens beantragen, und es wird weiter prozessiert. Während der Ruhenszeit sind alle Gerichtshandlungen unzulässig und alle Prozesshandlungen einer Partei rechtlich bedeutungslos. Ein vorzeitiger Fortsetzungsantrag wird vom Gericht zurückgewiesen.

▶▶ *Gesetzesstelle: §§ 168 ff. Zivilprozessordnung (ZPO)*

? **VERGLEICH:** Ich prozessiere seit geraumer Zeit mit meinem Nachbarn. Bei Gericht wurde zuletzt ein Vergleichsvorschlag diskutiert, der in der nächsten Verhandlung abgeschlossen werden könnte. Worauf lasse ich mich ein, wenn ich einen Vergleich abschließe?

Vor einem Vergleichsabschluss haben die Parteien gegensätzliche, unvereinbare Rechtspositionen. Mit dem Gerichtsvergleich regeln die Parteien ihre strittige Rechtslage neu, sie einigen sich auf eine gemeinsame, für beide akzeptable Neuordnung. Beide Parteien geben nach. Wenn Sie einen Vergleich schließen, werden Sie nicht erfahren, ob Sie mit Ihrer Rechtsansicht das Verfahren gewonnen hätten, dafür fällt aber auch Ihr Prozessrisiko weg. Ein rechtskräftiger gerichtlicher Vergleich ist ein vollstreckbarer Exekutionstitel.

So Sie sich über einen unterbreiteten Vergleichsvorschlag nicht gleich sicher sind, können Sie in der Verhandlung den Vergleich mit einer bestimmten Widerrufsfrist abschließen. Innerhalb der Widerrufsfrist kann dann jede Partei den Vergleich bei Gericht noch widerrufen und so das vorzeitige Prozessende verhindern. Widerrufen Sie nicht, wird der Vergleich rechtskräftig, und es gilt, was im Vergleich steht.

Auch über die bisher angefallenen Prozesskosten muss bei Vergleichsgesprächen geredet werden. Meist wird vereinbart, dass die Kosten »gegenseitig aufgehoben« werden. Das heißt, dass jede Partei ihre eigenen Prozesskosten zu tragen hat. Wenn eine Partei in den Vergleichsgesprächen bei Gericht darauf besteht, dass die andere Partei einen Teil ihrer Kosten übernimmt, ist sie auf die Bereitschaft des Gegners angewiesen. Kann man sich über die Kosten nicht einigen, platzen eben die Vergleichsgespräche, und es wird das streitige Verfahren weiter geführt.

▶▶ *Gesetzesstelle: § 1380 Allgemeines Bürgerliches Gesetzbuch (ABGB)*

❓ **VERSÄUMTE GERICHTSVERHANDLUNG – VERSÄUMUNGS-URTEIL:** Ich bin von meinem Nachbarn wegen einer geringen Geldsumme geklagt worden. Leider habe ich den ersten Gerichtstermin versäumt. Jetzt habe ich ein Urteil vom Bezirksgericht erhalten, wonach ich zur Zahlung verpflichtet wäre, obwohl ich bei der Verhandlung gar nicht anwesend war. Ich bin empört und bitte um Rat.

Kommt der Beklagte trotz Ladung nicht zur ersten Verhandlung, so hat das Gericht auf Antrag des erschienenen Klägers ein Versäumungsurteil zu fällen. Das Gericht hat dann als Entscheidungsgrundlage für das Urteil, die Behauptungen des Klägers ohne Überprüfung für wahr zu halten. Wenn Sie unverschuldet oder wenigstens nur leicht fahrlässig daran gehindert waren, bei Gericht zu erscheinen, können Sie binnen 14 Tagen ab Wegfall des Hindernisses einen Antrag auf »Wiedereinsetzung in den vorigen Stand« stellen. Im Antrag müssen alle Gründe und Bescheinigungsmittel für Ihre Säumnis enthalten sein, außerdem müssen Sie angeben, was Sie in der versäumten Verhandlung vorgebracht hätten. Gibt das Gericht Ihrem Antrag statt, tritt der Prozess in jenen Verfahrensstand zurück, in dem Sie gewesen wären, wenn Sie die Frist nicht versäumt hätten.

▶▶ *Gesetzesstelle: §§ 442 ff. Zivilprozessordnung (ZPO)*

❓ ZUSTELLUNG EINES FREMDSPRACHIGEN GERICHTS-SCHRIFTSTÜCKS: Mein Sohn bekam aus Ungarn einen Reko-Brief. Es dürfte sich um eine Klage handeln. Man kann nur Name, Anschrift und Ft. 30 000 lesen, alles andere war in ungarisch geschrieben und daher nicht zu verstehen. Wie soll sich mein Sohn verhalten?

Die Zustellung eines ausländischen, fremdsprachigen Gerichts-Schriftstücks, dem keine beglaubigte, deutschsprachige Übersetzung angeschlossen ist, ist nur zulässig, wenn der Empfänger zur Annahme bereit ist. Dies ist anzunehmen, wenn er nicht binnen sieben Tagen gegenüber der Behörde, die das Schriftstück zugestellt hat, erklärt, dass er die Zustellung verweigert. Sie haben die Klage zwar übernommen, können aber in der 7-Tagefrist die Annahme noch verweigern.

▶▶ *Gesetzesstelle: Art 5 Zustellverordnung (ZustellVO)*

EXEKUTION: Wann kann ich die Exekution einer Zahlung durch das Gericht verlangen?

Dazu brauchen Sie einen vollstreckbaren Titel, also ein rechtskräftiges Urteil, einen Gerichtsbeschluss oder einen Vergleich über die Zahlung. Ihren Exekutionsantrag müssen Sie bei dem Gericht einbringen, an dem Ihr Schuldner seinen Wohnsitz hat.

▶▶ *Gesetzesstelle: §§ 1,3 ff. Exekutionsordnung (EO)*

9 Haus- und Wohnungseigentum

W ohnungseigentum ist das dem Miteigentümer einer Liegenschaft eingeräumte dingliche Recht, ein Wohnungseigentumsobjekt ausschließlich zu nutzen und allein darüber zu verfügen. Das Wohnungseigentum ist also das Sondereigentum an einer Wohnung in Verbindung mit dem Miteigentumsanteil an dem Haus. Die Wohnungseigentümer haben kein real geteiltes Eigentum am Haus, sondern sind Miteigentümer der gesamten Liegenschaft. Sie haben aber ein ausschließliches Nutzungsrecht an ihrem Wohnungseigentumsobjekt, zu dem die Wohnräume und die dazugehörigen Bestandteile wie zum Beispiel Balkon oder Parkplatz gehören. Die übrigen Einrichtungen und Anlagen, die für den Bestand des Hauses erforderlich sind (wie Grundstück und Dach) oder dem gemeinschaftlichen Gebrauch der Miteigentümer dienen (wie Treppen und Leitungen), stehen im Miteigentum. Das Wohnungseigentum wird durch Eintragung im Grundbuch begründet. Jeder Wohnungseigentümer kann grundsätzlich über sein Wohnungseigentum frei verfügen. Für die Regelung des Gebrauchs und der gemeinsamen Verwaltung gelten die Vereinbarungen unter den Miteigentümern. Meist wird ein Verwalter bestellt, der die Wohnungseigentümergemeinschaft vertritt und dazu jährlich eine Versammlung einberufen muss.

FÄLLE

? **BELASTUNGEN GRUNDSTÜCK:** Meinem Vater gehören Grundstücke, die schon vor Jahren zu Bauland gewidmet wurden. Eine Freundin hat mir gegenüber angedeutet, dass diese Grundstücke praktisch nichts mehr wert wären, da sie total überschuldet sind und schon den Banken gehören. Wie kann ich herausfinden, ob das stimmt und wie hoch die Schulden sind?

Falls Ihr Vater tatsächlich seine Bankschulden mit seinen Grundstücken besichert hat, hat die Bank ihre Pfandrechte ins Grundbuch eintragen lassen. Ob und in welcher Höhe die Grundstücke verschuldet sind, können Sie im Grundbuch beim Bezirksgericht feststellen. Eine Grundbucheinsicht ist für jede Person möglich, da das Grundbuch ein »öffentliches Register« ist. Belastungen auf einem Grundstück, zum Beispiel Pfandrechte, sehen Sie im sogenannten Lastenblatt. Die Belastungen können sich auf das ganze Grundstück oder nur auf bestimmte Teile beziehen. Eine Pfandrechts-Eintragung im Grundbuch zeigt aber nicht unbedingt die tatsächliche, aktuelle Höhe der offenen Schulden. Die dort verzeichneten Schulden können auch schon (teilweise) bezahlt worden sein, ohne dass die Löschung im Grundbuch veranlasst wurde. Über die aktuelle Höhe möglicher Schulden könnte Sie nur Ihr Vater informieren, die Bank wird Ihnen dazu keine Auskunft geben, da Sie nicht Kreditnehmer sind.

▶▶ *Gesetzesstelle: § 7 Grundbuchgesetz (GBG)*

❓ BELASTUNGS- UND VERÄUSSERUNGSVERBOT: Mein Vater würde mir ein Wohnhaus schenken und überschreiben. Er möchte das aber nur unter der Bedingung machen, dass das Haus mit einem Belastungsverbot belegt wird. Worauf lasse ich mich da ein?

Ihr Vater kann die Schenkung natürlich von der Vereinbarung des Belastungs- und Veräußerungsverbots abhängig machen. Er will sich damit absichern, das ist durchaus üblich. Ihr Vater wäre der Berechtigte, Sie der Verpflichtete des Belastungs- und Veräußerungsverbots. Das Verbot bewirkt, dass Sie ohne Zustimmung Ihres Vaters das geschenkte Grundstück weder belasten – also mit einer Hypothek belegen – noch veräußern können. Wird das Belastungs- und Veräußerungsverbot im Grundbuch eingetragen, kann ein Gläubiger nicht auf das Haus samt Grundstück greifen, und er kann auch kein Pfandrecht in das Grundbuch eintragen lassen. Im Grundbuch wird das Veräußerungsverbot vor allem dann eingetragen, wenn es zwischen Ehegatten oder zwischen Eltern und Kindern vereinbart wird, weil es dann auch gegenüber Dritten wirkt.

Das Belastungs- und Veräußerungsverbot erlischt, wenn einer der beiden Vertragspartner, Ihr Vater oder Sie, verstirbt. Dann ist das Verbot im Grundbuch zu löschen.

▸▸ *Gesetzesstelle: § 364c Allgemeines Bürgerliches Gesetzbuch (ABGB)*

❓ AUFZUGSBAU: Es wird in unserem Haus ein Aufzug eingebaut. Die Betriebskosten werden dadurch enorm steigen. Ich brauche keinen Aufzug und möchte mich dagegen wehren. Wie kann ich das tun?

Es kommt darauf an, ob Sie Mieter oder Wohnungseigentümer sind. Ich nehme an, dass Sie Eigentümer sind, nur dann haben Sie überhaupt ein Mitbestimmungsrecht für derartige Angelegenheiten.

Wenn ein Aufzug eingebaut werden soll, ist das eine nützliche Verbesserung für das Haus, die eindeutig zum Vorteil aller Wohnungseigentümer ist. Für nützliche Verbesserungen am Haus genügt ein Mehrheitsbeschluss der Wohnungseigentümer. Ein überstimmter Wohnungseigentümer kann den Mehrheitsbeschluss vor Gericht anfechten. Das Gericht kann den Mehrheitsbeschluss aufheben, wenn die geplante Veränderung Sie unverhältnismäßig beeinträchtigen würde, beziehungsweise die Kosten nicht aus der Rücklage bezahlt werden können. Da der Aufzug eine Verbesserung für das Haus ist, werden Sie den Mehrheitsbeschluss wahrscheinlich nicht erfolgreich bekämpfen können.

▸▸ *Gesetzesstelle: § 24 Wohnungseigentumsgesetz (WEG)*

? AUSSCHLUSS EINES WOHNUNGSEIGENTÜMERS: Wir wohnen in einer Wohnanlage mit Eigentumswohnungen. Ein Nachbar von uns ist eine eher zwielichtige Gestalt. Frauen gehen bei ihm ein und aus, er zahlt seine Betriebskosten nur schleppend, zuletzt sogar gar nicht. Was können wir tun, um ihn loszuwerden?

Nach dem Wohnungseigentumsgesetz können Wohnungseigentümer einer Wohnungsanlage mit Klage andere Miteigentümer aus wichtigem Grund ausschließen. Die Ausschließungsgründe sind im Gesetz geregelt. Etwa kann die Ausschlussklage gegen einen Miteigentümer eingebracht werden, wenn der seine Betriebskosten trotz Mahnung und Klage nicht gezahlt hat und dessen Betriebskostenanteil auf die anderen Miteigentümer angerechnet wird. Ein Ausschlussgrund besteht auch, wenn Ihr Nachbar die Interessen der übrigen Wohnungseigentümer durch seinen Wohnungsgebrauch empfindlich schädigt. Etwa durch Verwendung seiner Wohnung als Bordell, oder wenn er durch rücksichtsloses, anstößiges Verhalten den Mitbewohnern des Hauses das Zusammenwohnen verleidet. Über so ein Ausschlussverfahren entscheidet das Bezirksgericht, in dessen Sprengel Ihre Wohnhausanlage liegt.

▶▶ *Gesetzesstelle: § 36 Wohnungseigentumsgesetz (WEG)*

? BESCHLUSS HAUSVERWALTUNG: Wir besitzen eine Eigentumswohnung. In unserem Haus kam es immer wieder zu Wassereintritt im Keller. Zur Sanierung hat die Hausverwaltung Kostenvoranschläge eingeholt. Bevor die Hausverwaltung die Arbeiten in Auftrag gibt, soll für die Genehmigung des Sanierungsauftrags eine Versammlung der Wohnungseigentümer einberufen werden. Gilt für unsere Zustimmung die einfache Mehrheit oder eine Zweidrittelmehrheit?

Für die Beschlussfassung in Sachen der ordentlichen Verwaltung (Erhaltung der allgemeinen Teile der Liegenschaft wie des

Kellers oder der Behebung ernster Schäden) genügt die einfache Mehrheit. Für größere Erhaltungsarbeiten muss die Hausverwaltung für die Sanierung mindestens drei Angebote einholen. In Ihrem Fall will die Hausverwaltung sichergehen, dass alle Miteigentümer nach Einholung von Kostenvorschlägen dem Bestanbot auch zustimmen. Bei der Beauftragung des Bauunternehmens vertritt der Hausverwalter die Wohnungseigentümer. In Angelegenheiten, die schnell zu behandeln sind, weil sonst weiterer Schaden für die Eigentümer zu erwarten wäre, muss der Hausverwalter gleich tätig werden.

▶▶ *Gesetzesstelle: § 28 Wohnungseigentumsgesetz (WEG)*

❓ GRUNDSTÜCKSPREIS: Ich möchte ein Grundstück an meinen befreundeten Nachbarn verkaufen. Wie kann ich erfahren, was das Grundstück derzeit wert ist? Welche Kosten fallen für den Verkauf an, und wer hat allfällige Kosten zu tragen, der Verkäufer oder der Käufer?

Ein ortskundiger Immobilienmakler kann Ihnen über den ungefähren Verkehrswert der Liegenschaft Bescheid sagen. Wenn Sie es genau wissen wollen, können Sie auch ein Bewertungsgutachten von einem Sachverständigen für Immobilien erstellen lassen. Die mit Ihrem Grundstücksverkauf verbundenen Kosten sind die Vermittlungsprovision eines Maklers, die Kosten für die Vertragserrichtung und der Treuhandschaft. Ist nichts anderes vereinbart, sind diese Kosten vom Käufer zu tragen. Außerdem fallen die Kosten und Gebühren für die Eintragung des neuen Eigentümers ins Grundbuch an (Grundbucheintragungsgebühr ist 1%). Die Grunderwerbssteuer beträgt 3,5% des Wertes der Gegenleistung.

Zwischen Vertragsparteien kann jede Regelung über Kosten der Vertragserrichtung und der Grundbuchseintragung getroffen werden. Die Vereinbarung über die Kostentragung kann vorsehen, dass die Kosten vom Verkäufer, oder vom Käufer alleine getragen werden, oder aber die Kosten geteilt werden. Gewöhnlich trägt die Kosten der Käufer, das ist aber kein Rechtsanspruch des Verkäufers, sondern Vereinbarungssache.

▶▶ *Gesetzesstelle: Maklergesetz, Gerichtsgebührengesetz*

? PFLICHTEN DES WOHNUNGSEIGENTÜMERS: Ich bin recht günstig zu einer Eigentumswohnung gekommen. Allerdings sind die Fester zu sanieren, und auch die Wasserleitungen scheinen defekt zu sein. Bin ich verpflichtet, sämtliche Versorgungsleitungen in der Wohnung auf meine alleinigen Kosten reparieren zu lassen?

Die Erhaltungs- und Instandhaltungspflicht eines Wohnungseigentümers sind im Wohnungseigentumsgesetz geregelt. Der Wohnungseigentümer hat seine Wohnung und die dafür bestimmten Einrichtungen wie Strom-, Gas- und Wasserleitungen, die Beheizungs- und sanitären Anlagen auf seine eigenen Kosten zu warten und so weit instand zu halten, dass die anderen Wohnungseigentümer keine Nachteile erleiden. Die Erhaltungspflicht der Wohnungseigentümergemeinschaft besteht für die allgemeinen Teile des Hauses und innerhalb der einzelnen Wohnungen nur, wenn ernste Schäden des Hauses behoben werden müssen. Bei den Fenstern muss die Eigentümergemeinschaft nur die Außenfenster erhalten.

▶▶ *Gesetzesstelle: § 16 Wohnungseigentumsgesetz (WEG)*

? WOHNUNGSEIGENTUM BEI TOD DES EHEPARTNERS: Mein Gatte und ich sind Hälftebesitzer einer Eigentumswohnung. Mich interessiert, ob beim Tod eines Hälfteeigentümers seine 50% auch ohne Erbvertrag oder Testament ins Eigentum des hinterbliebenen Ehepartners übergehen und ob dabei Pflichtteilsansprüche der Kinder anfallen.

Ihr Gatte und Sie sind Eigentümerpartner, jeder ist Eigentümer des halben Anteils der Wohnung. Stirbt ein Eigentümerpartner und bekommt der überlebende Partner die Wohnungshälfte nicht durch Testament übertragen, geht der halbe Mindestanteil des Verstorbenen kraft Gesetzes in das Eigentum des überlebenden Partners über. Der Rechteübergang vollzieht sich automatisch bereits mit dem Erbfall. Der überlebende Partner erwirbt damit Eigentum, ohne dass ein Testament oder ein gesonderter Vertrag notwendig ist. Als Gegenleistung für den Erwerb des Hälfteeigentums muss der überlebende Gatte den sogenannten »Übernahmepreis« in die Verlassenschaft einzahlen, damit andere Erben oder Pflichtteilsberechtigte des Verstorbenen nicht benachteiligt werden. Sollte es neben dem überlebenden Ehegatten nur noch andere Pflichtteilsberechtigte wie zum Beispiel Kinder des Erblassers geben und dient die Wohnung der Befriedigung des dringenden Wohnbedürfnisses, ist der zu zahlende Übernahmepreis die Hälfte des Verkehrswerts des Mindestanteils.

▶▶ *Gesetzesstelle: § 14 Wohnungseigentumsgesetz (WEG)*

? WOHNRECHT: Die Schwester meines Vaters hat im Elternhaus meines Vaters, das nun ihm gehört, bis an ihr Lebensende ein Wohnrecht. Sie bewohnt das Haus alleine mit ihren zwei Hunden. Das Haus ist mittlerweile verdreckt, der Gestank ist nicht auszuhalten. Können wir, damit das Haus nicht verkommt, unsere Tante »aussiedeln« oder wenigstens in ihrer Abwesenheit mit einem Putztrupp das Haus ausmisten?

Das geschilderte Verhalten Ihrer Tante ist kein Grund, ihr das Wohnrecht abzustreiten. Ihrer Tante wurde die Dienstbarkeit »Wohnrecht« auf Lebenszeit eingeräumt. Solange sie dazu in der Lage ist, kann sie ihr Wohnrecht ausüben. Ihre Tante ist als Fruchtnießer allerdings verpflichtet, ihr Wohnrecht schonend auszuüben und das Haus in der Substanz in dem Zustand zu halten, in dem sie es übernommen hat.

Der Hauseigentümer, Ihr Vater, ist nicht berechtigt, die Räume, die vom Wohnrecht umfasst sind, während der Abwesenheit Ihrer Tante zu betreten oder ihren Wohnbereich zu verändern. Ihr Vater kann als Hauseigentümer von Ihrer Tante dann die Erfüllung ihrer Erhaltungspflichten fordern, wenn ihr Verhalten einen unwiederbringlichen Schaden für das Haus nach sich ziehen, die Haussubstanz gefährden würde.

Ob Ihr Vater gegen Ihre Tante wegen der Hunde etwa mit einem Unterlassungsanspruch vorgehen kann, hängt davon ab, wie die Hundehaltung im Haus gestaltet ist.

▸▸ *Gesetzesstelle: §§ 478 i.V.m. 521 Allgemeines Bürgerliches Gesetzbuch (ABGB)*

❓ LÖSCHUNG IM GRUNDBUCH: Im Grundbuch ist auf unserer Eigentumswohnung noch ein Pfandrecht für einen alten Bankkredit eingetragen. Wir haben die Schulden aber bereits bezahlt. Gibt es im Grundbuch darüber Unterlagen, damit ich das Pfandrecht austragen lassen kann?

Im Grundbuch wurde die Pfandurkunde damals für die Pfandrechtseintragung vorgelegt. Die Pfandurkunde können Sie über die Urkundensammlung in der Grundbuchsabteilung Ihres Bezirksgerichts ausheben. Wenn Sie Ihren Kredit vollständig zurückgezahlt haben, fordern Sie die Bank auf, eine Löschungserklärung für Sie auszustellen. Mit dieser Löschungserklärung können Sie dann beim Grundbuch die Löschung des eingetragenen Pfandrechts für Ihre Eigentumswohnung beantragen. »Ihr« Grundbuch wird an dem Bezirksgericht geführt, in dessen Sprengel sich Ihre Liegenschaft befindet. Dort stellen Sie den Löschungsantrag.

▸▸ *Gesetzesstelle: § 8 Grundbuchgesetz (GBG)*

🔟 Miete

Überlässt jemand einem anderen gegen Entgelt eine Sache zum Gebrauch, spricht man von Miete. Die gemietete Sache kann eine bewegliche Sache, zum Beispiel ein Auto, oder eine unbewegliche Sache, zum Beispiel eine Wohnung oder ein Haus sein. Praktisch am wichtigsten ist die Miete von Wohnräumen.

Ein Mietvertrag kommt grundsätzlich zustande, wenn die Parteien sich über den Mietgegenstand und den dafür zu bezahlenden Mietzins einigen. Die wesentlichen Bestimmungen über die Miete von Wohnungen finden sich im Mietrechtsgesetz (MRG) und im Allgemeinen Bürgerlichen Gesetzbuch (ABGB). In der Praxis ist wichtig, ob ein Mietverhältnis unter das MRG oder das ABGB fällt, denn viele mieterfreundliche Sondervorschriften gelten nur für Mietverträge, die unter das Mietrechtsgesetz fallen. Der Vermieter ist verpflichtet, dem Mieter die vermietete Sache in einem zum vertragsmäßigen Gebrauch geeigneten Zustand zu überlassen, den Mietgegenstand instand zu halten (zum Beispiel Hauseingänge zu bestreuen, Außenfenster zu reparieren) und Störungen Dritter fernzuhalten. Der Mieter ist zur Zahlung des Mietzinses verpflichtet und muss die Wohnung pfleglich behandeln.

Im Mietrechtsgesetz (MRG) gibt es Regelungen, die den Mieter besonders schützen. Ist dagegen das ABGB anzuwenden, hat der Mieter diesen einseitigen Schutz nicht. Mietobjekte, die unter die Regelung des ABGB fallen, sind zum Beispiel gemietete Einfamilienhäuser oder Wohnungen in Häusern mit nicht mehr als zwei selbstständigen Wohnungen oder Gebäuden. Der Mieterschutz im MRG sorgt zum Vorteil des Mieters für einen besonderen Kündigungsschutz, Richtwertmietzins, die eingeschränkte Möglichkeit der Mieterhöhung und dafür, dass der Mieter trotz länger vereinbarter Dauer ein vorzeitiges Kündigungsrecht nach Ablauf des ersten Mietjahres hat. Im MRG ist zu beachten, dass eine Vertragsbefristung unter drei Jahren unzulässig ist und der Vermieter nur aus wichtigem Grund nach gesetzlich vorgegebenen Kündigungsgründen das Mietverhältnis auflösen kann. Im ABGB-Anwendungsbereich gibt es keine Regelungen, die für einen besonderen gesetzlich vorgesehenen Mieterschutz sorgen. Wenn Sie im ABGB-Anwendungsbereich für sich eine vorteilhafte, dem MRG entsprechende Regelung treffen wollen, müssen Sie sich diese Regel im Mietvertrag extra aushandeln und absichern.

FÄLLE

? AUSZUG AUS DER MIETWOHNUNG: Ich ziehe nach 15 Jahren aus meiner Wohnung aus. Der Vermieter meint nun, ich müsse die Wohnung für den neuen Mieter auf meine Kosten renovieren, also ausmalen, Teppichboden erneuern und Fenster und Türen streichen. Es stören ihn vor allem die Löcher in der Wand, die entstanden sind, weil ich Bilder aufgehängt habe. Das scheint mir reichlich übertrieben, muss ich wirklich alles herrichten?

Der Mieter ist grundsätzlich verpflichtet, die Wohnung in den Zustand zurückzustellen, in dem er sie übernommen hat. Das heißt aber nicht, dass der Mieter auf seine Kosten alle Spuren beseitigen muss, die sich aus der normalen, jahrelangen Nutzung der Wohnung logischerweise ergeben. Die gewöhnliche Abnützung von Böden, Wänden und Sanitäreinrichtungen müssen Sie nicht ersetzen, denn für den normalen Gebrauch der Wohnung haben Sie ja Mietzins bezahlt. Damit ist die »normale« Abnützung der Wohnung abgedeckt. So Sie die Wohnung nicht übermäßig beschädigt oder abgenutzt haben, müssen Sie daher nicht ausmalen, den Teppichboden nicht erneuern und auch Fenster und Türen nicht renovieren.
Die Schäden in der Wand, die üblicherweise bei Entfernung des Nagels zurückbleiben, müssen auch bei Rückstellung der Wohnung nicht behoben werden. Das Verputzen kleiner Löcher in

der Wand fällt nicht in Ihre Verantwortung. Diese Dinge gelten als normale Abnutzungserscheinungen.

▶▶ *Gesetzesstelle: §§ 9 und 10 Mietrechtsgesetz (MRG); 1109 Allgemeines Bürgerliches Gesetzbuch (ABGB)*

? BETRIEBSKOSTEN: Ich wohne in einer Altbauwohnung und streite seit Monaten mit meiner Hausverwaltung, weil ich der Meinung bin, dass einige Positionen in der Betriebskostenabrechnung nicht von mir zu zahlen sind. Welche Betriebskosten muss ich denn zusätzlich zum Mietzins zahlen?

Oft werden alle möglichen Kosten als Betriebskosten auf den Mieter überwälzt. Lasten und Abgaben der Wohnung sind grundsätzlich vom Vermieter zu tragen. Auch die Kosten von Erhaltungsarbeiten können nicht an den Mieter weitergegeben werden. Wenn auf Ihren Mietvertrag das Mietrechtsgesetz (MRG) anzuwenden ist, gilt der Betriebskostenkatalog des § 21 MRG, sodass Ihnen nur die dort aufgelisteten Betriebskosten und die öffentlichen Abgaben verrechnet werden dürfen. Betriebskosten, die der Vermieter an den Mieter verrechnen kann, sind: Kosten für die Versorgung des Hauses mit Wasser, Kosten der Rauchfangkehrung, Kanalräumung und Abwasser, Müllabfuhr, Schädlingsbekämpfung, Beleuchtung der allgemeinen Teile des Hauses, Kosten der angemessenen Versicherung des Hauses (Feuer, Haftpflicht und andere) und Hausbesorgerkosten.

▶▶ *Gesetzesstelle: § 21 Mietrechtsgesetz (MRG)*

? ÜBERPRÜFUNG BETRIEBSKOSTEN: Ich bin mir sicher, dass meine Betriebskosten zu hoch sind. Woher kann das kommen und wie kann ich das überprüfen?

Betriebskosten können überhöht vorgeschrieben sein, wenn zum Beispiel der Verteilungsschlüssel nicht richtig ist, oder Positionen als Ausgaben verrechnet wurden, die keine Betriebskosten sind, wie etwa Kosten für Hausreparaturen. Wenn Sie mit dem Vermieter oder mit der Hausverwaltung die Sache nicht klären können, so kann eine Klärung im mietrechtlichen Außerstreitverfahren erreicht werden. In diesem Verfahren wird über Ihren Antrag der Verteilungsschlüssel ermittelt. Ebenso werden auf Antrag alle verrechneten Ausgaben überprüft, um den auf einen Mietgegenstand betragsmäßig entfallenden Anteil festzustellen. Sie können einen Antrag auf Überprüfung der Betriebskosten bei der Schlichtungsstelle stellen, zwingend dem Bezirksgericht vorgeschaltet, wenn keine Schlichtungsstelle vorhanden ist, gleich beim Bezirksgericht einbringen.

▸▸ *Gesetzesstelle: § 37 i.V.m. § 39 Mietrechtsgesetz (MRG)*

❓ EINSICHT IN DIE BETRIEBSKOSTENABRECHNUNG: Bei Anmietung unserer Wohnung hat der Vermieter gesagt, dass € 450 Miete und zusätzlich zirka € 130 Betriebskosten zu zahlen sind. Die Betriebskosten sind nicht einzeln im Mietvertrag aufgelistet. Später wurden uns pauschal € 196 monatlich für die Betriebskosten verrechnet. Bis heute haben wir keine Abrechnung gesehen, obwohl wir unseren Vermieter mehrmals danach gefragt haben. Haben wir nicht das Recht die Betriebskostenabrechnung zu sehen, schließlich zahlen wir fast € 200 an Betriebskosten.

Natürlich haben Sie das Recht, die Betriebskostenabrechnung einzusehen.
Werden Betriebskosten pauschal vorgeschrieben, ist der Vermieter verpflichtet, jährlich bis spätestens 30. Juni die Betriebskostenabrechnung über das vorige Kalenderjahr zur Einsicht für die Hauptmieter im Haus aufzulegen. Sie können auch in die

entsprechenden Belege Einsicht nehmen. Die einzelnen Positionen der Betriebskosten müssen so angeführt sein, dass sie für jeden Laien rechnerisch nachvollziehbar sind. Die Rechnungen sind mit Datum und Belegsnummer einzeln anzuführen. Wenn der Mieter das verlangt, müssen von der Abrechnung und den Belegen gegen Kostenersatz Abschriften angefertigt werden.
Sollte der Vermieter Abrechnung und Einsicht in die Belege verweigern, können Sie sich an die Schlichtungsstelle wenden. Diese fordert dann den Vermieter zur Abrechnung und Einsichtgewährung auf. Die Schlichtungsstelle ist zuständig für die Durchsetzung der Rechte von Mietern und Vermietern. Sie ist mit in Mietangelegenheiten speziell geschulten Beamten und Angestellten besetzt und ist zum Beispiel zuständig für Betriebskosten- oder Mietzinsüberprüfungen. In Wien ist je nach Bezirk eine bestimmte Schlichtungsstelle für Sie zuständig. Wenden Sie sich zur Auskunft an die Magistratsabteilung 50. Solche Schlichtungsstellen sind in allen größeren Gemeinden und Städten eingerichtet. Gibt es in einer Gemeinde eine Schlichtungsstelle für Mietangelegenheiten, kann der Gerichtsweg nur bestritten werden, wenn die Rechtssache zuvor bei der Schlichtungsstelle war.

▸▸ *Gesetzesstelle: §§ 37, 39, 40 Mietrechtsgesetz (MRG)*

❓ »GEERBTE« MIETVERTRÄGE: Ich habe von meiner Mutter ein Zinshaus (Altbau) geerbt, in dem zehn Parteien leben. Muss ich die Mieter im Haus lassen?

Ja, Sie treten auf Vermieterseite in die Mietverträge ein. Damit sind Sie an die im Mietvertrag und im Mietrechtsgesetz geregelten Kündigungsgründe gebunden. Sie können daher die Mietverträge nur bei Vorliegen eines im Vertrag vereinbarten oder gesetzlich geregelten Kündigungsgrundes aufkündigen. Kündigungsgründe sind zum Beispiel: Mietzinsrückstand, erheblich nachteiliger Gebrauch der Wohnung, Nichtvorhandensein ein-

134

trittsberechtigter Personen nach dem Tod des Mieters, unleidliches Verhalten, Nichtbenutzung der Wohnung. Wenn Ihre »geerbten« Mieter keine Kündigungsgründe setzen, bleiben die Mietverträge aufrecht.

▸▸ *Gesetzesstelle: § 30 Mietrechtsgesetz (MRG)*

? INVESTITIONSABLÖSE: Ich möchte meine Hauptmietwohnung kündigen. Ich habe in die Wohnung eine Zentralheizung und auch ein Badezimmer einbauen lassen. Weiters wurden von mir alle Böden mit Parkett ausgestattet. Ich würde nun gerne wissen, ob ich für meine Investitionen einen Teil vom Hausbesitzer rückfordern kann. Stimmt es auch, dass ein Herd in der Küche verbleiben muss?

Eine Investitionsablöse ist nur verboten, wenn der Ablöse keine Investition gegenüber steht. Als Mieter haben Sie Anspruch auf Ersatz jener Investitionen, die eine Verbesserung der Wohnung bewirkt haben. Die von Ihnen gemachten Investitionen verlieren jährlich zirka 10% an Wert. Eine Investitionsablöse muss vom Wohnungsmieter binnen 14 Tagen nach Auflösung des Mietvertrags geltend gemacht werden, schriftlich und unter Nennung des Betrages, den Sie ersetzt haben wollen. Auch die Belege für die Investitionen sind beizufügen.

▸▸ *Gesetzesstelle: § 10 Mietrechtsgesetz (MRG)*

? HAUSEIGENTÜMERWECHSEL: Ich lebe seit über zwanzig Jahren in einer Hauptmietwohnung mit unbefristetem Mietvertrag. Natürlich ist der Mietzins entsprechend niedrig. Voriges Jahr wurde das Haus verkauft, und der neue Besitzer will die Alt-Mieter hinausbringen. Kann er mich zwingen auszuziehen? Wie sieht es mit einer Ablöse aus, wir würden Einbaumöbel zurücklassen.

Wegen Eigentümerwechsel müssen Sie nicht ausziehen, der neue Eigentümer kann Sie dazu auch nicht zwingen. Ist auf Ihr Mietverhältnis das Mietrechtsgesetz anzuwenden, so ist die Kündigung eines unbefristeten Mietvertrages nur aus den gesetzlich vorgesehenen Kündigungsgründen möglich. Die Kündigungsgründe sind in § 30 Mietrechtsgesetz (MRG) aufgezählt. Dass der Hauseigentümer wechselt, ist für sich noch kein Kündigungsgrund. Im Gesetz ist auch geregelt, welche Investitionen einem Mieter bei Vertragsbeendigung abgegolten werden müssen: Gemäß § 10 MRG lösen bloße Verschönerungsarbeiten sowie Einbaumöbel aller Art keinen Ersatzanspruch des Mieters aus.

▶▶ *Gesetzesstelle: § 30, § 10 Mietrechtgesetz (MRG)*

? HAUSTIER – KATZE: Ich habe eine Katze auf der Straße gefunden. Kann ich diese Katze zu mir in die Wohnung nehmen, obwohl laut Mietvertrag Haustiere verboten sind?

Da das Halten von Haustieren in Ihrem Mietvertrag ausdrücklich untersagt ist, darf die Katze nicht von Ihnen aufgenommen werden. Wenn allerdings der Vermieter anderen Mietern das Halten der Haustiere gestattet oder Ihr Vormieter ein Haustier hatte, kann das Verbot sachlich nicht rechtfertigbar sein. Das bedeutet, ein generelles Tierhaltungsverbot im Mietvertrag ist in Ordnung, doch darf das Verbot der Tierhaltung nicht willkürlich sein, sondern nur aus einem triftigen Grund. Mit Ihrer Tierhaltung darf kein erheblicher nachteiliger Gebrauch der Wohnung verbunden sein.

▶▶ *Gesetzesstelle: § 30 Mietrechtsgesetz (MRG), §§ 879 Abs. 3 und 1098 Allgemeines Bürgerliches Gesetzbuch (ABGB)*

❓ KAUTION: Mein Mietvertrag geht zu Ende. Mein Vermieter hat schon so etwas wie »renovierungsbedürftig« anklingen lassen und mitgeteilt, dass er von meiner Kaution etwas abziehen will. Die Wohnung ist aber vollkommen in Ordnung. Kann der Vermieter von meiner Kaution für seine geplanten Renovierungsarbeiten Geld einbehalten?

Die Kaution, üblicherweise zwischen drei und fünf Bruttomonatsmieten, wird normalerweise bei Abschluss des Mietvertrages beim Vermieter hinterlegt. Der Vermieter ist verpflichtet, die Kaution gewinnbringend anzulegen (Zinsen) und am Ende der Mietzeit samt Zinsen dem Mieter wieder herauszugeben. Sie dient dem Vermieter als Sicherheit für den Fall, dass er am Ende des Mietverhältnisses offene Forderungen gegen den Mieter hat. Nur wenn bei Ihrem Auszug die Abnutzung der Wohnung höher ist als eine gewöhnliche Abnutzung, kann der Vermieter von der Kaution Renovierungskosten für die Wohnung abziehen. Meist wird die Kaution auch dafür verwendet, wenn Betriebskosten oder Mietzinsrückstände nicht bezahlt wurden. Für Ihre anstehende Wohnungsrückgabe empfehle ich ein Übergabeprotokoll, in dem – so das zutrifft – der ordentliche Zustand der Wohnung bei der Rückgabe festgehalten wird. Der Vermieter ist bei Beendigung des Mietvertrages zur Rückzahlung der Kaution samt Verzinsung (Eckzinssatz) verpflichtet. Dies sobald feststeht, dass eine Forderung, für die die Kaution haften sollte, nicht besteht.

▸▸ *Gesetzesstelle: § 16b Mietrechtsgesetz (MRG)*

❓ KINDERWAGEN AM GANG: Unsere Nachbarn stellen ihren Kinderwagen im Hausflur ab und nicht mehr im Kellervorraum. Der Gang ist dadurch oft verstellt, ist das nicht verboten?

Sofern es im Mietvertrag oder in der beiliegenden Hausordnung untersagt ist, Kinderwägen im Hausflur abzustellen, müssen sich Ihre Nachbarn grundsätzlich daran halten. Der Gang gehört zu den allgemeinen Teilen des Hauses. Ob aber das Verbot in Ihrem Fall auch wirksam ist, hängt auch von den Beweggründen des Nachbarn ab. Das Verbot kann unwirksam sein, wenn der Mieter darauf angewiesen ist, seinen Kinderwagen am Gang abzustellen, der Flur breit genug ist und die übrigen Mieter dadurch nicht wesentlich beeinträchtigt werden.

▶▶ *Gesetzesstelle: Hausordnung, feuerpolizeiliche Bestimmungen*

? KÜNDIGUNG MIETVERTRAG: Der Mietvertrag für unsere Altbauwohnung ist auf drei Jahre abgeschlossen. Kündigungsfristen stehen nicht im Vertrag. Wir wollen vor Vertragsende übersiedeln. Können wir aus dem Vertrag aussteigen?

Sie haben einen befristeten Mietvertrag abgeschlossen. Wenn Ihr Mietvertrag dem Mietrechtsgesetz unterliegt, gilt die mieterfreundliche Regelung, die dem Mieter eine vorzeitige Kündigung ermöglicht: Der Mieter kann schon vor vereinbartem Vertragsende, bei Ihnen drei Jahre, nach Ablauf des ersten Jahres den Mietvertrag kündigen. Wenn Sie Ihren Mietvertrag vorzeitig kündigen wollen, müssen Sie jedenfalls eine Kündigungsfrist von drei Monaten einhalten. Zur wirksamen Kündigung reicht Ihre schriftliche Erklärung – am besten »eingeschrieben« – an den Vermieter.

▶▶ *Gesetzesstelle: § 29 Abs. 2, § 33 Mietrechtsgesetz (MRG)*

? KÜNDIGUNGSSCHREIBEN VERMIETER: Ich habe meine Wohnung an einen jungen Mann vermietet, der mir schon seit vier Monaten trotz mehrmaliger Mahnungen den Mietzins schuldig blieb und die anderen Hausbewohner durch nächtelanges Feiern und lautstarke Streitereien belästigt. Ich

habe ihm vor zwei Wochen schriftlich den Mietvertrag aufge-
kündigt, es tut sich aber immer noch nichts. Was kann ich denn
noch tun?

Ihr Kündigungsschreiben führt nicht zu einer rechtswirksamen
Beendigung des Mietverhältnisses, selbst wenn Sie es eingeschrieben geschickt haben. Sie können als Vermieter den Mietvertrag nur durch eine gerichtliche Kündigung beim zuständigen Bezirksgericht lösen. Dabei sollten Sie in Ihrer Aufkündigung unbedingt gleich alle bestehenden Kündigungsgründe
anführen, nachträglich können in diesem anhängigen Verfahren Kündigungsgründe nämlich nicht mehr geltend gemacht
werden. In Ihrem Fall geben Sie in der Aufkündigung daher als
Kündigungsgrund den qualifizierten Mietzinsrückstand sowie
das unleidliche Verhalten Ihres Mieters an und beschreiben
kurz, was vorgefallen ist. Wenn von Ihrem Mieter Einwendungen gegen die Aufkündigung erhoben werden, haben Sie im
Verfahren zu beweisen, dass die angeführten Kündigungsgründe tatsächlich gegeben sind.

▶▶ *Gesetzesstelle: § 1118 Allgemeines Bürgerliches Gesetzbuch (ABGB),
§ 33 Mietrechtgesetz (MRG)*

? LIFTKOSTEN: Als Eigentümerin einer Wohnung im Erdge-
schoss frage ich, ob bei den Betriebskosten und Aufteilung
der Liftkosten diejenigen, die den Fahrstuhl wegen der Wohnungs-
lage nie nutzen, auch voll zur Kasse gebeten werden können? Ich
kann mir nicht vorstellen, dass ich bei kompletter Nichtbenützung
immer 100% der Kosten anteilsmäßig mittragen muss?

Personenaufzüge zählen zu den sogenannten »Gemeinschaftsanlagen«. Die Kosten des Betriebes von Gemeinschaftsanlagen
haben die Wohnungseigentümer, sofern nichts anderes vereinbart ist, genauso wie die übrigen Bewirtschaftungskosten
gemeinsam zu tragen. Ob Sie die Gemeinschaftsanlage auch tat-

sächlich nutzen, ist unerheblich. Sie sind, da Sie den Lift nützen könnten, daher trotzdem zur Zahlung der Liftbetriebskosten verpflichtet und können diese Verpflichtung nicht einseitig lösen. Nur wenn einige Wohnungseigentümer von der Benützung der Anlage tatsächlich ausgeschlossen sind und diese gar nicht nützen könnten, handelt es sich nicht um eine Gemeinschaftsanlage. Das trifft zum Beispiel für einen Lift zu, der nur mittels eigenen Liftschlüsseln von einigen wenigen Eigentümern bedient werden kann. Bei einer derartigen tatsächlichen Unbenutzbarkeit können Sie bei Gericht beantragen, dass Sie von der Zahlung ausgenommen werden.

▸▸ *Gesetzesstelle: § 32 Wohnungseigentumsgesetz (WEG)*

❓ MAKLERPROVISION: Ich wurde von einem Makler angesprochen, der Grundstücke in einer von mir gesuchten Örtlichkeit anbot. Er notierte sich darauf hin meine Adresse und Telefonnummer. Einige Tage später hat mich der Grundstückseigentümer selbst angerufen, mit ihm habe ich die Grundstücke angesehen und schließlich eines gekauft. Den Kaufvertrag habe ich mit dem Verkäufer abgeschlossen, nicht über den Makler. Muss ich eine Maklerprovision bezahlen, wenn ich dazu aufgefordert werde?

Die Provision des Maklers ist ein Erfolgshonorar. Der Honoraranspruch setzt neben einem Vermittlungsvertrag (mündlich oder schriftlich) voraus, dass der Makler für den Geschäftserfolg tätig war. Der Makler muss sich durch seinen Einsatz »verdienstlich« gemacht haben. Der notwendige Einsatz des Maklers hängt aber vom Einzelfall ab. Wenn ohne die Tätigkeit des Maklers der Grundstückskauf nicht zustande gekommen wäre, ist wohl Provision zu zahlen. Es kann für den Provisionsanspruch ausreichen, dass der Makler eine aktuelle Geschäftsgelegenheit zwischen Ihnen und dem Verkäufer erfolgreich vermittelt hat.

▸▸ *Gesetzesstelle: § 6 Maklergesetz (MaklerG)*

? MIETAUFLÖSUNG DURCH ZEITABLAUF: Ich habe ein kleines
Einfamilienhaus gemietet. Der Mietvertrag ist auf zehn Jahre
befristet. Das Mietverhältnis begann am 1. Juni 2003 und endet
daher erst am 30. Juni 2013. Kann ich auch früher ausziehen? Denn
ich hätte jetzt eine günstige andere Mietmöglichkeit.

Ausziehen können Sie, dennoch ist die im Mietvertrag vereinbarte Vertragsdauer von beiden Parteien einzuhalten. Für die
Miete von Einfamilienhäusern gilt das Allgemeine Bürgerliche
Gesetzbuch, und hier gibt es kein vorzeitiges Kündigungsrecht
des Mieters. Das Mietverhältnis endet daher erst, wenn Ihre
zehnjährige Befristung abgelaufen ist. Der Vermieter kann auf
der Vertragserfüllung beharren und zehn Jahre lang den Mietzins begehren. Falls Sie ausziehen, ist daher trotzdem für die
restlichen Monate bis Juni 2013 der Mietzins zu bezahlen.
Außer, Sie können sich mit dem Vermieter anders einigen. Nur
wenn besonders schwerwiegende Gründe für Ihren vorzeitigen
Auszug gegeben sind, könnten Sie den Mietvertrag mit soforti-
ger Wirkung auflösen und ausziehen, ohne den Mietzins weiter zahlen zu müssen. Wichtige Gründe für eine sofortige Kündigung sind zum Beispiel: Unbrauchbarkeit des Bestandsobjektes durch Brand oder Gesundheitsgefährdung wegen massiven
Schimmelbefalls. Dass Sie eine günstigere andere Wohnung
gefunden haben, ist kein solcher wichtiger Grund.

➤➤ *Gesetzesstelle: §§ 1112, 1113 Allgemeines Bürgerliches Gesetzbuch
(ABGB)*

? KONKURS DES VERMIETERS: Mein Mietvertrag ist mit dem
Unternehmen, dem das Haus gehört, abgeschlossen. Es gibt
Gerüchte, dass das Unternehmen in Geldschwierigkeiten ist und die
Insolvenz droht. Was passiert mit meinem Mietvertrag, wenn das
Unternehmen Konkurs anmeldet? Kann ich aus dem Mietvertrag
dann raus?

141

Nach dem Mietrechtsgesetz reicht die Konkurseröffnung für die Kündigung des Mietvertrages nicht aus, weil dazu ein wichtiger Kündigungsgrund gefordert wird. Ein wichtiger Grund liegt beim Konkurs des Vermieters nicht vor, weil das Mietverhältnis ungehindert fortgesetzt werden kann und die Interessen der beteiligten Mieter nicht beeinträchtigt werden. Der Mieter kann die Wohnung weiter wie bisher gebrauchen. Nur wenn das Mietobjekt zum Beispiel wegen mangelnder Investitionen und Reparaturen als Folge der Geldnot des Vermieters zur Bewohnung nicht mehr taugt, könnten Sie den Mietvertrag vorzeitig beenden. Kündigungsgrund ist dann aber nicht der Konkurs des Vermieters, sondern die Untauglichkeit der Wohnung.

▶▶ *Gesetzesstelle: §§ 114a ff. Konkursordnung (KO), §§ 133 ff. Exekutionsordnung (EO)*

? MIETZINSKLAGE: Unser Mieter hat seit 3 Monaten seine Miete nicht bezahlt. Wenn ich ihn darauf anspreche, behauptet er, dass er wegen Auslandsaufenthalt die Zahlung versäumt hat, zuletzt sagte er sogar, dass seine Bank die Überweisung verschlafen hätte. Wir leben zum Teil von der Mieteinnahme, weiter Ausfälle können wir uns nicht leisten. Kann ich klagen?

Wenn der Mieter eine fällige Miete nicht bezahlt hat und die folgende Miete bereits fällig ist, können Sie mit einer Mietzinsklage beim Bezirksgericht beantragen, dass dem Mieter per Urteil aufgetragen wird, seinen offenen Mietzins zu bezahlen und gleichzeitig wegen des qualifizierten Verzugs die Auflösung des Bestandvertrages samt Räumung fordern. In der Klage haben Sie Ihre Ansprüche aus der Mietschuld kurz, aber vollständig aufzulisten.

Gemeinsam mit der Mietzinsklage können Sie auch die pfandweise Beschreibung der Fahrnisse (Wohnungseinrichtung des

Mieters) und die Räumung begehren, mit der der Mieter zur Rückstellung der Wohnung über den Exekutionsweg gezwungen werden soll. Der Mieter kann bis zum Schluss der Streitverhandlung erster Instanz den offenen Mietzins bezahlen. Zahlt er und trifft ihn am Zahlungsverschulden kein grobes Verschulden, wird Ihre Kündigung wegen Auflösung des Bestandsvertrages zwar abgewiesen, der Mieter muss Ihnen aber die entstanden Verfahrenskosten ersetzen.

▶▶ *Gesetzesstelle: § 1118 Allgemeines bürgerliches Gesetzbuch (ABGB), § 33 Abs. 2 Mietrechtsgesetz (MRG)*

❓ MIETZINSMINDERUNG: Ich habe eine Klage auf Zahlung von Mietzins bekommen, da ich seit 3 Monaten aus Geldnot die Miete nicht bezahlt habe. Die Wohnung ist aber in einem schrecklichen Zustand, es schimmelt überall, und die Fliesen lösen sich von den Wänden. Habe ich das Recht auf eine Mietzinsminderung?

Das Recht auf Mietzinsminderung steht im Allgemeinen Bürgerlichen Gesetzbuch und lässt sich vertraglich nicht ausschließen. Der Mieter ist grundsätzlich verpflichtet, die Miete zu zahlen, seitens des Vermieters besteht eine Instandhaltungspflicht, und er schuldet die Brauchbarkeit und Benützbarkeit des Bestandsobjektes. Ist das Bestandsobjekt nur teilweise nutzbar, steht Ihnen die Mietzinsminderung zu. Die Mietzinsminderung bietet einen finanziellen Ausgleich, bis der brauchbare Zustand der Wohnung hergestellt ist. Sie können den Mietzins herabsetzen, wenn die Wohnung ganz oder teilweise unbrauchbar geworden ist. Die Höhe der Mietzinsminderung richtet sich danach, wie unbrauchbar die Wohnung ist. Ist sie gänzlich unbenützbar, ist kein Mietzins zu zahlen. Ist die Wohnung durch ihren Zustand tatsächlich nur teilweise benützbar, kann der Mieter den Mietzins angemessen mindern (etwa bei Schimmel ca. 20%). Einen Teil der

Miete – zumal Sie die Wohnung offenbar benutzen – hätten Sie somit zahlen müssen. Durch die Nichtzahlung der Miete laufen Sie Gefahr, dass der Vermieter mit einer Klage den ausständigen Mietzins einklagt oder wegen der Ausstände sogar die Kündigung einbringt.

▸▸ *Gesetzesstelle:* § *1096 Allgemeines Bürgerliches Gesetzbuch (ABGB),* § *3 Mietrechtsgesetz (MRG)*

? RÄUMUNG: Wegen eines Mietrückstands von nur zwei Monaten bin ich zur Räumung meiner Wohnung verpflichtet worden. Der Räumungstermin ist in zwei Wochen. Der Mietrückstand ist mittlerweile bezahlt. In eine neue Wohnung kann ich erst in acht Wochen einziehen, also lange nach dem Räumungstermin. In der Zwischenzeit habe ich für meine Familie keine Unterkunftsmöglichkeit. Was kann ich tun?

Sie sollten sofort versuchen, mit dem Vermieter eine »einvernehmliche Aufschiebung« der Exekution zu vereinbaren, dann könnte der knappe Räumungstermin entfallen. Der Vermieter hätte weiter einen Räumungsanspruch, den er – so Sie vereinbarungswidrig doch länger bleiben wollen – weiter betreiben kann.

Können Sie sich mit dem Vermieter über eine längere Räumungsfrist nicht einigen, könnten Sie bei Gericht beantragen, dass die Exekution wegen drohender Obdachlosigkeit befristet aufgeschoben wird. Das aber nur dann, wenn dem Vermieter der weitere Räumungsaufschub zumutbar ist. Die Räumung kann für eine Frist von drei Monaten aufgeschoben werden, bei besonderen Umständen kann das Gericht noch ein zweites Mal die Räumung um drei Monate aufschieben. Zumutbar ist dem Vermieter der Aufschub der Exekution dann nicht, wenn ein Mietzinsrückstand besteht, grob ungehöriges Verhalten oder erheblich nachteiliger Gebrauch der Wohnung festgestellt wurde.

Wenn, wie Sie schreiben, keine Miete ausständig und eine andere Unterkunftsmöglichkeit bis zum Bezug der neuen Wohnung nicht vorhanden ist, könnten Sie eine Aufschiebung der Exekution für 3 Monate beantragen.

▶▶ *Gesetzesstelle: § 35 Mietrechtsgesetz (MRG), § 42 Exekutionsordnung (EO)*

? **RÜCKTRITT VOM MIETVERTRAG:** Meine Schwester hat nach langer, mühsamer Wohnungssuche völlig übereilt einen Mietvertrag unterschrieben. Nachdem ich mit ihr die Sache nun besprochen und durchgerechnet habe, will sie die Wohnung nun doch nicht. Was können wir tun, da sie doch schon unterschrieben hat? Kann sie zurücktreten?

Wenn Ihre Schwester den Mietvertrag gleich bei der Erstbesichtigung, zumindest aber noch am selben Tag unterschrieben hat, dann kann sie innerhalb von einer Woche von diesem Mietvertrag zurücktreten. Die Frist für die Rücktrittserklärung beginnt zu laufen, sobald Ihre Schwester eine Vertragsausfertigung mit schriftlicher Belehrung über ihr Rücktrittsrecht erhalten hat. Dieses Rücktrittsrecht erlischt aber jedenfalls innerhalb eines Monats ab Erstbesichtigung der Wohnung, also Unterschrift des Mietvertrages. Machen Sie die Rücktrittserklärung unbedingt schriftlich!

▶▶ *Gesetzesstelle: § 30a Konsumentenschutzgesetz (KSchG)*

? **SAT-ANLAGE AN HAUSWÄNDEN:** Ich bin seit 20 Jahren Hausmeister in einer Siedlung mit 120 Wohnungen. Wir haben eine Sat-Gemeinschaftsanlage. In letzter Zeit haben wir immer mehr Mieter aus Rumänien, Türkei, Ex-Jugoslawien, die zusätzliche Sat-Schüsseln an Balkonen und Hauswänden montieren, um Programme aus der Heimat zu empfangen. Das sorgt für Unmut bei anderen Bewohnern, denn die Gemeinschaftsanlage wurde angeschafft, damit nicht jeder eine Schüssel irgendwohin montiert. Was ist rechtens?

Der Mieter darf ohne Zustimmung des Vermieters eine Satellitenempfangsanlage weder am Fenster, an der Außenfassade noch am Balkon oder am Dach anbringen. Es droht ihm sonst eine Besitzstörungsklage, und er muss auf seine Kosten die Anlage wieder abbauen. Grundsätzlich wird der Mieter sich an einen bestehenden Antennenanschluss halten müssen. In einer Entscheidung des Obersten Gerichtshofes ist allerdings einem Mieter, der einen Satellitenanschluss statt eines bestehenden Kabelanschlusses wünschte, Recht gegeben worden, da der bestehende Kabelanschluss mit nur einem türkischen Programm weniger Informationsmöglichkeiten bot, als der über Satellit mögliche Empfang von zumindest zehn türkischen Programmen. Der Mieter hat vor dem Anbringen seiner privaten Sat-Anlage aber jedenfalls die Zustimmung des Vermieters einzuholen. Wenn der Vermieter nicht innerhalb von zwei Monaten die Anfrage ablehnt, gilt das als Zustimmung. Untersagt der Vermieter das Anbringen der Sat-Anlage, hat der Mieter die Möglichkeit beim Bezirksgericht einen Antrag auf Genehmigung der Sat-Anlage einzubringen. Dabei muss er seine wichtigen Interessen vorbringen, warum ihm dies gestattet sein soll.

▶▶ *Gesetzesstelle: § 9 Mietrechtsgesetz (MRG)*

? SCHIMMELBILDUNG: Ich habe ein Einfamilienhaus für drei Jahre unter Kündigungsverzicht gemietet. Nach dem Winter ist uns der erste Schimmelbefall an den Wänden von Bad und Küche aufgefallen. Mittlerweile haben wir auch im Kinderzimmer Schimmel. Der Vermieter tut nichts und behauptet, ich würde zu wenig lüften. Ich möchte so bald als möglich ausziehen, der Vermieter pocht aber auf den 3-Jahresvertrag. Muss ich die restlichen zwei Jahre im schimmligen Haus bleiben?

Da Sie ein Einfamilienhaus gemietet haben, unterliegen Sie nicht dem Schutz des Mietrechtsgesetzes. Wenn Sie einen Kündigungsverzicht abgegeben haben, müssen Sie – wenn nicht ein besonderer Auflösungsgrund vorliegt – den Vertrag für die vereinbarte Zeit erfüllen. Voraussetzung für die vorzeitige Vertragsauflösung ist ein wichtiger Kündigungsgrund. Dann kann der Mieter auch vor Ablauf der vereinbarten Vertragsdauer den Vertrag auflösen, wenn der Mietgegenstand in einem Zustand übergeben wurde oder ohne Schuld des Mieters in einen Zustand geraten ist, der ihn für Wohnzwecke unbrauchbar macht. Bei Gesundheitsschädlichkeit gemieteter Wohnräume steht dieses Auflösungsrecht dem Mieter auch zu, wenn er im Mietvertrag auf eine Kündigung verzichtet hat. Für Ihr Auflösungsrecht vor Vertragsende kommt es also darauf an, ob der Schimmel Ihre Gesundheit gefährdet. Wenn die gesetzlichen Voraussetzungen für Ihre vorzeitige Vertragskündigung erfüllt sind, sind Sie ab der Vertragsauflösung auch nicht mehr zur Mietzinszahlung verpflichtet. Zur Beweissicherung sollten Sie den Schimmelbefall dokumentieren und einen Sachverständigen beiziehen. Sollte die Schimmelbildung nicht gesundheitsgefährdend und damit kein Kündigungsgrund sein, ist Schimmelbildung jedenfalls ein ernster Schaden des Hauses, der Sie zur Mietzinsminderung berechtigt. Die Höhe der Mietzinsminderung hängt vom Grad der Unbrauchbarkeit des Hauses ab. Voraussetzung ist aber immer, dass die Gründe für die Schimmelbildung nicht bei Ihnen liegen.

▶▶ *Gesetzesstelle: § 1117 Allgemeines Bürgerliches Gesetzbuch (ABGB)*

THERME: Ich wohne in einer Altbauwohnung. Meine Hausverwaltung lehnte die Rückerstattung der Kosten für die von mir zwangsläufig auf eigene Kosten angeschaffte Therme rigoros ab. Gibt es für neu errichtete Thermen nicht eine Ersatzpflicht?

Die Erhaltungspflichten des Vermieters und wann ein Mieter seine Kosten für Investitionen in die Mietwohnungen geltend machen kann, ist für Altbauwohnungen im Mietrechtsgesetz geregelt. Was den Ersatz der Kosten für die Neuerrichtung der Therme betrifft, ist das ein heiß umkämpftes Thema. Die Erhaltungspflichten des Vermieters sind im Gesetz abschließend geregelt, da scheint der Thermenaustausch nicht auf. Daher ist der Vermieter nicht verpflichtet, die kaputt gewordene Therme auf seine Kosten auszutauschen. Auch Sie sind gesetzlich nicht verpflichtet, die Therme auszutauschen. Aber Sie haben wohl das größere Interesse daran. Wenn Sie weiterhin in der Wohnung wohnen bleiben und die kaputte Therme nicht erneuern, können Sie, solange Sie wegen der Therme kein Warmwasser haben, den Mietzins herabsetzen. Die Therme darf dann aber nicht aus Ihrem Verschulden kaputt geworden sein. Wenn Sie die Therme auf eigene Kosten erneuert haben und aus der Wohnung ausziehen, haben Sie einen Anspruch auf Ersatz Ihrer Aufwendungen und zwar vermindert um eine jährliche Abschreibung von $1/10$ pro Jahr.

▶▶ *Gesetzesstelle: §§ 3, 8, 10 Mietrechtsgesetz (MRG)*

❓ GENOSSENSCHAFTSWOHNUNG: Ich wohne in einem Genossenschaftshaus, und meine Hausverwaltung lehnt es ab, notwendige Reparaturen durchzuführen. Welches Gesetz gilt für Genossenschaftswohnungen?

Bei der Genossenschaftswohnung steht auf der Vermieterseite eine gemeinnützige Bauvereinigung – der Mieter heißt Nutzungsberechtigter. Auf derartige Mietverhältnisse findet das Wohnungsgemeinnützigkeitsgesetz (WGG) Anwendung, dieses Gesetz verweist teilweise auf die Bestimmungen im Mietrechtsgesetz (MRG).

▶▶ *Gesetzesstelle: Wohnungsgemeinnützigkeitsgesetz (WGG), Mietrechtsgesetz (MRG)*

? TÜRSCHILD – GESCHÄFTSTAFEL: Ich habe ein Geschäftslokal
gemietet. Darf der Vermieter mir vorschreiben, wie das Türschild beziehungsweise das Geschäftsschild aussieht? Er will nur das
Material Messing und nur die Größe 40 x 30 Zentimeter zulassen.
Das passt für mich gar nicht, muss ich Messing nehmen?

Nein, wenn vertraglich zum Aussehen der Geschäftstafel nichts
vereinbart wurde, kann der Vermieter nicht Messing vorschreiben. Kontrollieren Sie noch einmal Ihren Mietvertrag, ob dort
vielleicht die Türschild-Gestaltung geregelt ist.
Ist nichts dazu vereinbart, gilt die gesetzliche Regelung über das
Gebrauchsrecht des Mieters: Grundsätzlich steht es jedem Mieter eines Geschäftslokales zu, an der Außenfassade des Hauses
eine auf das Geschäft hinweisende Namens- oder Geschäftstafel in »ortsüblicher« Weise anzubringen.
Sie haben ein berechtigtes Interesse daran, dass Ihre Geschäfts-
bezeichnung in einer Größe und an einer Stelle an dem Haus,
in dem Sie Ihr Unternehmen betreiben, angebracht wird, sodass
gewährleistet ist, dass die Aufschrift weithin sichtbar ist. Zum
Erscheinungsbild und zur Schildgröße gibt es natürlich keine
im Einzelfall geltende Gestaltungsregel. Es gilt ganz allgemein:
Die Gestaltung des Türschilds darf nicht zu einer Beeinträchtigung der äußeren Erscheinung des Hauses führen. Das Material und Aussehen kann Ihrem sonstigen Unternehmensauftritt
angepasst sein. Das Ausmaß der Tafel muss im ortsüblichen
Umfang sein, sie darf das Haus nicht verunzieren und andere
Mieter nicht belästigen.

▶▶ *Gesetzesstelle: § 8 Abs. 1 Mietrechtsgesetz (MRG), § 16 Abs. 2 Wohnungseigentumsgesetz (WEG)*

? UNTERVERMIETUNG: Da ich nächstes Jahr bei meiner Freundin im Ausland sein werde, möchte ich wissen, ob ich während des Auslandsaufenthalts meine Wohnung untervermieten
könnte?

Es kommt auf Ihren Mietvertrag an und in welcher Form Sie untervermieten wollen. Im Mietvertrag kann Ihnen die Untervermietung untersagt sein. Sollte in Ihrem Mietvertrag ein Untermietverbot vereinbart sein, ist Ihr Vermieter berechtigt, Ihnen den Mietvertrag zu kündigen, wenn ein wichtiger Grund gegen die Untervermietung spricht. Ein wichtiger Grund wäre etwa, wenn Sie die Wohnung zur Gänze untervermieten und die Wohnung nicht benötigen, oder dass der von Ihnen verlangte Untermietzins unverhältnismäßig hoch ist, oder die Anzahl Ihrer Untermieter die Zahl der Wohnräume übersteigt, und letztlich, wenn Ihr Untermieter den Hausfrieden stören würde.

Unverhältnismäßig hoch ist der Untermietzins, wenn er Ihren Hauptmietzins um mehr als 50 Prozent übersteigt. Um etwaigen Problemen vorzubeugen, rate ich Ihnen, Kontakt mit Ihrer Hausverwaltung aufzunehmen. Möglich ist ja auch, dass wegen Ihrer beruflich bedingten Abwesenheit Ihr Vermieter einer zeitlich begrenzten Untervermietung zustimmt. Die Zustimmung zur Untervermietung sollten Sie dann schriftlich haben.

▶▶ *Gesetzesstelle: § 30 Abs. 2 Z. 4 Mietrechtsgesetz (MRG)*

? ZUTRITTSRECHT DES VERMIETERS: Mein Vermieter hat mich um einen Besichtigungstermin für die Wohnung ersucht. Ich will ihm keinen Zutritt zur Wohnung geben, dadurch fühle ich mich in meiner Privatsphäre gestört.

Ob und wann der Vermieter das Recht hat, die vermietete Wohnung zu betreten, ist gesetzlich geregelt. Bei wichtigen Gründen hat der Mieter dem Vermieter das Betreten der Wohnung zu gestatten. Damit soll der Vermieter die Möglichkeit haben, Erhaltungsarbeiten wie bauliche Verbesserungen aber auch gewisse Kontrollen durchzuführen.

Der Mieter muss die Begehung aber nur bei wichtigem Grund

dulden. Seine Duldungspflicht hat ihre Grenze dort, wo die Kontrolle Schikane ist. Die Wohnung kann vom Vermieter nach Terminabsprache mit dem Mieter zu einer zumutbaren Tageszeit betreten werden, nur bei Gefahr in Verzug ist eine Terminabsprache nicht notwendig. Wenn Ihr Vermieter für den Termin keinen Grund angegeben hat, fragen Sie nach dem Grund der Begehung.

▶▶ *Gesetzesstelle: § 1096 Allgemeines Bürgerliches Gesetzbuch (ABGB), § 8 Mietrechtsgesetz (MRG)*

? WASSERFLECK: Ich bin Hauptmieterin einer Wohnung in Wien. Ständig gibt es Probleme mit Reparaturarbeiten. Seit zirka einem Jahr habe ich in meinem Badezimmer einen Wasserfleck, der täglich ein Stück größer wird und nun auch schon in der Toilette aufscheint. Ich bin es leid, dass sich die Reparaturen ewig hinziehen und dann doch nicht erledigt werden. Welche Möglichkeit habe ich?

Falls das Mietobjekt dem Mietrechtsgesetz unterliegt, könnten Sie bei der Schlichtungsstelle einen Antrag auf Durchführung der Erhaltungsarbeiten einbringen. Diese Möglichkeit besteht allerdings nur bei im Gesetz genannten Erhaltungsarbeiten, etwa zur Behebung von ernsten Schäden des Hauses. Dazu können auch Feuchtigkeitsschäden zählen. Es gibt auch die Möglichkeit, dass Sie einen Teil des Mietzinses einbehalten, um Ihren Vermieter zur Behebung der Schäden zu bewegen. Aber <u>Achtung</u>: Die Mietzinsreduktion darf nur in dem Umfang vorgenommen werden, in dem Sie beeinträchtigt sind. Da der Vermieter bei zu hoher Einbehaltung von Mietzins eine Räumungsklage wegen Mietzinsrückständen einbringen kann, sollten Sie diese Variante zurückhaltend ausüben.

? WOHNUNGSINVESTITIONEN: Ich bin Hauptmieterin einer Altbau-Mietwohnung. Vor zirka zwanzig Jahren hat mein Mann (inzwischen verstorben) diese auf unsere Kosten teuer komplett umbauen und renovieren lassen. Jetzt haben wir vor vier Jahren einen Wandverbau einbauen lassen. Habe ich, wenn ich ausziehe, Anspruch auf Ablöse?

Auf die Altbauwohnung ist wohl das Mietrechtsgesetz (MRG) anzuwenden. In § 10 MRG ist geregelt, unter welchen Voraussetzungen Sie vom Vermieter den Ersatz von getätigten Investitionen in die Mietwohnung verlangen können. Nicht ersatzfähig sind Verschönerungsarbeiten und sämtliches Mobiliar, wie zum Beispiel der Wandverbau. Da Sie die Renovierungen vor zwanzig Jahren durchgeführt haben, können Sie überhaupt keine Ablöse fordern. Nur Aufwendungen zur wesentlichen Verbesserung der Wohnung in den letzten zwanzig Jahren vor dem Wohnungswechsel sind von der Regelung erfasst. Eine wesentliche Verbesserung ist zum Beispiel die Umgestaltung der Wasserleitungen oder Beheizungsanlagen. Auch eine angemessene, gänzliche Erneuerung eines schadhaften Fußbodens fällt darunter. Aber wie gesagt, nur innerhalb der 20-jährigen Frist.

Achtung: Der Investitionskostenersatz muss rechtzeitig und unter Vorlage der Rechnungen schriftlich geltend gemacht werden. Rechtzeitig ist die Geltendmachung bei einer einvernehmlichen Auflösung des Mietvertrags binnen 14 Tagen ab Abschluss der Vereinbarung. Bei einer einseitigen Aufkündigung ist die Geltendmachung spätestens 14 Tage nach Zustellung der Aufkündigung an den Vermieter notwendig.

Tun Sie das nicht, geht der Anspruch verloren!

▸▸ *Gesetzesstelle: § 10 Mietrechtsgesetz (MRG)*

? WOHNUNGSKATEGORIEN: Ich beabsichtige eine Wohnung zu mieten und zu renovieren. Im noch nicht unterschriebenen Mietvertrag hat der Vermieter die Wohnungskategorie »C« eingesetzt. Ich meine, die Wohnung ist Substandard. Nach welchen Kriterien bestimmt sich die Kategorie für den Mietvertrag?

Das Mietrechtsgesetz legt für Mietwohnungen je nach deren Ausstattungszustand vier Kategorien fest. Beste Kategorie ist die Kategorie A, schlechteste Kategorie ist die Kategorie D. Kategorie D ist eine Substandardwohnung. Substandard ist die Wohnung, wenn sie entweder keine Wasserentnahmestelle oder kein Klosett im Inneren hat, sondern eine Gemeinschaftstoilette am Gang. Oder, wenn bei der Wohnung eine der beiden Einrichtungen nicht brauchbar ist. Eine Wohnung der Kategorie C ist in brauchbarem Zustand und hat zumindest eine Wasserentnahmestelle und das Klosett im Inneren der Wohnung. Kategorie B besteht dann schon aus Zimmer, Küche, Vorraum, Klosett und einer zeitgemäßen Badegelegenheit. Die Wohnungskategorie A muss darüber hinaus eine Fläche von mindestens 30 m² und eine fest eingebaute Heizung, die alle Haupträume der Wohnung beheizen kann, haben, sowie eine Warmwasseraufbereitung. Die Ausstattungskategorie richtet sich nach dem Zustand der Wohnung zum Zeitpunkt, in dem der Mietvertrag abgeschlossen wird.

▶▶ *Gesetzesstelle: § 15a Mietrechtsgesetz (MRG)*

? SCHNEERÄUMUNG UND WINTERDIENST: Wer ist in unserer Hausanlage letztendlich für die Schneeräumung verantwortlich? Was, wenn jemand am vereisten Gehweg ausrutscht oder der Schnee vom Dach fällt und ein Passant verletzt wird? Wer haftet?

Die Straßenverkehrsordnung bestimmt, dass der Hauseigentümer zur Schneeräumung verpflichtet ist. Der Eigentümer hat dafür zu sorgen, dass vor der Liegenschaft befindliche Gehsteige und Gehwege gefahrlos benützt werden können. Er muss Gehsteige und Gehwege in der Zeit zwischen 6 und 22 Uhr räumen. Darüber hinaus sind Hauseigentümer verpflichtet, Schneewechten oder Eisbildungen von den Dächern an der Straße gelegener Gebäude zu entfernen, damit passierende Fußgänger von herabfallenden Schneemassen oder Eis nicht verletzt werden.

Wenn der Hauseigentümer selbst zur Schaufel greift, haftet er auch selbst für Unfälle. Er ist das Risiko auch nicht los, wenn er einen seiner Angestellten mit der Schneeräumung beauftragt und dieser der Aufgabe nicht nachkommt, denn er muss sich das Fehlverhalten seines sorglosen Gehilfen zurechnen lassen. Um seine Haftung einzuschränken, kann der Hauseigentümer aber seine Pflichten zur Schneeräumung auf ein Unternehmen übertragen, das die Erledigung von Winterdienstpflichten übernimmt.

Hat der Hauseigentümer einen Vertrag mit einem Winterdienst-Unternehmen geschlossen, haftet das Unternehmen an Stelle des Eigentümers. Die sich aus der Straßenverkehrsordnung ergebenden Verpflichtungen der Hauseigentümer zur Räumung von Gehsteig, Gehweg und Sicherung vor Dachlawinen können im Einzelnen oder zur Gänze auf ein Unternehmen übertragen werden. Wurde der Winterdienstfirma etwa nur die Gehsteigräumung übertragen, nicht aber die Schnee-Entfernung vom Dach und kommt ein Passant durch eine herabfallende Schneewechte zu Schaden, haftet wieder der Hauseigentümer. Die vom Hauseigentümer unter Vertrag genommenen Winterdienst-Unternehmen haften nur dann für die ordentliche Entfernung von Schneewechten oder Eisbildungen vom Dach des Hauses, wenn sie durch den Vertrag diese Verpflichtung zusätzlich übernommen haben.

Die Haftung ist weitreichend: Neben der verwaltungsrechtlichen Verantwortung ist mit Schadenersatzforderungen des betroffenen Passanten zu rechnen. Zu bedenken ist auch die strafrechtliche Verantwortung. Denn wird ein Passant von der herabstürzenden Schneewechte verletzt und erstattet Anzeige, wird ein Verfahren wegen fahrlässiger Körperverletzung von den Strafbehörden eingeleitet.

Hat der Hauseigentümer dem Unternehmen die umfassende Entfernung von Schnee und Eis übertragen, haftet er nur noch für sogenanntes »Auswahlverschulden«. Er haftet also dann nur, wenn er sich einer untüchtigen oder wissentlich einer gefährlichen Person zur Besorgung seiner Angelegenheit bedient. Überträgt er einer Fachfirma die Winterdienst-Verkehrssicherungspflichten, wird ihn kein Auswahlverschulden treffen.

▸▸ *Gesetzesstelle: § 93 Straßenverkehrsordnung (StVO), §§ 1313a, 1315, 1319a Allgemeines Bürgerliches Gesetzbuch (ABGB)*

? WIEDERHOLTE SCHNEERÄUMUNG: Sie schreiben, dass der Hauseigentümer zwischen 6 und 22 Uhr die Gehsteige und Gehwege räumen muss. Wie ist es, wenn ich um 6 Uhr früh den Gehsteig säubere, dann in die Arbeit fahren muss und inzwischen ist wegen hohen Schneefalls mein Gehsteig wieder »ungeräumt«! Bin ich haftbar, wenn, während ich in der Arbeit bin, vor meiner Haustür ein Passant ausrutscht?

Die Pflicht von 6 Uhr früh bis 22 Uhr nachts die Gehsteige von Schnee zu räumen und bei Glatteis zu bestreuen, gilt fortlaufend. Das heißt, dass während des ganzen Zeitraums der Gehsteig sicher begehbar sein muss, andernfalls sind Sie dafür haftbar. Allerdings: Wenn es besonders stark schneit oder dauernder Eisregen niedergeht, darf man nicht erwarten, dass der Hauseigentümer ständig den Gehsteig schnee- und eisfrei hält. Unser Oberster Gerichtshof spricht in diesem Zusammenhang von der »Zumutbarkeit« und davon, dass die Anforderungen an die Anrainer zur Streupflicht nicht überspannt werden dürfen. Der Gehsteig muss daher vom Verantwortlichen auch nicht dauernd darauf beobachtet werden, ob sich Glatteis bildet, es muss auch nicht vorbeugend gestreut werden. Eine Streuung in kurzen Intervallen ist bei Schneefall aber zumutbar, wenn Sie arbeiten müssen, müssten Sie entsprechend vorsorgen oder eine andere Person beauftragen.

▸▸ *Gesetzesstelle: § 93 Straßenverkehrsordnung (StVO)*

⑪ Nachbarschaft

Das Nachbarschaftsrecht im Bürgerlichen Recht regelt, welche Rechte Nachbarn haben, welche Einwirkungen (Immissionen – Geräusche oder Gerüche) von einem Grundstück auf das andere ein Nachbar dulden muss und wogegen er sich wehren kann. Es regelt, was bei überhängenden, störenden Zweigen und beim Überfall von Früchten gemacht werden darf. Zusätzlich regeln Landesgesetze im öffentlichen Interesse Lärm- und Immissionsschutz, die zulässige Höhe und das Aussehen von Zäunen und Mauern und in den Bauordnungen die Baugenehmigungsverfahren, notwendige Abstände von Gebäuden, Brandschutz und so weiter.

FÄLLE

? BESITZSTÖRUNG: Mein Nachbar verstellt immer unsere Garageneinfahrt. Fast schon absichtlich. Wie kann ich mich wehren?

Sie können Ihren Nachbarn wegen Besitzstörung klagen. Aber <u>Achtung</u>, es gilt eine Frist: Die Klage muss innerhalb von 30 Tagen ab Kenntnis der Besitzstörung beim Bezirksgericht einlangen. Um die Besitzstörung beweisen zu können, machen Sie am besten Fotos. Die Störung müssen bei Gericht nämlich Sie beweisen. Das Gericht entscheidet über die Wiederherstellung Ihres ungestörten Besitzes und die Unterlassung künftiger Störungen. Die Kosten des Verfahrens trägt derjenige, der verliert.

▸▸ *Gesetzesstelle: § 454 Zivilprozessordnung (ZPO)*

? HUNDEGEBELL: Wir wohnen im Grünen, und vor einem halben Jahr hat unser neuer Nachbar mit einer Hundezucht begonnen. Das Gebell und Jaulen der dort gehaltenen Tiere ist für uns unerträglich, und wir wissen nicht, was wir dagegen tun können. Wir bitten um Ihren Rat.

Wenn Nachbarn Hunde halten, kann es natürlich zu Beeinträchtigungen durch Bellen und Jaulen kommen. Kurzanhaltendes, mehrmaliges Bellen ist im Siedlungsgebiet wohl ortsüblich.

Wenn das Hundebellen schon Lärmbelästigung ist, haben Ihre Nachbarn als Hundehalter und Eigentümer des Nachbargrundstücks dafür einzustehen. Wenn Ihre Versuche einer gütlichen Lösung mit Ihren Nachbarn nichts bringen, können Sie sowohl wegen einer Verwaltungsübertretung gegen den Nachbarn vorgehen als auch gerichtlich mit einer Unterlassungsklage. Wenn Sie verwaltungsrechtlich vorgehen, können Sie eine Anzeige bei der Polizei wegen ungebührlicher Lärmerregung machen. Eine ungebührliche Lärmerregung ist als Verwaltungsübertretung verboten und wird mit Geldstrafe geahndet. Vielleicht können Sie Ihren Nachbarn mit der Ankündigung einer Anzeige dazu bewegen, die Hunde zu erziehen oder aber deren Haltung so zu gestalten, dass Sie nicht mehr belästigt werden.

Ihren Anspruch auf Unterlassung der Lärmstörung können Sie dann bei Gericht einklagen, wenn das Hundegebell, das in ihrer Umgebung das gewöhnliche Maß überschreitet, ortsunüblich ist und die ortsübliche Benutzung Ihres Grundstückes wesentlich beeinträchtigt. Sie müssen die Unüblichkeit des Geräuschpegels durch die heulenden, bellenden Hunde beweisen können. Da im Grünen auch andere Nachbarn Hunde halten, wird zumindest kurzfristiges mehrmaliges Hundegebell ortsüblich sein und ist von Ihnen zu dulden.

▶▶ *Gesetzesstelle: §§ 364, 364a Allgemeines Bürgerliches Gesetzbuch (ABGB)*

? LÄSTIGES KLAVIERÜBEN DER NACHBARIN: Meine Nachbarin
ist in einer Musikgruppe und übt täglich bis zu fünf Stunden
Klavier. Meine Versuche, sie auf die Störung aufmerksam zu machen,
sind gescheitert. Meine Kinder können am Nachmittag nicht lernen,
wenn die Nachbarin lautstark ihre Übungsstücke wiederholt. Auch
wegen Lärm-Beschwerden der anderen Nachbarn war schon öfters
die Polizei bei ihr. Geändert hat sich nichts. Wie viel darf sie üben?

Dazu gibt es keine allgemeinen Angaben. Das Gericht prüft
jeden Fall im Einzelnen darauf, ob und wie viel Musizieren vom
Nachbarn geduldet werden muss. Die schwierige Frage ist, ab
wann Musizieren »Lärmerregung« ist. In Wien ist das Üben auf
Musikinstrumenten in Wohnungen meist »ortsüblich«. Eine
wichtige Frage ist, ob Ihre Nachbarin alle notwendigen lärm-
dämpfenden Maßnahmen (schalldämpfender Teppich etc.)
ergriffen hat, dazu ist sie jedenfalls verpflichtet. Wird das
gewöhnliche Maß an Lärm überschritten und ist die ortsübliche
Nutzung der Nachbarwohnung durch das übermäßige Musizieren beeinträchtigt, so haben Sie einen Unterlassungsanspruch
gegen Ihre Nachbarin. Ein Gericht hat zum Beispiel das tägliche,
4-stündige Üben bei einer Konzertpianistin als ortsüblich und
noch zumutbar angesehen. Allerdings handelte es sich da um
eine berufsmäßige Konzertpianistin, der auch das Grundrecht
der Kunst- und Erwerbsfreiheit zugute kam. Aber auch sie musste sich grundsätzlich an die Ruhezeiten der Hausordnung halten. In einem anderen Fall hat das Gericht eine 2-stündige
Übungszeit als ortsüblich und zumutbar angesehen.
Sprechen Sie doch noch einmal mit Ihrer Nachbarin, ob sie
schon Schallschutzmaßnahmen ergriffen hat. Wenn Ihre Nachbarin gar kein Entgegenkommen zeigt, können Sie mit einer
Unterlassungsklage gerichtliche Schritte einleiten. Sie müssen
aber beachten, dass Sie dabei in das Grundrecht der Kunst- und
Erwerbsfreiheit eingreifen, welches Ihrer Nachbarin zusteht.

▸▸ *Gesetzesstelle: §§ 364 ff. Allgemeines Bürgerliches Gesetzbuch (ABGB),
Art 17a Staatsgrundgesetz (StGG)*

? MUSIK ALS LÄRM: Wir wohnen in einer Reihenhausanlage. Seit Kurzem – dafür umso heftiger – sind wir dem »Schlagzeugspiel« des Sohns unserer Nachbarn ausgesetzt. Er tobt sich einmal sonntagmorgens um 8.30 Uhr aus, dann wieder werktags um 20.00 Uhr! Gibt es ein Gesetz, dass diese Art von Lärmbelästigung verbietet?

Die Lärmbelästigung durch Musikinstrumente ist durch verschiedene Gesetze geregelt, alle enthalten das Gebot zur Rücksichtnahme im Zusammenleben. In jedem Bundesland gibt es eine Verwaltungsvorschrift, die »ungebührliche Lärmerregung« verbietet. Beispielsweise gilt in Wien § 1 Wiener Landes-Sicherheitsgesetz, wonach »wer ungebührlicherweise störenden Lärm erregt« eine Verwaltungsübertretung begeht und mit Geldstrafe bis zu € 700 belegt wird. In Oberösterreich gilt § 3 Oö Polizeistrafgesetz »Schutz vor störendem Lärm« mit drohender Geldstrafe bis zu € 360. Auch Gemeindeverordnungen können Lärmbestimmungen enthalten. Welche konkrete Regelung in Ihrem Bundesland/Ihrer Gemeinde gilt, erfahren Sie bei Ihrer Bezirkshauptmannschaft oder bei Magistrat, Polizei und Gemeindeamt. »Ungebührlich« ist der Lärm, wenn das Verhalten, das zur Lärmerregung führt, gegen ein Verhalten verstößt, wie es im Zusammenleben mit anderen verlangt werden kann. Die störende Lärmbelästigung kann als Verwaltungsübertretung bei der Polizei angezeigt werden. Wer einen regelmäßig Lärmenden auf Unterlassung klagen will, muss vor Gericht gehen. Der vom Musizieren gestörte Nachbar muss ein gewisses Maß an Lärmbeeinträchtigung hinnehmen. Die Lärmbeeinträchtigung kann dann untersagt werden, wenn die Störung nicht mehr ortsüblich ist und auch die ortsübliche Benützung des Grundstückes oder der Wohnung wesentlich beeinträchtigt wird. Da auf die »örtlichen Verhältnisse« abgestellt wird, macht es einen Unterschied, ob jemand in einer ruhigen Wohnanlage wohnt oder in lauterem, städtischem Gebiet.
Bei Schlagzeugspiel wird schon wegen der besonderen Lautstärke des Instruments keine »ortsübliche« Störung angenommen

werden. Es kommt wie in jedem einzelnen Fall der Lärmstörung auf die Intensität, Dauer und Uhrzeit des Spiels an.

Natürlich muss Ihr Nachbar die üblichen Ruhezeiten einhalten (Mittag, Nachtzeit, Wochenende). Wer den Nachbarn wegen regelmäßiger Lärmstörung auf Unterlassung klagen will, muss vor Gericht das Ausmaß der Störung und der Beeinträchtigung beweisen können. Als Beweise dienen unter anderem Lärmpegelmessungen von Sachverständigen, Anzeigen bei der Polizei und Aussagen von Mitbewohnern. Nachbarschaftsprozesse können langwierig sein, das Gericht wird einen Gerichtssachverständigen für die Lärmmessung bestellen, Zeugen hören und bei Anzeigen Verwaltungsakten sichten müssen. Ich rate daher vorab zur direkten Aussprache mit dem Nachbarn, vielleicht ist ihm der Lärmpegel nicht bewusst, und er wechselt von sich aus in einen geeigneten Übungsraum. Oder er besorgt seinem Sohn ein Gerät, auf dem er mit Kopfhörern Schlagzeug üben kann.

▶▶ *Gesetzesstelle: §§ 364 ff. Allgemeines Bürgerliches Gesetzbuch (ABGB)*

❓ HEURIGENLÄRM: Wir sind vergangenes Jahr in einen Weinort gezogen. Unser Garten grenzt an eine Heurigenwirtschaft. Im Sommer sind wir vor allem durch den benachbarten Gastgarten mit enormer Lärmbelästigung konfrontiert. Wir müssen bis in die Nacht hinein Heurigenlieder und Gästegesang ertragen. Auf der einen Seite ist es uns untersagt, ab Samstagmittag Rasen zu mähen, aber durchgehender Standlärm mitten im Ortszentrum soll erlaubt sein? Wo ist das Thema Lärmbelästigung geregelt, und muss ich den Lärm ertragen?

Bei Lärmerregung gelten einerseits Vorschriften aus dem Öffentlichen Recht, andererseits zivilrechtliche Vorschriften. Zu Ersteren: In vielen Gemeinden gibt es ortspolizeiliche Vorschriften, diese können Sie auf der Gemeinde oder Bezirkshauptmannschaft einsehen. Nach diesen Verwaltungsvorschriften können Sie Anzeige wegen Lärmerregung bei der Polizei erstatten. Die Behörde kann, wenn ungebührliche Lärmerregung vorliegt, eine Verwaltungsstrafe gegen den Störer verhängen.

Zivilrechtlich gilt § 364 Allgemeines Bürgerliches Gesetzbuch: Lärm kann mit einer Klage dann untersagt werden, wenn der Lärm das im Ort gewöhnliche Maß überschreitet UND die ortsübliche Benutzung Ihrer Wohnung wesentlich beeinträchtigt. Beide Kriterien müssen gemeinsam vorliegen. Ist der Lärm zu den besagten Stunden in Ihrem Heurigenort »ortsüblich«, ist er zu dulden und zwar auch dann, wenn dadurch die Wohnungsnutzung wesentlich beeinträchtigt wird. Da der Lärm durch Weinausschank vor Ihrer Übersiedlung schon ortsüblich war, kann er nur untersagt werden, wenn das ortsübliche Ausmaß überschritten und die ortsübliche Benutzung Ihres Grundstücks wesentlich beeinträchtigt ist.

▸▸ *Gesetzesstelle: Gemeindeordnung, § 364 Allgemeines Bürgerliches Gesetzbuch (ABGB)*

❓ LÄRM VOM SPIELPLATZ: Wir wohnen in einer Wohnhausanlage mit Kinderspielplatz. Ich arbeite im Schichtdienst und brauche am Nachmittag Ruhe. Der Spielplatz wird auch von den Freunden der Kinder im Haus besucht. Die vielen Kinder machen nachmittags unerträglichen Lärm. Wie viel Lärm ist erlaubt?

Der von Kindern gewöhnlich verursachte Spiellärm kann wie jeder andere Lärm zur Belästigung des Nachbarn führen. Beim Abstellen von Kinderlärm ist die Rechtsprechung aber etwas großzügiger als bei anderem Lärm, da Ausdrucksformen wie Rufe und Schreie zum kindlichen Spiel dazu gehören. Von Kindern wird auch die Einhaltung von Mittagspausen beim Spielen am Spielplatz nicht gefordert. Kinder von Mietern dürfen auch Freunde auf den Spielplatz zum Spielen einladen. Normaler Spiellärm muss in Wohngebieten von den Nachbarn hingenommen werden, er wird regelmäßig als zumutbar eingestuft. Das gilt, solange man den Lärm noch als Begleiterscheinung der Kinderspiele bezeichnen kann, nicht aber, wenn der Lärm gezielt als Aggression produziert wird.

Bei der Beurteilung, ob der Lärm am Spielplatz zu einer wesentlichen Beeinträchtigung der Mieter führt, wird auch das Allgemeininteresse am Bestehen des Kinderspielplatzes berücksichtigt.

▶▶ *Gesetzesstelle: § 364 Allgemeines Bürgerliches Gesetzbuch (ABGB)*

❓ NACHBARS BÄUME: Die Bäume meines Nachbarn sind mittlerweile so hoch, dass sie kein Licht in meine Wohnung lassen. Was kann ich tun?

Wenn durch den Schatten die Benützung Ihres Grundstücks unzumutbar beeinträchtigt wird, ist Ihr Nachbar verpflichtet die Bäume soweit auszuschneiden, dass Licht auf Ihr Grundstück kommt. Unzumutbar beeinträchtigt wird Ihre Wohnung zum Beispiel dann, wenn Sie auch tagsüber künstliches Licht einschalten müssen. Wenn es nicht anders geht, kann Ihr Nachbar auch gezwungen sein, den einen oder anderen Baum zu fällen.

Ganz wichtig ist, dass Sie verpflichtet sind, vor gerichtlichen Schritten eine außergerichtliche Einigung mit Ihrem Nachbarn zu suchen. Das geschieht zum Beispiel durch Einschalten eines Mediators oder durch Antrag bei der Schlichtungsstelle. Erst wenn Vergleichsgespräche scheitern, kann man eine Klage einbringen.

▶▶ *Gesetzesstelle: § 364 Allgemeines Bürgerliches Gesetzbuch (ABGB)*

❓ ÜBERHÄNGENDE ÄSTE: Die vielen Sträucher am Zaun meines Nachbarn hängen in meinen Garten. Das Gestrüpp stört sehr. Kann ich dagegen etwas machen?

Sie können Ihren Nachbarn nicht daran hindern, auf seinem Grund Sträucher entlang des Zaunes zu pflanzen. Er muss auch nicht dafür sorgen, dass keine Äste über den Zaun und in Ihr Grundstück ragen. Allerdings haben Sie ein »Selbsthilferecht«: Sie sind berechtigt, die auf Ihren Grund überhängenden Äste abzuschneiden. Dazu dürfen Sie das Nachbargrundstück ohne Zustimmung aber nicht betreten. Auch dürfen Sie die Äste nur fachgerecht und unter möglichster Schonung der Pflanze kürzen. Sollte die Pflanze des Nachbarn als Folge einer schonungslosen, unsachgemäßen Kürzung absterben, können Sie schadenersatzpflichtig werden. Fehlt Ihnen selbst die nötige Fachkenntnis, um etwa Wurzeln zu entfernen, sollten Sie, um einer Haftung zu entgehen, damit einen Fachkundigen beauftragen. Für diese Arbeiten darf das Nachbargrundstück ohne Zustimmung des Nachbarn natürlich nicht betreten werden. Die Kosten für die Entfernung von aufs Nachbargrundstück überhängenden Ästen oder Wurzeln trägt der beeinträchtigte Nachbar, also Sie. Nur, wenn Ihnen durch die überhängenden Äste ein Schaden entstanden ist, hat Ihnen der Eigentümer der Pflanze die Hälfte der notwendigen Kosten zur Beseitigung zu ersetzen.

▸▸ *Gesetzesstelle: § 364 Abs. 2 Allgemeines Bürgerliches Gesetzbuch (ABGB)*

❓ ZAUNERRICHTUNG: Mein Nachbar sitzt den ganzen Tag am Fenster und schaut zu uns herüber. Ich möchte einen Zaun als Sichtschutz zum hinteren Nachbargrundstück aufstellen. Wie hoch darf der Zaun sein, und was muss ich beachten?

Wichtig ist, dass Sie den Zaun nur auf Ihrer Seite der Grenzlinie errichten. Sollten Sie nämlich den Grund Ihres Nachbarn mit bebauen, kann er als Grundeigentümer die Beseitigung des neu errichteten Zaunes verlangen. Grundsätzlich steht es Ihnen als Eigentümer frei, welche Art der Einzäunung (Mauer, Holzzaun) Sie wählen. Bei Gestaltung und Höhe des Zaunes ist aber die jeweilige örtliche Bauordnung zu beachten.

So darf die Zaungestaltung in Wien das Stadtbild nicht beeinträchtigen und ist die Höhe mit 2,50 m begrenzt. In Oberösterreich ist die Errichtung des Zaunes dann bewilligungspflichtig, wenn Höhe und Art das Orts- und Landschaftsbild stören können, in Salzburg dann, wenn der Zaun als Mauer oder Holzwand gebildet und höher als 1,50 m sein soll. Die für Sie geltende Regelung finden Sie in der Bauordnung Ihres Bundeslandes, »Zaun« wird dort »Einfriedung« genannt.

▶▶ *Gesetzesstelle: §§ 854–858 Allgemeines Bürgerliches Gesetzbuch (ABGB), § 86 Wiener Landesgesetz, 62a Wiener Bauordnung (Wr. BauO)*

? ZAUNREPARATUR: Wir haben vor fünf Jahren ein aufgeschlossenes Grundstück gekauft, das mit einem Maschendrahtzaun abgegrenzt war. Beim letzten Sturm wurde der Zaun beschädigt. Der Nachbar hat mich aufgefordert, den Zaun zu reparieren. Gibt es eine rechtliche Regelung?

Jeder Eigentümer muss auf der rechten Seite seines Haupteinganges für die Einschließung seines Grundstücks durch einen Zaun sorgen. Sie haften also für den Zaun auf der rechten Seite des Grundstücks.

▶▶ *Gesetzesstelle: § 858 Allgemeines Bürgerliches Gesetzbuch (ABGB)*

12 IT- und EDV-Recht

Den technischen Entwicklungen der letzten Jahre Rechnung tragend, hat der Gesetzgeber unterschiedliche Rechtsbereiche um Regelungen hinsichtlich Internet-typischer Problemstellungen ergänzt. Im World Wide Web gelten somit nicht länger die Gesetze des Wilden Westens, sondern kann man sich nunmehr erfolgreich gegen Lug, Trug und Datenklau zur Wehr setzen.

FÄLLE

? HAFTUNG FÜR EINEN INTERNETEINTRAG: In einem Internetforum verbreitet ein Ex-Freund entsetzliche Lügen über mich, er schreckt vor unappetitlichen Details und Namensveröffentlichung nicht zurück. Mit ihm brauche ich gar nicht zu sprechen, er wird das nicht stoppen. Was kann ich tun?

Ihr Ex-Freund begeht offenbar üble Nachrede und Ehrenbeleidigung, beides ist rechtswidrig. Bevor Sie gegen Ihren Ex-Freund mit Klagen vorgehen, ist es wohl zweckmäßiger die Inhalte direkt beim Host-Provider entfernen zu lassen. Der Host-Provider ist der, der den Web-Space für das Internetforum zur Verfügung stellt. Grundsätzlich ist ein Host-Provider für veröffentlichte Inhalte nicht verantwortlich, denn wegen der Schnelllebigkeit des Internets kann er eine wirksame Kontrolle oft gar nicht bewerkstelligen. Sehr wohl haftet der Diensteanbieter aber für von ihm bereitgehaltene Internetinhalte, sobald er weiß, dass auf seinen Seiten rechtswidrige Veröffentlichungen stattfinden und es ihm möglich ist, die Nutzung und Verbreitung zu verhindern. Daher: Informieren Sie den Provider schriftlich über die ehrenbeleidigenden Forumsbeiträge Ihres Ex-Freundes und fordern Sie die Entfernung der Textstellen. Mit Ihrem Schreiben hat der Provider nachweislich Kenntnis von den ehrenverletzenden Postings und ist verpflichtet, unverzüglich den Inhalt zu entfernen oder den Zugang dazu zu sperren.

So können Sie auch ohne Gerichtsverfahren und unerfreuliche Auseinandersetzung mit Ihrem Ex-Freund der Verbreitung unwahrer rechtswidriger Äußerungen entgegenwirken.

▶▶ *Gesetzesstelle: §§ 13 ff. E-Commerce-Gesetz (ECG)*

❓ KREDITSCHÄDIGENDE UNWAHRHEIT IM INTERNET: Im Internet sind auf einer Homepage unwahre Gemeinheiten über mein Unternehmen verbreitet worden. Es wird unter anderem behauptet, ich sei bankrott und hätte keinen Gewerbeschein. Ich kann mir vorstellen, dass ein Ex-Mitarbeiter dahinter steckt, beweisen kann ich es aber nicht. Wie kann ich die Veröffentlichung der Lügengeschichten dennoch unterbinden?

Unwahr zu behaupten, ein Unternehmen sei bankrott und arbeitet ohne notwendigen Gewerbeschein, ist Kreditschädigung und damit rechtswidrig. Nachdem Sie nicht wissen, wer das behauptet, können Sie niemanden direkt auf Unterlassung oder Schadenersatz klagen. Rechtswidrig ist es allemal. Sie können mit einem Aufforderungsschreiben den Host-Provider, also dem, der den Webspace gegen Entgelt zur Verfügung stellt und die Inhalte speichert, informieren, dass rechtswidrige Inhalte veröffentlicht werden und gleich fordern, dass er die veröffentlichte Seite sperrt und löscht. Nach dem E-Commerce-Gesetz ist der Provider selbst zur Kontrolle der Inhalte nicht verpflichtet. Er haftet aber nur so lange nicht für die von ihm veröffentlichten fremden Inhalte, solange er nichts von den rechtswidrigen, in Ihrem Fall kreditschädigenden Äußerungen weiß. Ab seiner Kenntnis ist der Provider zur sofortigen Sperre rechtswidriger Inhalte verpflichtet, andernfalls haftet er selbst für den aus der Veröffentlichung entstehenden Schaden.

▶▶ *Gesetzesstelle: §§ 16 ff. E-Commerce Gesetz (ECG)*

? FOTO IM INTERNET: Ich habe als freier Dienstnehmer für ein Marketingunternehmen gearbeitet. Durch Zufall habe ich entdeckt, dass das Unternehmen auf seiner Homepage ein Foto von mir unter das Thema »Team« gestellt hat. Ich war zwar anwesend, als im Büro Gruppenfotos gemacht wurden, wusste aber nicht, dass das für die Homepage gedacht ist und dann einzelne Fotos von Mitarbeitern im Internet veröffentlicht werden. Kann ich mich dagegen aussprechen, dass das Foto von mir auf der Homepage veröffentlicht wird?

Grundsätzlich ist es so, dass Fotos einer Person nicht veröffentlicht werden dürfen, wenn dadurch berechtigte Interessen des Veröffentlichten verletzt werden. Es gibt eine Entscheidung des Obersten Gerichtshofes, wonach ein Dienstgeber das Foto eines Arbeitnehmers ohne Rückfrage nicht ins Internet stellen darf. Weigert sich der Dienstgeber, das Bild zu entfernen, verstößt er gegen das »Recht aufs eigene Bild«. Nachdem Sie offenbar nicht einmal mehr für das Unternehmen arbeiten, haben Sie jedenfalls einen Anspruch darauf, dass Ihr Foto entfernt wird. Fordern Sie Ihren Ex-Arbeitgeber dazu schriftlich auf.

▶▶ *Gesetzesstelle: § 78 Urheberrechtsgesetz (UrhG)*

⑬ Reisen

Ist die Reise durch einen Mangel beeinträchtigt worden, kann der Reisende je nach Dauer und Schwere des Mangels den Reisepreis mindern beziehungsweise Schadenersatz verlangen. <u>Achtung</u>: Der Reisende muss jeden Mangel bereits während der Reise dem Repräsentanten des Veranstalters mitteilen (Rügepflicht) – sofern ihm ein Repräsentant bekannt gegeben wurde und dieser ohne Mühe erreichbar ist. Damit Ihnen der Reiseveranstalter nachher nicht Mitverschulden vorwirft, sollten Sie gleich im Urlaub, an Ort und Stelle die Reisemängel rügen.

Praktisch relevant sind vor allem Pauschalreisen, die das Reisebüro also zu einem Pauschalpreis anbietet. Dann gelten die Sondervorschriften, die zugunsten des Reisenden zwingend sind. Der Veranstalter, das Reisebüro, kann sich vor allem nicht darauf berufen, nur Vermittler von einzelnen Leistungen zu sein und kann den Reisenden nicht auf das Hotel oder den Transporteur verweisen.

FÄLLE

? KONKURS UND REISEGUTSCHEIN: Ich habe im Vorjahr Reisegutscheine im Wert von € 1400 erhalten und wollte sie vergangene Woche einlösen. Das Reiseunternehmen war geschlossen, und ich habe erfahren, dass die Firma in der Zwischenzeit in Konkurs gegangen ist. Habe ich eine Chance, dass mir das Reisebüro wenigstens das Geld zurückgibt?

Wenn das Reiseunternehmen in Konkurs ist, darf es von Gesetzes wegen Ihre Gutscheine gar nicht mehr annehmen oder Geld an Sie auszahlen. Ein gültiger Reisegutschein ist aber eine gültige Forderung, die Sie noch immer gegen das Unternehmen haben. Sie müssen Ihre Forderung beim Konkursgericht anmelden, damit Sie im Konkursverfahren berücksichtigt werden, wenn das verbliebene Unternehmensvermögens an die Gläubiger verteilt wird. Durch Ihre Anmeldung wird Ihre Forderung in der gerichtlichen Prüfungstagsatzung geprüft. Wenn der Masseverwalter, der das Konkursunternehmen vertritt, Ihre Forderung anerkennt, bekommen Sie aus dem verbliebenen Unternehmensvermögen einen Anteil in Höhe der Konkursquote. Der Masseverwalter kann angemeldete Forderungen aber auch bestreiten, zum Beispiel wenn er meint, dass eine Forderung schon bezahlt worden ist, oder etwa Ihr Gutschein nicht mehr gültig ist. Wird die Forderung bestritten, haben Sie immer noch die Möglichkeit, Ihre Forderung mit einer Klage gegen den Masseverwalter geltend zu machen.

▸▸ *Gesetzesstelle: § 51 Konkursordnung (KO)*

? REISEMANGEL: In Zusammenhang mit meiner Beanstandung einer Urlaubsreise wurde mir bekannt, dass es eine Liste gibt, nach der sich die Schadensforderung gegen den Reiseveranstalter berechnen lässt. Welche Liste ist das?

Es gibt die Frankfurter Tabelle. Das ist eine vom Landgericht Frankfurt erstellte Tabelle zur Berechnung von Preisminderungen, die im Fall von Reisemängeln bei Pauschalreisen geltend gemacht werden können. Die Tabelle sieht einen Prozentsatz vor, der bei dem aufgelisteten Mangel vom Gesamtpreis abzuziehen und rückforderbar wäre. Wenn Sie beim Reiseveranstalter für beanstandete Mängel eine teilweise Rückerstattung des Reisepreises fordern wollen, können Sie sich an dieser Liste orientieren. Die Frankfurter Tabelle ist für Gerichte nicht verbindlich, sie wird aber auch von österreichischen Gerichten zur Orientierung der Berechnung von Preisminderungen verwendet. Fehlt zum Beispiel der zugesagte Swimmingpool, ist eine Preisminderung zwischen 10 und 20 Prozent vorgesehen,

bei Ungeziefer im Hotel ein Abzug bis zu 50 Prozent, bei zuge-
sagter, aber fehlender Kinderbetreuung ein Abzug zwischen
5 und 10 Prozent.

▶▶ *Gesetzesstelle: §§ 31b ff. Konsumentenschutzgesetz (KSchG)*

❓ **ENTGANGENE URLAUBSFREUDE:** Wir haben einen Familien-
urlaub als Pauschalreise mit zwei getrennten Zimmern ge-
bucht. Wegen Überbuchung mussten wir dann zehn Tage im abge-
wohnten 4-Personenzimmer übernachten, Umbuchen war nicht
möglich. Können wir Geld zurückverlangen?

Sie könnten gegen den Reiseveranstalter einen Preisminderungsanspruch und einen Entschädigungsanspruch für entgangene Urlaubsfreude haben. Anspruch auf Ersatz der entgange-
nen Urlaubsfreude haben Sie dann, wenn der Reiseveranstalter
einen erheblichen Teil der vertraglich vereinbarten Leistung
nicht oder nicht ordnungsgemäß erbracht hat und ihn daran
ein Verschulden trifft. Geschuldet wird eine angemessene Entschädigung, je nach Mangel können € 50–100 pro Tag angemessen sein.

Keinen Ersatz gibt es bei vom Reiseveranstalter nicht verschul-
deter »höherer Gewalt« und geringen Beeinträchtigungen wie
zum Beispiel Unterkunftsmängel, die rasch und vollständig
behoben werden oder geringen Verspätungen.

▶▶ *Gesetzesstelle: §§ 31b ff. Konsumentenschutzgesetz (KSchG)*

14 Sachwalterschaft

Das Sachwalterschaftsrecht hat besondere Bedeutung für den, der besachwaltert werden soll, den bereits Besachwalterten, wie auch für seine Angehörigen. Personen, die altersbedingt verwirrt sind oder wegen einer geistigen Behinderung oder psychischen Erkrankung einzelne oder all ihre Angelegenheiten nicht mehr besorgen können, stehen unter dem besonderen Schutz der Gesetze. Da diese Personen, wie das Gesetz sagt, »den Gebrauch der Vernunft nicht haben«, sind ihre Rechtsgeschäfte (Verträge, Schenkungen) ungültig. Ein Sachwalter ist eine vom Gericht bestellte Person und hat die Aufgabe, die Interessen der von ihm vertretenen Person zu wahren. Besonders erwähnenswert sind die Alternativen zur Sachwalterschaft: die »Vertretungsbefugnis nächster Angehöriger« und die »Vorsorgevollmacht«.

FÄLLE

? SACHWALTERBESTELLUNG: Ich mache mir um meine Tante große Sorgen, sie ist 83 Jahre alt, lebt alleine und wirkt seit einem halben Jahr sehr verwirrt und hilflos. Da sie vermögend ist, zum Geld aber keinen Bezug mehr hat, möchte ich einen Vormund bestellen lassen. Wie gehe ich vor?

Sie können beim Bezirksgericht des Wohnortes Ihrer Tante schriftlich oder mündlich die Sachwalterbestellung anregen. Das Verfahren wird von Amts wegen eingeleitet, sobald das zuständige Pflegschaftsgericht Kenntnis davon bekommt, dass es zum Wohlergehen eines Menschen notwendig sein könnte, einen Sachwalter zu bestellen.
Voraussetzung für die Bestellung eines Sachwalters ist jedenfalls, dass Ihre Tante nicht in der Lage ist, ihre Angelegenheiten zu ihrem eigenen Wohl zu erledigen. Um das beurteilen zu

können, wird vom zuständigen Richter in einer ersten Anhörung ein persönliches Gespräch mit Ihrer Tante geführt werden. Sollte der Richter den Eindruck haben, dass Ihre Tante einen Sachwalter zur Unterstützung braucht, wird vom Gericht ein Sachverständiger bestellt, der die Einsichts- und Urteilsfähigkeit Ihrer Tante überprüft und bei der Abklärung hilft, welche Angelegenheiten sie weiterhin selbst erledigen kann und welche nicht. Sollte im Gerichtsverfahren hervorkommen, dass Ihre Tante tatsächlich einzelne Angelegenheiten nicht mehr ausreichend und ohne Nachteil selbst besorgen kann, wird ein Sachwalter für diese Angelegenheiten bestellt. Für alle übrigen Angelegenheiten wird die Geschäftsfähigkeit Ihrer Tante nicht beschränkt. Bei der Bestellung eines Sachwalters nimmt das Gericht auf die persönlichen Bedürfnisse der betroffenen Person Rücksicht: Es wird möglichst eine nahestehende Person bestellt.

▸▸ *Gesetzesstelle: §§ 268 ff. Allgemeines Bürgerliches Gesetzbuch (ABGB)*

❓ PSYCHISCHE KRANKHEIT UND SACHWALTERBESTELLUNG: Mein Onkel dürfte psychische Probleme haben. Er streunt den ganzen Tag herum und queruliert. Arbeiten geht er auch nicht. Kann man für ihn nicht einen Sachwalter bestellen lassen, der sich um alles kümmert?

So einfach geht das nicht. Ein Sachwalter kann nur bestellt werden, wenn Ihr Onkel tatsächlich an einer psychischen Krankheit leidet und darüber hinaus für ihn die Gefahr der Selbstschädigung besteht. Außerdem ist die Sachwalterbestellung unzulässig, wenn eine andere Möglichkeit besteht, die Angelegenheiten des Betroffenen zu besorgen, etwa im Rahmen der Familie oder von sozialen und psychosozialen Einrichtungen.

▸▸ *Gesetzesstelle: § 268 Allgemeines Bürgerliches Gesetzbuch (ABGB)*

? VERTRETUNGSBEFUGNIS DER NÄCHSTEN ANGEHÖRIGEN: Dass Eltern ihre Kinder im Alltag rechtlich vertreten, ist mir bekannt. Ich habe gehört, dass ein neues Gesetz vorsieht, dass auch Erwachsene von ihren Angehörigen vertreten werden können, wenn sie nicht für sich selbst sorgen können. Worum handelt es sich?

Wenn ein Volljähriger die Geschäfte seines täglichen Lebens nicht mehr erledigen kann, weil er psychisch krank oder geistig behindert ist, kann unter bestimmten Voraussetzungen die »gesetzliche Vertretungsbefugnis« der nächsten Angehörigen eintreten. Die Vertretungsbefugnis der nächsten Angehörigen betrifft die Rechtsgeschäfte des täglichen Lebens oder Rechtsgeschäfte zur Deckung des Pflegebedarfs sowie das Geltendmachen von Ansprüchen aus der Pension oder Krankheit (wie Geltendmachung von Pflegegeld, Sozialhilfe oder Gebührenbefreiung). Der nächste Angehörige darf über laufende Einkünfte der kranken Person verfügen, soweit das notwendig ist, um tägliche Rechtsgeschäfte oder den Pflegebedarf zu decken.

Zu den nächsten Angehörigen zählen: die Eltern, volljährige Kinder, der im gemeinsamen Haushalt lebende Ehegatte oder der Lebensgefährte, wenn er seit mindestens drei Jahren im gemeinsamen Haushalt mit dem Vertretenden lebt. Damit der nächste Angehörige zur Vertretung befugt ist, muss er seine Vertretungsbefugnis im Österreichischen Zentralen Vertretungsverzeichnis (ÖZVV) registrieren lassen. Dazu muss der Angehörige bescheinigen, dass er zu den »nächsten Angehörigen« zählt und ein ärztliches Attest vorlegen, dass der Betroffene wegen einer psychischen Erkrankung oder geistigen Behinderung nicht in der Lage ist, seine Angelegenheiten selbst zu regeln. Der nächste Angehörige kann die betroffene Person nur vertreten, wenn diese nicht schon einen Sachwalter oder anderen gesetzlichen Vertreter hat.

Geld kann der nächste Angehörige vom Konto der vertretenen Person abheben, wenn er der Bank die Registrierungsbestätigung über seine Vertretungsbefugnis vorlegt. Monatlich kann

so ein Geldbetrag behoben werden, der dem erhöhten Grundbetrag des Existenzminimums entspricht (zirka € 850). Natürlich muss niemand der Vertretung durch nächste Angehörige
zustimmen. Die für die Vertretung notwendige Registrierung ist
gar nicht möglich, wenn der Betroffene widerspricht. Um sich
gegen unerwünschte Bevormundung oder Zwangsbeglückung
zu wehren, kann der Betroffene jederzeit, auch nach Registrierung der Vertretungsbefugnis, der Vertretung widersprechen.
Selbst wenn der Betroffene nicht mehr geschäftsfähig oder
urteilsfähig ist, beendet sein Widerspruch die Vertretungsbefugnis oder lässt sie erst gar nicht wirksam werden.

▶▶ *Gesetzesstelle: § 284b Allgemeines Bürgerliches Gesetzbuch (ABGB)*

15 Schadenersatz und Schmerzensgeld

Schadenersatz ist der Ausgleich für den Schaden, den eine Person einem anderen zufügt. Eine Grundregel ist, dass jeder seinen Schaden selbst trägt. Das Schadenersatzrecht ist die Ausnahme von der Regel. Das Schadenersatzrecht bestimmt, unter welchen Voraussetzungen jemand von einem anderen Ersatz für eine Schädigung verlangen kann. Der wichtigste Zurechnungsgrund ist Verschulden.

Eine Pflicht zu Schadenersatz kann in einem Vertrag vereinbart werden. Im Übrigen ist sie gesetzlich geregelt. Dabei kommt vor allem die Verletzung von Vertragspflichten, die Haftung für eine unerlaubte Handlungen und die Gefährdungshaftung wegen der besonderen Gefährlichkeit einer Sache (zum Beispiel für Kraftfahrzeuge) in Betracht.

Voraussetzung für den Schadenersatz ist, dass tatsächlich ein Schaden eingetreten ist, der vom Schädiger rechtswidrig verursacht wurde und den Schädiger ein Verschulden trifft. Fehlt auch nur eine dieser Voraussetzungen, ist der Schadenersatz ausgeschlossen.

Hinsichtlich des Schadens wird zwischen dem Vermögensschaden (positiver Schaden und entgangener Gewinn) und dem ideellen Schaden oder immateriellen Schaden (zum Beispiel Schmerzengeld, entgangene Urlaubsfreude, erlittenes Leid, Affektionsinteresse) unterschieden. Diese Unterscheidung ist bedeutsam, da ideelle Schäden nur in Ausnahmefällen ersetzt werden.

FÄLLE

❓ NICHT GEKENNZEICHNETE GLASTÜRE: Ich bin bei einem Lokal gegen die geschlossene Glastüre gedonnert. Die Glastüre war nicht erkennbar, sodass ich mit voller Wucht dagegen lief. Resultat: ein Nasenbeinbruch. Der Wirt beruft sich auf das Design und dass ich eben aufpassen hätte sollen. Ich halte die Türe für gefährlich und will Schadenersatz. Wie kann ich Schadenersatz bekommen?

Es kann sein, dass der Gastwirt dafür haftet, wenn er gegen die »Verkehrssicherungspflicht« verstoßen hat. Denn Gastwirte haben die Galträume, die sie dem Zutritt eines größeren, wechselnden Personenkreises eröffnen, in sicherem, gefahrlosem Zustand zu halten. Dieser Verpflichtung ist der Gastwirt bei der Gestaltung der Glastüre vielleicht nicht nachgekommen, wenn die Scheibe der Türe keine Aufschrift oder Kennzeichnung hatte, sodass sie nicht gesehen werden konnte.

War die geschlossene Glastüre nicht erkennbar, haben Sie Anspruch auf Entschädigung für die erlittene Verletzung, die erlittenen Schmerzen und entstandene Behandlungskosten. Möglicherweise ist Ihnen beim Übersehen der Türe ein Mitverschulden anzulasten. Dann wird Ihr Mitverschulden bei der Schadenersatzforderung als rechnerische Größe (zum Beispiel mit einem Drittel) in Abzug gebracht.

▶▶ *Gesetzesstelle: § 1295 i.V.m. § 1298 Allgemeines Bürgerliches Gesetzbuch (ABGB)*

❓ HUNDEBISS: Der Hund meiner Arbeitskollegin ist überraschend auf mich zugelaufen und hat mich am Knie verletzt. Seitenband und Kreuzband sind gerissen. Der Hund war nicht versichert, und meine Kollegin weigert sich, die mir entstandenen Kosten und den Krankenstand zu ersetzen. Kann ich rechtliche Schritte unternehmen?

Ja. Ihre Arbeitskollegin haftet als Tierhalterin für den Schaden, den der Hund anrichtet. Die Tierhalterhaftung ist ausnahmsweise eine verschuldensunabhängige Haftung. Ob Ihre Kollegin also eine Schuld am Verhalten des Hundes trifft, ist irrelevant. Sie können die Arbeitskollegin als Tierhalter auf Schadenersatz klagen. Ihre Arbeitskollegin müsste im Prozess beweisen, dass sie für die erforderliche Verwahrung und Beaufsichtigung des Hundes gesorgt hat, in Ihrem Fall ist das für sie wahrscheinlich kaum möglich.

▶▶ *Gesetzesstelle: § 1320 Allgemeines Bürgerliches Gesetzbuch (ABGB)*

? **HUNDEHALTERHAFTUNG:** Ich möchte zwei Wochen auf Urlaub fahren, meine Bekannte hat sich bereit erklärt, in dieser Zeit auf meinen Hund aufzupassen. Wenn mein Hund auf andere Hunde trifft, wird er sehr ungestüm und möchte sich losreißen. Sollte mein Hund während der Beaufsichtigung durch meine Bekannte einen Schaden anrichten, bin dann ich verantwortlich?

Sie sind der Hundehalter. Grundsätzlich haftet ein Hundehalter für alle Schäden, die auf das trieb- und instinktgesteuerte Verhalten des Tieres zurückzuführen sind. Als Hundehalter haben Sie alle notwendigen Vorkehrungen zu treffen, um Schaden vorzubeugen. Ein Hundehalter kann natürlich andere Personen mit der Verwahrung und Beaufsichtigung des Tieres betrauen. Sollte dabei etwas passieren, so sind Sie als Hundehalter dann von der Haftung frei, wenn Sie nachweisen können, dass Sie Ihr Tier einer geeigneten und verlässlichen Person anvertraut haben und diese über die Eigenheiten des Tieres aufgeklärt war.

▶▶ *Gesetzesstelle: §§ 1315, 1320 Allgemeines Bürgerliches Gesetzbuch (ABGB)*

178

? SCHADENERSATZFORDERUNG VON MINDERJÄHRIGEN: Unser zwölfjähriger Sohn wurde von einem Hund aus der Nachbarschaft gebissen. Es bleibt ihm vermutlich eine Narbe an der Wange, er hatte starke Schmerzen, von den Kosten der Behandlung und Fahrerei zum Krankenhaus gar nicht zu reden. Wie können wir Schadenersatz fordern?

Geschädigter ist Ihr minderjähriger Sohn. Minderjährige brauchen einen gesetzlichen Vertreter, um Schadenersatz einzufordern. Minderjährige, also Personen im Alter zwischen 7 und 18 Jahren können Schadenersatzansprüche nicht selbstständig geltend machen, sie können auch selbst nicht darauf verzichten. Sie können sich alleine auch nicht mit dem Schädiger vergleichsweise einigen oder ihre Schadenersatzansprüche abtreten. Dafür müssen sie von den Eltern vertreten werden. Wichtig ist, dass vor einer Klage die Klage vom Pflegschaftsgericht genehmigt werden muss. Das Pflegschaftsgericht ist das Bezirksgericht an Ihrem Wohnort. Ohne pflegschaftsbehördliche Genehmigung der Klage kann für Minderjährige keine Klage erhoben werden. Nur Personen, die das 18. Lebensjahr vollendet haben, sind volljährig und damit grundsätzlich voll geschäfts- und prozessfähig.

▶▶ *Gesetzesstelle: § 21, § 151 Allgemeines Bürgerliches Gesetzbuch (ABGB)*

? SCHADENERSATZ BEI AUSRUTSCHER: Mein Freund ist in unserem Hof ausgerutscht. Seine Hose war total verdreckt. Ich bin sicher, dass er nur ausgerutscht ist, weil die Hausverwaltung wieder mal nicht streuen ließ. Können wir die Hausverwaltung auf Schadenersatz in Anspruch nehmen?

Um Schadenersatzanspruch geltend machen zu können, müssen folgende Voraussetzungen gegeben sein: Zuallererst muss bei Ihrem Freund ein Schaden eingetreten sein. Der Schaden muss durch den Schädiger verursacht worden sein, der Schädiger muss dabei schuldhaft ein Recht verletzt haben. Das trifft zu, wenn Ihre Hausverwaltung sich bei Eis nicht um die Streuung gekümmert hat. Wenn nun diese Voraussetzungen alle gegeben sind, müssen Sie noch genügend Beweise haben, um im Verfahren Erfolg zu haben. Den Schaden können Sie bei Gesundheitsschäden mit einer ärztlichen Bestätigung, Fotos und Zeugen, die zu ersetzenden Kosten durch die Rechnung der Putzerei belegen. Gibt es keine gesundheitlichen Folgen und wurde die schmutzige Hose einfach in die Waschmaschine gesteckt, ist Ihnen wohl kein Schaden entstanden.

▶▶ *Gesetzesstelle: § 1325 Allgemeines Bürgerliches Gesetzbuch (ABGB)*

❓ FESTSTELLUNG GESUNDHEITSSCHADEN: An der Kreuzung ist mir jemand ins Auto gefahren. Für den Nasenbruch klage ich sicher erfolgreich Schmerzensgeld ein. Was ist mit gesundheitlichen Schäden, die ich vielleicht erst in der Zukunft bemerke?

Oft sind nach Unfällen noch nicht alle Gesundheitsfolgen absehbar. Gleichzeitig mit Ihrer Schadenersatzklage für eingetretene Verletzungen können Sie mit einem Feststellungsbegehren auch die zunächst unerkannten körperlichen Spätfolgen des Unfalls geltend machen. Gibt das Gericht Ihrem Feststellungsbegehren statt, wird der Schädiger verpflichtet, Ihnen Ihre aus dem Unfall resultierenden, späteren Gesundheitsschäden auch künftig zu ersetzen. Das Feststellungsbegehren ist eine vorbeugende Maßnahme, um auch zukünftige Schmerzensgelder und Ansprüche – die zum Zeitpunkt der Klagserhebung noch nicht vorhanden sind oder bewertet werden können, da der Verletzte noch immer nicht geheilt ist – zu sichern. Aussichtsreich ist ein Feststellungsbegehren nur, wenn Spät- und Dauerfolgen überhaupt zu erwarten sind. Ob zukünftig Unfallfolgen noch zu erwarten sind, wird durch ein Sachverständigengutachten im Prozess geklärt. Kommt der Sachverständige zum Ergebnis, dass bei Ihnen sämtliche Unfallverletzungen schon voll ausgeheilt sind, wird das Feststellungsbegehren abgewiesen.

▶▶ *Gesetzesstelle: § 228 Zivilprozessordnung (ZPO)*

? **AUSSERGERICHTLICHER VERJÄHRUNGSVERZICHT DER VERSICHERUNG:** Vor gut zweieinhalb Jahr hatte ich unverschuldet einen Autounfall mit bösen Folgen. Ich wurde am Bein schwer verletzt. Die Haftpflichtversicherung des anderen Autolenkers hat sich nun endlich bereit erklärt, die Heilungskosten zu ersetzen und auch Schmerzensgeld zu zahlen. Unterschrieben ist noch nichts. Wenn die zähen Einigungsgespräche noch länger dauern, muss ich – damit mein Anspruch nicht verjährt – klagen?

Grundsätzlich ja, denn Ihre Schadenersatzansprüche verjähren innerhalb von drei Jahren ab Kenntnis von Schaden und Schädiger. Sind die außergerichtlichen Gespräche aber schon so weit, dass die Versicherung sich zum Ersatz Ihrer Schäden bereit erklärt hat, kann ich mir gut vorstellen, dass die Versicherung Ihnen gegenüber einen sogenannten »Verjährungsverzicht« abgibt. Damit erklärt die Versicherung, dass sie im Fall Ihrer verspäteten Klage den Einwand der Verjährung bei Gericht nicht erheben wird. Ist die Versicherung dazu nicht bereit, sollten Sie klagen. Offenbar ist ja schon länger klar, wer den Schaden verursacht hat und dürfte auch das Verschulden daran nicht strittig sein. Die Höhe Ihrer Schmerzensgeld- und Schadenersatzforderung wird im Gerichtsverfahren von einem medizinischen Sachverständigengutachter berechnet. Wenn spätere Folgen Ihrer Unfallverletzung nicht ausgeschlossen werden können, sollten Sie neben der Schmerzensgeld- und Schadenersatzforderung ein »Feststellungsbegehren« an die Versicherung richten. Die Versicherung müsste, damit Sie für noch auftretende, durch den Unfall verursachte Spät- oder Dauerfolgen abgesichert sind, ihre Haftung für diese künftigen Schäden anerkennen. Wenn die Versicherung außergerichtlich ihre Haftung für Spät- und Dauerfolgen nicht anerkennt, müssten Sie eine Feststellungsklage einbringen. Damit schließen Sie auch spätere Beweisschwierigkeiten zur Verschuldensfrage aus. Denn Jahre später können sich Unfallsbeteiligte an den genauen Unfallsablauf und das Verschulden nicht mehr so genau erinnern. Mit einem Feststellungsurteil wird Klarheit über die zukünftige Haftung geschaffen, neben späteren Streitigkeiten über die Verschuldensfrage vermeiden Sie auch eine mögliche Verjährung Ihrer Ansprüche.

▶▶ *Gesetzesstelle: § 1489 Allgemeines Bürgerliches Gesetzbuch (ABGB), § 228 Zivilprozessordnung (ZPO)*

❓ GEFAHRENQUELLE IM SUPERMARKT: Bei meinem Einkauf letzten Samstag bin ich im Supermarkt auf einer Speiseöl-Lacke ausgerutscht. Ich stürzte und brach mir den Arm, der nun für vier Wochen eingegipst bleiben muss. Kann ich auf Schadenersatz klagen?

Ein Geschäftsinhaber ist verpflichtet, jede Gefahrenquelle in seinem Geschäftslokal abzusichern. Bis zum Aufstellen der Warntafel müsste die Stelle vorerst provisorisch, etwa durch Darüberstellen eines Einkaufswagens, entsprechend abgesichert werden. Wenn ein Angestellter des Supermarkts nicht rechtzeitig für die Absicherung der Stelle gesorgt hat, so muss sich der Inhaber die Unachtsamkeit des Mitarbeiters bei der Haftung zurechnen lassen.

Je nachdem, wie gut sichtbar die Gefahrenquelle war, müssen Sie sich wegen Unaufmerksamkeit möglicherweise ein eigenes Mitverschulden am Sturz anrechnen lassen. Das würde Ihren Schadenersatzanspruch entsprechend Ihrem Verschuldensanteil schmälern.

▶▶ *Gesetzesstelle: §§ 1295, 1304, 1313a Allgemeines Bürgerliches Gesetzbuch (ABGB)*

? SCHMERZENSGELD UND SCHMERZSTILLENDE MEDIKAMEN-
TE: Stimmt es, dass man für Zeiten, in denen man wegen
Medikamenten keine Schmerzen verspürt hat, auch kein Schmer-
zensgeld verlangen kann?

Es ist nicht nötig, dass der Verletzte die Schmerzen mit klarem
Bewusstsein erlebt. Schmerzensgeld wird selbst dann zugesprochen, wenn der Verletzte Schmerzmittel nimmt und daher gar
keine oder weniger Schmerzen empfindet. Folgender Gedanke
steckt dahinter: Der Schädiger soll nicht von der Ausschaltung
des Organs, das für die Schmerzempfindung verantwortlich ist,
profitieren. Hat man durch die Einnahme von Schmerztablet-
ten oder weil man in Ohnmacht oder im Koma war, für gewisse Zeit Schmerzen nicht empfunden, hat man auch für diese
»Schmerzperioden« Anspruch auf Schmerzensgeld.

▶▶ *Gesetzesstelle: § 1325 Allgemeines Bürgerliches Gesetzbuch (ABGB)*

? SCHMERZENSGELDSÄTZE: Nach einem Auffahrunfall, bei
dem mein Rücken verletzt wurde, hat mir die Versicherung
€ 600 pauschal als Schmerzensgeld angeboten. Das ist mir jedoch
zu wenig. Wie berechnet sich denn der entsprechende Schmerzensgeldbetrag?

Zur Berechung von Schmerzensgeldansprüchen wird zwischen
leichten, mittleren und starken Schmerzen unterschieden. Die
Stärke der Schmerzen wird in der Regel von einem medizinischen Sachverständigen, einem Arzt aus dem betreffenden
medizinischen Fachgebiet, bemessen. Der Sachverständige
bemisst die erlittenen Schmerzperioden in Tagen. Die einge-
schätzten Schmerzperioden-Tage werden dann mit den
Schmerzensgeldsätzen multipliziert. Je nach Stärke der Schmerzen gelten unterschiedliche Schmerzensgeldsätze: Für einen Tag
leichte Schmerzen werden € 100, für einen Tag mittelschwere
Schmerzen € 200 und für einen Tag schwere Schmerzen € 300

berechnet. Hatten Sie zum Beispiel einen Tag schwere Schmerzen (€ 300) gefolgt von zwei Tagen mittelschweren Schmerzen (2 x € 200) und zwei Tagen leichten Schmerzen (2 x € 100), ergibt sich ein Schmerzensgeldanspruch von gesamt € 900. Es kommt nun darauf an, in welchem Ausmaß Sie Schmerzen hatten. Wenn Sie mit dem Pauschalangebot der Versicherung nicht zufrieden sind, können Sie die Begutachtung durch einen Sachverständigen verlangen, den die Versicherung stellt. Der untersucht Sie, prüft Ihre Krankenunterlagen und schätzt dann Ihre Schmerzperioden ein. Liegt sein Ergebnis unter den gebotenen € 600, müssten Sie sich ein höheres Schmerzensgeld wohl – mit allen Chancen und Risiken – gerichtlich erstreiten. Auch in einem Gerichtsverfahren wird der Schmerzensgeldbetrag durch das Gericht auf Basis eines neuerlichen Sachverständigen-Gutachtens festgesetzt.

▸▸ *Gesetzesstelle: § 1325 Allgemeines Bürgerliches Gesetzbuch (ABGB)*

? TRAUERGELD: Der Sohn meiner Freundin ist im Frühjahr bei einem Autounfall als Beifahrer tödlich verunglückt. Meine Freundin ist seither nervlich am Ende, sie hat Depressionen. Ich habe gehört, dass man »Trauergeld« einklagen kann. Stimmt das?

Es geht um den Ersatzanspruch für das Erleiden seelischer Schmerzen. Voraussetzung für sogenanntes »Trauerschmerzensgeld« ist die intensive Gefühlsbeziehung eines nahen Angehörigen zum Verunglückten. Früher stand Schmerzensgeld für seelische Schmerzen nur in den sogenannten »Schockschadensfällen« zu, also wenn die durch den Tod des geliebten Menschen verursachte Trauerreaktion »Krankheitswert« erreichte, zum Beispiel zu starken Depressionen geführt hat.

In den letzten Jahren hat die Rechtsprechung den Ersatzanspruch erweitert: Selbst wenn der Seelenschmerz keinen Krankheitswert erreicht, kann Schmerzensgeld dann zugesprochen werden, wenn der Tod durch den Schädiger grob fahrlässig oder vorsätzlich verursacht wurde. Ein Beispiel: Das Verursachen eines Unfalles in alkoholisiertem Zustand begründet eine grobe Fahrlässigkeit.

Die Höhe des Trauerschmerzensgeldes richtet sich danach, wie intensiv die Nahebeziehung war. Einige Beispiele: Es wurde dem hinterbliebenen Sohn einer von einem Autoraser getöteten 61-jährigen Frau wegen besonders inniger Mutter-Sohn-Beziehung ein Trauerschmerzensgeld von € 13 000 zugesprochen. Bei einer 31-jährigen Witwe und Mutter zweier Kleinkinder, die durch die Nachricht vom Tod ihres Gatten eine schwere und krankheitswertige psychische Störung erlitt, war ein Schmerzensgeld von € 25 000 angemessen. Bei einer schweren, andauernden psychischen Erkrankung durch die Nachricht vom Tod der gesamten Familie (Ehefrau und Kinder) kann ein Schmerzensgeld von € 65 000 angemessen sein, wenn eine vollständige Rückbildung der psychischen Beeinträchtigung nicht zu erwarten ist.

Wenn Ihre Freundin die Nahebeziehung zum Sohn nachweisen kann und ihre Depression ärztlich diagnostiziert ist, das heißt Krankheitswert hat, oder der Tod des Sohnes durch den Unfallgegner grob fahrlässig verschuldet wurde, kann sie Ersatz für den Seelenschmerz fordern.

▶▶ *Gesetzesstelle: § 1325 Allgemeines Bürgerliches Gesetzbuch (ABGB)*

16 Schulden

Selbst in den besten Kreisen passiert es: Ausgaben übersteigen die Einnahmen, verlockende Kreditangebote versprechen schnelle finanzielle Abhilfe – schon schnappt die Schuldenfalle zu. Die Fragen, die sich dann stellen, sind: Wer soll das bezahlen? Und was ist ein Privatkonkurs?

FÄLLE

HAFTEN FÜR SCHULDEN DES EHEGATTEN? Mein Mann möchte einen Kredit für unsere Wohnungseinrichtung aufnehmen. Ich bin dafür, dass wir noch zuwarten und ansparen. Wenn er die Küche trotzdem auf Kredit kauft, muss ich dafür haften?

Grundsätzlich haftet ein Ehegatte nicht für die Schulden des anderen. Denn während aufrechter Ehe ist vom Gesetz die Gütertrennung vorgesehen. Das bedeutet, dass während der Ehe jeder Ehegatte Eigentümer seines Vermögens ist. Jeder Ehegatte kann seine Sachen und Ersparnisse selbst verwalten und nützen. Und jeder Ehegatte haftet auch nur für seine eigenen Schulden. Anders verhält sich die Sache natürlich, wenn Sie einen Kreditvertrag mitunterschreiben oder für Ihren Gatten eine Bürgschaftserklärung abgeben. Dann kann der Kreditgeber auf Sie zurückgreifen, und Sie haften, wenn Ihr Gatte »seine« Kreditraten nicht mehr bezahlt. Eine Haftung für gemeinsame Kredite bleibt auch bei Auflösung der Ehe aufrecht.

▸▸ *Gesetzesstelle: § 1237 Allgemeines Bürgerliches Gesetzbuch (ABGB)*

? NICHTZAHLUNG VON SCHULDEN: Vor 3 Monaten habe ich dem Freund meiner Tochter € 3000 geliehen. Wir haben schriftlich eine Ratenzahlung von € 300 pro Monat vereinbart. Bis jetzt habe ich erst € 100 bekommen. Welche Möglichkeiten habe ich, wenn er nicht bezahlt?

Der Freund Ihrer Tochter ist in Schuldnerverzug geraten. Ein Schuldner ist in Verzug, wenn er den Vertrag nicht zur vereinbarten Zeit, am vereinbarten Ort und auf die vereinbarte Weise erfüllt. Nachdem Sie die Ratenzahlung vereinbart haben, können Sie die offenen Zahlungen jederzeit durch Mahnung fällig stellen.

Wird bei der Fälligkeit nicht geleistet, stehen Ihnen auch Verzugszinsen von 4 % zu. Trifft den Schuldner Verschulden an seinem Verzug, muss er außer den Verzugszinsen auch weitere Schäden ersetzen. Das sind insbesondere Kosten außergerichtlicher Forderungsbetreibung.

▶▶ *Gesetzesstelle: § 918; §§ 1333–1335 Allgemeines Bürgerliches Gesetzbuch (ABGB)*

? PRIVATKONKURS, WIE GEHT ES WEITER? Ich habe mich mit einem Kredit ziemlich übernommen. Ich weiß jetzt schon, dass ich die fälligen Raten nicht zahlen kann, obwohl ich regelmäßig mein Gehalt bekomme. Wenn ich in Privatkonkurs gehe, was bleibt mir?

In Privatkonkurs können Sie gehen, wenn Sie zahlungsunfähig sind, also den geschuldeten Betrag samt Zinsen beziehungsweise die Raten nicht zurückzahlen können. Erst wenn außergerichtliche Verhandlungen mit Ihren Kreditgebern über die Verminderung der Rückzahlung gescheitert sind, können Sie einen Konkursantrag stellen. Den Antrag auf Eröffnung des Schuldenregulierungsverfahrens stellen Sie beim Bezirksgericht Ihres Wohnorts. Auch der Besuch einer Schuldnerberatungsstelle ist

wichtig, dort wird mit Ihnen die Möglichkeit der außergericht-
lichen Einigung besprochen. Die Schuldnerberatung steht
Ihnen aber auch im Schuldenregulierungsverfahren vor dem
Bezirksgericht zur Seite.

Während des Schuldenregulierungsverfahrens kann Ihr Gehalt
für sieben Jahre bis auf das Existenzminimum gepfändet werden. Ihnen muss so viel Einkommen bleiben, dass Sie mit Ihrer
Familie ein einfaches, aber menschenwürdiges Leben führen
können.

▶▶ *Gesetzesstelle: §§ 66 ff. Konkursordnung (KO)*

**❓ FÄLLIGKEIT – STUNDUNG: Ich schulde einem Freund Geld.
Er hat es jetzt nach zwei Monaten »fällig« gestellt. Da ich
derzeit soviel Geld nicht verfügbar habe, droht er mit Klage. Was
heißt »fällig«, und wie könnte ich die Klage verhindern?**

Fälligkeit ist der Zeitpunkt, zu dem Sie zur Leistung, also Rückzahlung, verpflichtet sind. Die Fälligkeit kann zwischen den
Parteien vereinbart werden. Wenn Sie mit Ihrem Freund vereinbart haben, dass Sie nach zwei Monaten das Geld zurückzahlen
müssen, ist Ihre Zahlung tatsächlich fällig. War ein späterer
Zeitpunkt vereinbart, kann Ihr Freund noch nicht fällig stellen.
Angenommen, dass Fälligkeit eingetreten ist, könnten Sie mit
Ihrem Freund eine Stundung oder Ratenzahlung vereinbaren,
wenn Sie derzeit nicht genug Geld haben, um den gesamten
offenen Betrag zu bezahlen. Mit einer Stundung wird die Fälligkeit nachträglich auf einen neuen Zahlungstermin hinaus-
geschoben. Einseitig können Sie die vereinbarte Fälligkeit, den
vereinbarten Zahlungszeitpunkt, nicht verschieben, Ihr Freund
kann die fällige Schuld einklagen.

▶▶ *Gesetzesstelle: § 1413 Allgemeines Bürgerliches Gesetzbuch (ABGB)*

MAHNSCHREIBEN: Kann mich mein Lieferant wirklich gleich auf Zahlung klagen, ohne mir vorher eine schriftliche Mahnung zu schicken?

Ja. Oft schicken Gläubiger ein Mahnschreiben, um den Schuldner auf die Fälligkeit einer Zahlung hinzuweisen und ihm noch einmal die Möglichkeit zur außergerichtlichen Zahlung zu geben. Ein schriftliches Mahnschreiben ist auch für den Gläubiger mit Kosten und weiterem Zuwarten verbunden. Die Mahnspesen werden meist dem Schuldner auferlegt. Der Gläubiger kann eine fällige Zahlung aber auch gleich einklagen. Zu einer schriftlichen Mahnung ist Ihr Lieferant vor der Klage nicht verpflichtet, es sei denn, das wäre ausdrücklich vereinbart worden.

▶▶ *Gesetzesstelle: § 1413 Allgemeines Bürgerliches Gesetzbuch (ABGB)*

17 Strafrecht

Das Strafrecht regelt, wann der Staat berechtigt ist, das Verhalten seiner Bürger mit Strafe zu ahnden, unter welchen Voraussetzungen die Strafbarkeit eines Verhaltens überhaupt gegeben ist und welche Strafe verhängt werden kann. Verurteilt werden kann man nur für jene Taten, die im Strafgesetzbuch auch als Straftaten angeführt sind. Das Strafprozessrecht regelt den Ablauf des Strafverfahrens. Das Verfahren beginnt mit einer Anzeige. Eine Strafanzeige kann von jedermann erstattet werden. Privatpersonen sind grundsätzlich nicht verpflichtet, begangene Straftaten, von denen sie wissen, auch anzuzeigen. Anderes gilt, wenn man von dem Vorhaben einer schweren Straftat Kenntnis hat. Beamte und Behörden müssen Straftaten anzeigen und verfolgen.

FÄLLE

? STALKING: Mich terrorisiert ein Ex-Freund mit anonymen Anrufen. Ist das Stalking?

»Stalking« ist die strafbare »beharrliche Verfolgung«, die geeignet ist, Sie in Ihrer Lebensführung unzumutbar zu beeinträchtigen. Etwa, weil Ihr Ex-Freund Ihnen stets auflauert, Sie körperlich verfolgt, zu Hause oder am Arbeitsplatz abpasst, Sie mit Telefonanrufen, SMS oder Briefen terrorisiert. Körperliche Gewalt ist nicht notwendig, damit Stalking vorliegt. Seit Einführung des Anti-Stalking-Gesetzes kann man gegen Personen vorgehen, die andere über längere Zeit mit Psychoterror und Eingriffen in die Privatsphäre quälen. Es sieht Maßnahmen wie Kontaktverbot vor, aber auch Haftstrafen von bis zu einem Jahr.

▸▸ *Gesetzesstelle: § 107a Strafgesetzbuch (StGB)*

? BESCHULDIGTENRECHTE: Hilfe, ich werde beschuldigt, eine Straftat begangen zu haben! Welche Rechte stehen mir zu, und worauf muss ich achten?

Ihre Rechte als Beschuldigter sind in der Strafprozessordnung geregelt. »Beschuldigter« sind Sie, wenn Ihnen eine Straftat vorgeworfen wird, die Strafbehörden gegen Sie ermitteln. Sie haben vor allem folgende Beschuldigtenrechte: »Informationsrecht«, »Rechtsbelehrung«, »Verteidigungsrecht«, »Recht auf Akteneinsicht« und »Äußerungsrecht«.

Das Informationsrecht und das Recht auf Rechtsbelehrung besagen, dass Sie darüber informiert werden müssen, welche Straftat Ihnen konkret vorgeworfen wird, und dass die ermittelnden Behörden, Kriminalpolizei und Staatsanwaltschaft, Sie über Ihre Rechte belehren müssen.

Mit dem Verteidigungsrecht sind Sie berechtigt, einen Strafverteidiger zu wählen oder einen Verfahrenshilfeverteidiger zu erhalten und einen Verteidiger zu Ihrer Vernehmung beizuziehen.

Das Recht auf Akteneinsicht sollten Sie besonders wichtig nehmen. Sie können bei der gegen Sie ermittelnden Strafbehörde Einsicht in Ihren Strafakt nehmen. Dann wissen Sie welche Taten Ihnen vorgeworfen werden, welche Beweise aufgenommen wurden, um Ihnen die Begehung nachzuweisen, und wie weit die Ermittlungen gegen Sie fortgeschritten sind. Sie haben vor allem auch das Recht, eine Kopie von Ihrem Akt zu verlangen.

Durch das Äußerungsrecht haben Sie das Recht, sich zum Vorwurf zu äußern oder die Aussage zu verweigern. Für Ihre Verteidigung bedeutsam ist auch das Recht, selbst die Aufnahme von bestimmten Beweisen zu beantragen: Die Ermittlungsbehörden müssen dann auch die Beweise aufnehmen, die Sie entlasten und mit denen Sie Ihre Unschuld belegen können. In Ihrem Beweisantrag können Sie zum Beispiel Zeugen nennen, die bestätigen können, dass Sie zu der Tatzeit mit Ihnen zusammen waren, weshalb Sie die Tat gar nicht begangen haben können.

In Verbindung mit den Ihnen zustehenden Verteidigungsrechten können Sie Einsprüche gegen Rechtsverletzungen der Kriminalpolizei oder Staatsanwaltschaft erheben, wenn Ihnen beispielsweise das Recht auf Akteneinsicht verweigert wurde oder unzulässige Ermittlungs- oder Zwangsmaßnahmen gesetzt wurden.

▸▸ *Gesetzesstelle: §§ 49 ff. Strafprozessordnung (StPO)*

? AUSSERGERICHTLICHER TATAUSGLEICH: In einer Diskothek hat eine angetrunkene Arbeitskollegin ihr Glas nach mir geworfen und mich verletzt. Die Platzwunde auf meiner Stirn wurde im Spital genäht. Ich habe Anzeige wegen Körperverletzung erstattet. Jetzt soll es einen Termin zum »außergerichtlichen Tatausgleich« geben. Was erwartet mich?

Thema des Termins ist die Besprechung einer außergerichtlichen Einigung zwischen Ihnen und der Verdächtigen. Zweck der Einigung ist, dass kein Strafverfahren stattfinden muss, weil die Verdächtige die Verantwortung für ihre Tat übernimmt und Ihren Schaden wiedergutmacht. Das Gespräch findet in Anwesenheit eines geschulten Sozialarbeiters statt.
Ein außergerichtlicher Tatausgleich ist nur möglich, wenn die Schuld des Täters nicht schwer und der Tathergang geklärt ist. Er bezweckt eine von den Beteiligten gewollte und damit wohl dauerhafte Konfliktbereinigung. Ein außergerichtlicher Tatausgleich klappt nur, wenn Ihre Kollegin Ihnen gegenüber die Verantwortung für ihre Tat übernimmt und Sie sich über die Schadensgutmachung einigen. Dabei kommt es auf Ihre Schadenersatzforderung (entstandene Kosten, Schmerzensgeld) an.
Kann sich Ihre Kollegin den Schadensbetrag nicht auf einmal leisten, kann Ratenzahlung vereinbart werden. Scheitert der außergerichtliche Tatausgleich, muss Ihre Kollegin mit einem gerichtlichen Strafverfahren rechnen. Bereits dort kön-

nen Sie sich als Privatbeteiligte mit Schadenersatzforderung »anhängen«. Einen danach noch offenen Schadenersatz müssten Sie in einem nachfolgenden Zivilverfahren extra mit Klage fordern.

▸▸ *Gesetzesstelle: §§ 198 ff. Strafprozessordnung (StPO)*

❓ BEDROHUNG: Bei einer zunächst harmlosen Auseinandersetzung mit zwei Männern in meinem Stammbeisl sprang der eine plötzlich auf und drohte, er würde mich, sollte ich das Lokal noch einmal betreten, »abwatschn und hamdrahn«. Ich lasse mir das nicht gefallen und möchte eine Anzeige wegen Bedrohung bei der Polizei machen. Kann ich das tun?

Grundsätzlich schon, denn die Polizei muss jede Anzeige entgegennehmen. Die Frage ist aber, ob wirklich eine gefährliche Drohung im Sinne des Strafgesetzbuches vorliegt. Das wäre dann der Fall, wenn der Mann die Absicht hatte, Sie in Furcht zu versetzen und die Drohung geeignet war, bei Ihnen begründete Besorgnis zu erregen.

Es könnte sich aber auch um eine »milieubedingte Unmutsäußerung« handeln, die nicht strafbar ist. Bei bloßen Stänkereien in einem Wirtshaus wird es sich eher um eine milieubedingte Unmutsäußerung handeln.

Wenn die Äußerung weder geeignet war, Sie in Furcht und Unruhe zu versetzen, noch in dieser Absicht geschah, könnte sie dennoch strafbar sein: Das In-Aussicht-Stellen von körperlichen Attacken kann eine Beleidigung im Sinne des Strafgesetzbuches sein. Die für dieses Delikt notwendige Öffentlichkeit wäre gegeben.

▸▸ *Gesetzesstelle: § 107 Strafgesetzbuch (StGB)*

? SCHWERE KÖRPERVERLETZUNG: Mein Freund hat im Streit jemanden gestoßen. Der Gestoßene ist unglücklich gefallen und hat sich das Bein gebrochen. Jetzt soll mein Freund wegen schwerer Körperverletzung vor Gericht. Wieso schwere Körperverletzung? Welche Strafe blüht ihm?

Schwer ist eine Körperverletzung, wenn sie eine länger als 24 Tage dauernde Gesundheitsschädigung oder Berufsunfähigkeit zur Folge hat, oder die Verletzung »an sich schwer ist«. Nach ständiger Rechtsprechung sind Knochenbrüche in der Regel »an sich schwere Verletzungen«, es sei denn, es handelt sich um kleinere Knochen von untergeordneter Bedeutung. Der Bruch eines Beines ist die Verletzung eines wichtigen Körperteils und daher schon für sich genommen eine schwere Verletzung. Hat Ihr Freund zwar den Bruch nicht absichtlich zugefügt, so reicht es doch aus, dass er den anderen absichtlich gestoßen und damit in Kauf genommen hat, dass sich dieser dadurch verletzen könnte. Jeder weiß, dass ein Stoß dazu führen kann, dass der andere stürzt und sich, möglicherweise aus Unglück, auch schwer verletzt. Dass ein Bein gebrochen wurde, ist Pech für Ihren Freund. Bei der schweren Körperverletzung liegt die Strafdrohung zwischen einem und drei Jahren Freiheitsstrafe. Bei der absichtlichen schweren Körperverletzung liegt das Strafmaß zwischen einem und bis zu fünf Jahren. Da die Strafdrohung maximal fünf Jahre Freiheitsstrafe ist, kann »nur« eine Geldstrafe verhängt werden, wenn angenommen werden kann, dass das ausreicht, um Ihren Freund von weiteren Straftaten abzuhalten (zum Beispiel weil er bisher unbescholten war). Bei der leichten Körperverletzung ist als Strafe eine Geldstrafe oder eine Freiheitsstrafe von bis zu einem Jahr vorgesehen. Das Gericht wertet bei der Strafbemessung einzelne Umstände als erschwerend oder mildernd. Erschwerend wäre etwa, wenn Ihr Freund einschlägig vorbestraft ist. Als mildernd wäre Ihrem Freund zum Beispiel anzurechnen, wenn er bisher unbescholten ist, er ein Geständnis ablegt oder er sich aus einer allgemein begreiflichen heftigen Gemütsbewegung zur Tat hat hinreißen lassen.

▶▶ *Gesetzesstelle: §§ 83 ff.; §§ 33 und 34 StGB Strafgesetzbuch (StGB)*

? VORSTRAFE: Ich bin wegen Diebstahls zu einer Geldstrafe verurteilt. Ich habe gelesen, dass Straftaten getilgt werden. Wie ist das geregelt?

Wird jemand wegen einer Straftat verurteilt, ist er vorbestraft. Die Bestrafung wird in das Strafregister eingetragen. Es gibt dann die sogenannte Tilgungsfrist, nach Ablauf der Frist wird die Verurteilung aus dem Register gelöscht. Zum Beispiel beträgt die Tilgungsfrist fünf Jahre, wenn Sie zu einer einjährigen Freiheitsstrafe oder nur zu einer Geldstrafe verurteilt wurden. Die Tilgungsfrist beginnt nicht mit der Straftat oder der Verurteilung, sondern läuft erst, wenn alle Strafmaßnahmen vollzogen sind, bei Ihnen also dann, wenn Sie die Geldstrafe zur Gänze bezahlt haben. Ist die Verurteilung getilgt, erlöschen alle nachteiligen Folgen, die gesetzlich mit der Verurteilung verbunden sind. Eine getilgte Verurteilung scheint nach der Tilgung in keiner Strafregisterauskunft mehr auf und darf auch sonst nirgendwo ersichtlich gemacht werden. Verurteilungen zu lebenslanger Freiheitsstrafe können nicht getilgt werden und schließen auch die Tilgung aller anderen Verurteilungen aus.

▶▶ *Gesetzesstelle: §§ 3, 5 Tilgungsgesetz (TilgG), § 12 Strafregistergesetz (StrG)*

? VERJÄHRUNG DER VERWALTUNGSSTRAFE: Ich habe vor zirka sieben Monaten eine Anonymverfügung bekommen und nicht darauf reagiert. Danach habe ich keine Zahlungsaufforderung erhalten. Kann ich damit rechnen, dass ich die Strafe nicht bezahlen muss und die Angelegenheit erledigt ist?

Nach Ihrer Schilderung ist die Sache verjährt und damit erledigt. Das wäre allerdings die Ausnahme.

Eine Verwaltungsübertretung kann nicht weiter verfolgt werden, wenn die Behörde innerhalb der Verjährungsfrist keine Verfolgungshandlung gesetzt hat. In Ihrem Fall beträgt die Verjährungsfrist sechs Monate. Wenn daher vom Tag der Verwaltungsverletzung an sechs Monate verstrichen sind, ohne dass die Behörde eine Verfolgungshandlung gegen Sie gesetzt hat, ist eine Bestrafung nicht mehr zulässig.

Unter »Verfolgungshandlung« versteht man jede von der Behörde gegen eine BESTIMMTE Person gerichtete Amtshandlung. Für eine Anonymverfügung wird der zu verfolgende Fahrzeuglenker aber nicht persönlich ausgeforscht (daher »Anonymverfügung«). Weil nicht gegen eine bestimmte Person vorgegangen wird, wird die Verjährungsfrist nicht gehemmt. Da in Ihrem Fall gegen Sie persönlich keine Amtshandlung vorgenommen wurde, ist die Verjährungsfrist nicht gehemmt worden, und die Sache ist verjährt.

Im Normalfall kommt es aber bei Nichtzahlung einer Anonymverfügung zu einer Lenkererhebung beziehungsweise Strafverfügung. Die richten sich gegen eine bestimmte Person und hemmen die Verjährung.

▶▶ *Gesetzesstelle: § 31 Verwaltungsstrafgesetz (VStG)*

⑱ Verträge, Kauf und Schenkung

Mit einem Vertrag wird ein Schuldverhältnis begründet. Ein Vertrag ist in der Regel ein zweiseitiges Rechtsgeschäft, bei dem durch übereinstimmende Willenserklärung ein rechtlicher Erfolg erzielt werden soll. Der Vertrag kommt grundsätzlich durch ein Angebot der einen Seite und durch die Annahme dieses Angebots der anderen Seite zustande. Der Anbietende ist an sein Angebot gebunden, sofern er nicht die Gebundenheit durch eine Freizeichnungsklausel ausgeschlossen hat. Das Anbot erlischt, wenn der andere es ablehnt oder er es nicht rechtzeitig annimmt. Das Anbot kann ausdrücklich oder schlüssig durch eine Handlung angenommen werden. Durch bloßes Nichtstun kann das Anbot nicht angenommen werden. Hat der Anbietende für die Vertragsannahme eine Frist gesetzt, kann die Annahme nur innerhalb dieser Frist erfolgen. Grundsätzlich gilt Vertragsfreiheit, sowohl der Abschluss als auch der Inhalt des Vertrages kann von den Parteien frei bestimmt werden. Im Gesetz sind verschiedene Vertragstypen geregelt. Wenn nicht besondere zwingende Schutzvorschriften für eine Vertragspartei festgelegt sind, kann frei geregelt werden, was Vertragsinhalt sein soll.

FÄLLE

? MÜNDLICHER VERTRAG: Eine Verkäuferin hat mir beim Kauf von Wäsche zugesagt, dass ich diese umtauschen kann, falls sie mir doch nicht gefallen sollte. Das wollte ich jetzt tun, der Geschäftsinhaber lehnt den Umtausch ab und beruft sich dabei auf die »Allgemeinen Geschäftsbedingungen«. Sind mündliche Zusagen nicht verbindlich?

Vereinbarungen können mündlich oder schriftlich getroffen werden, wenn das Gesetz nicht ausdrücklich Schriftlichkeit vorschreibt. Daher sind auch mündliche Zusagen eines Unternehmers oder seiner Mitarbeiter gültig. Dass sich der Geschäftsinhaber nun auf die Allgemeinen Geschäftsbedingungen beruft, die Sie nicht einmal kennen, hilft ihm nicht.

Ihr Problem wird wohl sein, dass Sie die mündliche Zusage nicht beweisen können, sollte die Mitarbeiterin ihre mündliche Zusage bestreiten. Möglicherweise waren Zeugen bei dem Kauf anwesend?

Außerdem: Die Zusagen der Mitarbeiterin sind dann nicht wirksam, wenn Sie als Konsument wussten, dass die Verkäuferin zu der Zusage gar nicht berechtigt war, oder Sie das erkennen hätten müssen.

▶▶ *Gesetzesstelle: § 882 Allgemeines Bürgerliches Gesetzbuch (ABGB)*

❓ ERBVERTRAG: Mein Mann hat vorgeschlagen, dass wir uns in einem Vertrag gegenseitig als Erben einsetzen. Worauf lasse ich mich da ein?

Damit lassen Sie sich auf eine besonders enge Vermögensbindung ein. Ein Erbvertrag kann nur zwischen Ehegatten abgeschlossen werden. Im Vertrag setzen die Ehegatten einander wechselseitig als Erben ein. Anders als andere letztwillige Verfügungen kann aber der Erbvertrag später nicht einseitig widerrufen werden! Wenn im Lauf der Ehe ein Ehegatte doch lieber einer anderen Person sein Vermögen hinterlassen will, hat er Pech gehabt. Der Erbvertrag »pickt« nur dann nicht, wenn der andere Ehegatte nicht auch zur Auflösung bereit ist. Nur im Fall einer Scheidung verliert der Erbvertrag seine Gültigkeit. Der Erbvertrag darf nur über drei Viertel des Vermögens jedes Partners geschlossen werden. Über das verbleibende eine Viertel des Nachlassvermögens kann jeder Ehegatte frei mit Testament verfügen. Der Erbvertrag muss außerdem vor einem Notar errichtet werden, damit er gültig ist. Sollten Sie schon jetzt andenken, anderen Personen als Ihrem Mann mehr als ein Viertel Ihres Vermögens zu hinterlassen, ist der Erbvertrag für Sie nicht das Richtige.

VERSICHERUNGSVERTRAG – SCHADENSMELDUNG AN DIE VERSICHERUNG: Ich habe bei meiner Versicherung mit Verspätung einen Schaden gemeldet. Jetzt erklärt mir die Versicherung, dass sie keine Haftung übernehmen muss, da die Meldung zu spät erfolgt ist. Stimmt das?

In Ihrem Versicherungsvertrag sind Ihre Rechte und Pflichten und Ihre Obliegenheiten geregelt. Zu den Obliegenheiten gehört etwa die Pflicht zur unverzüglichen Meldung eines Schadensfalls. Wann Sie die Meldung machen müssen, damit sie rechtzeitig ist, steht in den Versicherungsbedingungen Ihrer Versicherung. Die sind normalerweise der Polizze beigeschlossen. Der Versicherer kann bei Verletzung von vertraglich vereinbarten Obliegenheiten die Erbringung der Versicherungsleistung nur beschränkt verweigern. Grundsätzlich gilt, dass Obliegenheitsverletzungen nur dann die Versicherung von Leistung befreit, wenn den Versicherungsnehmer ein Verschulden trifft. Sollten Sie die verspätete Schadensmeldung grob schuldhaft vorgenommen haben, kann die Versicherung von ihrer Leistung befreit sein. Wenn Sie bloß fahrlässig Ihre Obliegenheit verletzt haben, kann der Versicherer das nur geltend machen, wenn er Ihnen die Versicherungsbedingungen übermittelt hatte.

Achtung Frist: Sollte die Versicherung Ihre Deckungsanfrage mit einer sogenannten »qualifizierten« Ablehnung beantworten, haben Sie für eine Deckungsklage nur eine 1-jährige Frist.

▸▸ *Gesetzesstelle: § 6 Versicherungsvertragsgesetz (VersVG)*

AUSGEDINGE: Können Sie die Bezeichnung »Ausgedinge« erklären? Unsere Eltern haben das Elternhaus an meine Schwester überschrieben und dabei ein Ausgedinge vereinbart. Das steht auch im Grundbuch. Unsere Mutter ist schon verstorben. Der Vater lebt nun alleine im Elternhaus, soll jetzt aber vor die Tür gesetzt werden. Ich bin der Meinung, dass meine Schwester sich verpflichtet hat, für die Eltern zu sorgen (Wohnung, Essen usw.). Welche rechtlichen Möglichkeiten stehen meinem Vater offen, damit er versorgt ist?

Das »Ausgedinge« soll dem bisherigen Eigentümer eines Hauses einen sicheren, ruhigen Lebensabend gewähren. Das Ausgedinge wird in einem Übergabevertrag zwischen dem bisherigen Eigentümer und seinem Nachfolger geregelt.
Der »alte« Eigentümer erhält gegen Übergabe des Hauses an seinen Nachfolger auf Lebzeiten bestimmte Rechte eingeräumt. Der Nachfolger soll mit Natural-, Geld- oder Arbeitsleistungen den Unterhalt des früheren Eigentümers auch nach der Hofübergabe sichern. Es wird dem Alteigentümer zum Beispiel das Recht auf Wohnen (oft beschränkt auf einen bestimmten Gebäudeteil), Taschengeld, Versorgung mit Nahrung, Kleidung, Betreuung und Fürsorge zugesichert. Zur Absicherung werden die vom Nachfolger übernommenen Verpflichtungen für den vorherigen Eigentümer im Grundbuch eingetragen. Welche Rechte Ihrem Vater konkret eingeräumt wurden, finden Sie im Übergabevertrag geregelt. Die ihm vertraglich zugesicherten Leistungen kann Ihr Vater einklagen.

▸▸ *Gesetzesstelle: § 1480 Allgemeines Bürgerliches Gesetzbuch (ABGB)*

? SCHENKUNGSWIDERRUF: Ich habe meiner verheirateten Tochter für einen Hauskauf Geld geschenkt. Das Haus gehört meiner Tochter und Ihrem Mann je zur Hälfte. Leider steht die Scheidung bevor. Kann ich von meinem Schwiegersohn die Hälfte des Geldes zurückverlangen?

Schenkungsverträge können in der Regel nicht widerrufen werden. Von diesem Grundsatz macht das Gesetz aber Ausnahmen. Es sieht in folgenden Fällen die Möglichkeit eines – einseitigen! – Schenkungswiderrufs vor. Ein Widerruf der Schenkung ist zum Beispiel bei grobem Undank des Beschenkten oder bei nachträglicher Dürftigkeit des Geschenkgebers möglich. Der Widerruf muss – wenn der Grund gegeben ist – innerhalb von drei Jahren ausgesprochen werden. Auch wegen eines Irrtums kann die Schenkung widerrufen werden. Nur wegen einer Scheidung aber leider nicht.

▸▸ *Gesetzesstelle: §§ 946, 947, 948 Allgemeines Bürgerliches Gesetzbuch (ABGB)*

? **BITTLEIHE: Meine Freundin ist vorige Woche endgültig von zu Hause ausgezogen, sie hat keine Wohnung und derzeit auch nicht viel Geld. Ich könnte ihr eine kleine Eigentumswohnung vorübergehend als Herberge zur Verfügung stellen. Ich will aber sicherstellen, dass meine Hilfe nicht ausgenützt werden kann und sie keinen Mieteranspruch hat. Ist das möglich?**

Ja, wenn Sie eine sogenannte »Bittleihe«, auch »Prekarium« genannt, vereinbaren. Bittleihe ist die widerrufbare, auf eine Bitte hin erfolgende Einräumung eines Rechts, das keinen Rechtsanspruch begründet. Es ist die unentgeltliche Überlassung einer Sache mit der Möglichkeit, die Überlassung jederzeit zu widerrufen. Sie können Ihre Bittleihe jederzeit widerrufen und Ihre Freundin jederzeit auffordern auszuziehen. Ihre Freundin kann sich nur dann weigern, die Wohnung zu verlassen, wenn Sie eine Miete vereinbaren. Damit aus der Überlassung Ihrer Wohnung kein Rechtsanspruch entsteht, müssen Sie sich den jederzeitigen Widerruf vorbehalten und die Unentgeltlichkeit ausdrücklich vereinbaren. Sie dürfen keine Miete für die Wohnung verlangen, können aber vereinbaren, dass Ihre Freundin einen Anerkennungszins bis zu 10% der ortsüblichen Miete bezahlt oder anteilig für die Betriebskosten aufkommt. Für den Fall, dass Ihre Hilfsbereitschaft missverstanden wurde, können Sie dann eine Räumungsklage einbringen.

▸▸ *Gesetzesstelle: § 974 Allgemeines Bürgerliches Gesetzbuch (ABGB)*

EIGENTUMSVORBEHALT: Was heißt es, wenn ich etwas »unter Eigentumsvorbehalt« kaufe?

Das bedeutet, dass Sie als Käufer erst mit der vollständigen Kaufpreiszahlung Eigentümer des Kaufgegenstandes werden. Der Verkäufer übergibt Ihnen zwar die Sache, tatsächlich Eigentümer werden Sie aber nur unter der Bedingung, dass Sie den Kaufpreis rechtzeitig und vollständig bezahlen. Der Verkäufer »behält sich sein Eigentum vor« bis zur Zahlung der letzten Rate. Auch wenn sich die Kaufsache nicht mehr bei ihm, sondern schon bei Ihnen befindet, bleibt er bis zur vollständigen Zahlung Eigentümer. Werden Sie mit Ihrer Ratenzahlung säumig, kann der Verkäufer die Sache, sein »Noch-Eigentum«, zurückfordern. Ebenso darf der Verkäufer sein Eigentum an der Sache gegen andere Personen geltend machen. Zum Beispiel, wenn Gläubiger des Käufers durch Exekution oder bei einem Konkurs die Sache verwerten wollen.

▶▶ *Gesetzesstelle: § 297a Allgemeines Bürgerliches Gesetzbuch (ABGB)*

? **ALLGEMEINE GESCHÄFTSBEDINGUNGEN (AGB):** Ich habe einem Geschäftspartner ein Angebot erstellt und meine Allgemeinen Geschäftsbedingungen zugrunde gelegt. Er hat mein Angebot angenommen, aber seine Geschäftsbedingungen zugrunde gelegt. Welche Geschäftsbedingungen gelten denn nun?

Jeder verwendet für sich natürlich jene Allgemeinen Geschäftsbedingungen, die für ihn selbst günstiger sind, also die eigenen. Wenn einander widersprechende Geschäftsbedingungen in der Geschäftsanbahnung verwendet werden, kommt der Vertrag zu den vereinbarten Eckpunkten zustande, die Allgemeinen Geschäftsbedingungen werden soweit wirksam Vertragsgegenstand, als sich die Inhalte decken.

▶▶ *Gesetzesstelle: § 864a Allgemeines Bürgerliches Gesetzbuch (ABGB)*

? GEWÄHRLEISTUNG BEIM SCHUHKAUF: Ich habe mir vor fünf Monaten teure Schuhe gekauft, nun beginnen sich die Nähte aufzulösen. Muss ich das auf meine Kosten reparieren lassen?

Sie haben einen Gewährleistungsanspruch, wenn die Schuhe bei der Übergabe mangelhaft waren. Dann muss der Unternehmer, bei dem Sie die Schuhe gekauft haben, die Schuhe kostenlos reparieren oder austauschen. Sollte beides nicht möglich sein, können Sie Preisminderung oder Rückabwicklung verlangen. Da Sie Konsument sind, kann Ihr Gewährleistungsanspruch auch vertraglich, zum Beispiel in Allgemeinen Geschäftsbedingungen, nicht eingeschränkt werden.
Ihr Gewährleistungsanspruch für bewegliche Sachen – wie Schuhe – beträgt zwei Jahre ab Übergabe. Tritt wie bei Ihnen ein Mangel innerhalb von sechs Monaten ab Übergabe auf, wird gesetzlich vermutet, dass der Mangel schon bei Übergabe zumindest versteckt bestanden hat. Das ist ein Vorteil, da dann der Unternehmer, wenn er seine Haftung abstreitet, beweisen muss, dass er die Schuhe mangelfrei verkauft hat. Nach sechs Monaten müssen Sie beweisen, dass der Mangel bereits bei Übergabe bestanden hat, was im Laufe der Zeit natürlich schwieriger ist.
Bei typischen Abnutzungserscheinungen oder unsachgemäßem Gebrauch besteht klarerweise kein Anspruch.

▶▶ *Gesetzesstelle: § 922 Allgemeines Bürgerliches Gesetzbuch (ABGB)*

? GUTSCHEIN: Ich habe Gutscheine für einen Restaurantbesuch mit dem Vermerk »Gilt für 12 Monate« geschenkt bekommen. Kann ich den Gutschein trotz abgelaufener Frist diesen Monat noch einlösen?

Ein Gutschein kann zeitlich befristet sein oder auch nur für eine bestimmte angebotene Leistung (hier Restaurantbesuch) gelten. In Ihrem Fall hat der Unternehmer den Gutschein bei Ausstellung klar ersichtlich auf ein Jahr befristet. Daher muss die Gutschrift innerhalb der vereinbarten Frist, innerhalb eines Jahres, eingelöst werden. Sie haben die Frist verpasst. Aber oft werden verspätet eingelöste Gutscheine aus Kulanz und kundenfreundlicher Geschäftspolitik doch angenommen. Fragen Sie im Restaurant an. Wenn ein Gutschein unbefristet ausgestellt ist, kann er jedenfalls innerhalb der allgemeinen Verjährungsfrist von 30 Jahren eingelöst werden.

▸▸ *Gesetzesstelle: § 1479 Allgemeines Bürgerliches Gesetzbuch (ABGB)*

❓ RÜCKTRITT VOM KAUF: Am Samstag habe ich in einem Kindergeschäft einen Kinderwagen gekauft. Ich habe ihn voll bezahlt, aber er wurde erst bestellt, und ich sollte ihn in einer Woche abholen. Zwischenzeitlich hat aber meine Frau schon einen Kinderwagen besorgt. Wir benötigen daher den von mir gekauften nicht mehr. Im Kindergeschäft hat man mir gesagt, man könne mir nur eine Gutschrift geben, aber nicht das Geld, das ich bezahlt habe. Ist das einwöchige Rückgaberecht in diesem Fall nicht anwendbar?

Sie beziehen sich auf das gesetzliche Rücktrittsrecht des Konsumenten. Dieses Rücktrittsrecht gilt aber nur bei sogenannten »Haustürgeschäften«. Keine Rücktrittsmöglichkeit gibt es, wenn Sie das Geschäft in einem Geschäftslokal abgeschlossen haben und wenn Sie selbst die geschäftliche Verbindung mit dem Unternehmer angebahnt haben.

Bei einem »normalen« Geschäftsabschluss gilt weiterhin, dass Verträge nicht rückgängig gemacht werden, nur weil ein Vertragspartner nachträglich daraufkommt, dass er die Sache doch nicht braucht, das Geschäft ungünstig ist oder er sich den Gegenstand gar nicht leisten kann oder will. Daher haben Sie kein Recht auf Rücktritt, der Verkäufer ist zur Rückzahlung des Kaufpreises nicht verpflichtet. Das Angebot der Gutschrift ist bereits eine Kulanzlösung.

▸▸ *Gesetzesstelle: § 3 Konsumentenschutzgesetz (KSchG)*

? **WERBEVERANSTALTUNG – FRIST DES RÜCKTRITTSRECHTS:**
Ich habe einen Gewinnschein zugeschickt bekommen,
obwohl ich an gar keinem Gewinnspiel teilgenommen habe. Ich sollte mir den Gewinn bei einer Veranstaltung im Nachbarort abholen
kommen. Dort fand dann tatsächlich eine Werbeveranstaltung
statt. Ich habe mich zum Kauf von Bettwäsche und Heizdecken
überreden lassen. Ich brauche die Decken gar nicht und fühle mich
überrumpelt. Kann ich die Decken wieder umtauschen? Was kann
ich tun?

Als Verbraucher haben Sie ein Rücktrittsrecht, wenn nicht Sie,
sondern der Unternehmer das Geschäft angebahnt hat und eine
Überrumpelungsgefahr angenommen wird. Voraussetzung ist,
dass Sie Ihre Zustimmung zum Vertragsabschluss nicht im
Geschäftslokal oder auf einem Markt- oder Messestand des
Unternehmers abgegeben haben. So gibt es beim Kauf auf
Werbe- oder Ausflugsveranstaltungen ein nachträgliches Rücktrittsrecht, da angenommen wird, dass der Verbraucher nicht
unbeeinflusst ein Kaufangebot annimmt, sondern unter einem
erhöhten psychologischen Kaufzwang steht.
Sie haben als Konsument die Möglichkeit, innerhalb der Rücktrittsfrist von einer Woche den Kaufvertrag rückgängig zu
machen. Auf Ihr Rücktrittsrecht sollten Sie vom Verkäufer im
Vertrag oder auf der Rechnung auch hingewiesen werden. Ihre
Rücktrittsfrist läuft davon abhängig, wann Ihnen dieser Rück-
trittshinweis übergeben wurde: die Rücktrittsfrist beginnt nämlich erst ab dem Zeitpunkt zu laufen, zu dem Sie der Unternehmer über Ihr Rücktrittsrecht belehrt hat. Aber <u>Achtung</u>: Ihr
Rücktrittsrecht endet jedenfalls spätestens einen Monat nach
Vertragserfüllung, auch dann, wenn Sie vom Unternehmer über
Ihr Rücktrittsrecht nicht informiert wurden.

▶▶ *Gesetzesstelle: § 3 Konsumentenschutzgesetz (KSchG)*

? WIDERRUF DER SCHENKUNG: Vor einem Monat habe ich mich von meinem langjährigen Freund getrennt. Er verlangt jetzt die teure Uhr von mir zurück, die er mir zum Geburtstag geschenkt hatte. Er behauptet, dass die damalige Schenkung ungültig wäre. Ich habe mich bis jetzt geweigert, das Geschenk zu retournieren. Jetzt droht er mit einer Herausgabeklage. Zu Recht?

Wenn das Geschenk sofort übergeben wird, ist der Schenkungsvertrag wirksam zustande gekommen. Die Schenkung kann dann in der Regel nicht mehr rückgängig gemacht werden. Durch die wirkliche Übergabe ist erkennbar, dass die Sache dem Beschenkten übertragen werden soll, das beweist den Schenkungswillen. Falls das Geschenk nicht sofort übergeben wird, sondern die Schenkung für einen anderen Moment nur versprochen wird, ist ein Notariatsakt erforderlich, damit der Schenkungsvertrag auch ohne Übergabe wirksam ist. Da Ihnen die Uhr als Geschenk bereits übergeben und die Schenkung damit erfüllt wurde, müssen Sie nur weil Sie die Beziehung beendet haben, das Geburtstagsgeschenk nicht zurückgeben. Allerdings ist bei Verlobungsgeschenken unter bestimmten Umständen die Rückforderung möglich: Es können Schenkungen eines Verlobten widerrufen werden, wenn das Geschenk wegen der künftigen Ehe gemacht wurde und der Schenkende nicht schuld daran ist, dass die geplante Ehe nicht zustande kommen.

Grundsätzlich können Schenkungen vom Schenkenden lediglich aus einigen bestimmten Gründen widerrufen werden: zum Beispiel bei Bedürftigkeit des Schenkenden, wenn es ihm am nötigen Unterhalt fehlt, oder bei grobem Undank des Beschenkten. Grober Undank liegt aber nicht schon durch Verlassen des Lebensgefährten vor, sondern erst bei einer gerichtlich strafbaren Handlung gegen den Schenker oder dessen Familie.

▸▸ *Gesetzesstelle: §§ 946 ff. Allgemeines Bürgerliches Gesetzbuch (ABGB)*

? SCHENKUNGSSTEUER: Ich habe gehört, dass es die Schenkungssteuer nicht mehr gibt, bestimmte Schenkungen aber dem Finanzamt gemeldet werden müssen. Stimmt das?

Ja. Für Schenkungen ab dem 1. August 2008 muss keine Schenkungssteuer mehr gezahlt werden. Aber: Wird ein Grundstück geschenkt, so fällt statt der Schenkungssteuer nun die Grunderwerbssteuer an. Unter Angehörigen beträgt der Grunderwerbssteuersatz 2 Prozent, sonst 3,5 Prozent vom dreifachen Einheitswert der Liegenschaft.

Damit größere Vermögensverschiebungen für das Finanzamt weiterhin nachvollziehbar bleiben, gibt es das Schenkungsmeldegesetz: Ab bestimmten Wertgrenzen gilt nun bei Schenkung von Vermögenswerten wie Geld, Schmuck oder Bildern die Meldepflicht ans Finanzamt. Demnach müssen Schenkungen zwischen Angehörigen gemeldet werden, wenn der Wert der Schenkung an eine Person innerhalb eines Jahres mehr als € 50 000 übersteigt. Angehörige sind: Eltern, Kinder, Ehegatten, Großeltern, Enkel, Onkel, Tanten, Neffen, Nichten, Cousins, Verschwägerte und Lebensgefährten sowie deren Kinder.

Schenkungen zwischen Nichtangehörigen müssen gemeldet werden, wenn deren Wert € 15 000 innerhalb von fünf Jahren übersteigt. Werden innerhalb von fünf Jahren mehrere Schenkungen gemacht, sind die einzelnen Werte zusammenzuzählen. Ab dem Überschreiten der Wertgrenze gilt die Meldepflicht.

Zur Meldung verpflichtet sind Schenkende, Beschenkte, Anwälte und Notare. Die Meldefrist beträgt drei Monaten ab der Schenkung. Keine Meldepflicht besteht daher unter anderem für Schenkungen zwischen Angehörigen bis insgesamt € 50 000 in einem Jahr oder zwischen Nichtangehörigen bis insgesamt € 15 000 in fünf Jahren.

Ausgenommen von der Meldepflicht sind übliche Gelegenheitsgeschenke bis zu € 1000 sowie Schenkungen von Hausrat und Bekleidung. Wird vorsätzlich eine meldepflichtige Schenkung nicht gemeldet, gibt es Geldstrafen in Höhe von bis zu zehn Prozent des Geschenkwertes.

▸▸ *Gesetzesstelle: § 121a Bundesabgabenordnung (BAO)*

? SCHENKUNGSWIDERRUF WEGEN UNDANK: Ich habe meinem Neffen unter anderem die wertvolle goldene Uhr meines Großvaters geschenkt. Nun habe ich ständig Streitereien mit ihm, weil er mich ins Pflegeheim abschieben möchte, der undankbare Fratz! Unter den jetzigen Umständen will ich die Geschenke zurückfordern, kann ich das?

Schenkungen, die aus reiner Freizügigkeit, ohne erwartete Gegenleistung gemacht wurden, können vom Geschenkgeber im Allgemeinen nicht widerrufen werden. Das Gesetz sieht aber Ausnahmen vor: der Schenkungswiderruf ist bei »nachträglicher Dürftigkeit« des Geschenkgebers sowie bei »grobem Undank« des Beschenkten möglich. Der Widerrufsgrund »Dürftigkeit« besteht, wenn der Geschenkgeber nach seiner Schenkung in eine schwere finanzielle Notlage gerät, sodass ihm der nötige Unterhalt fehlt.

Der von Ihnen angesprochene Widerruf wegen »groben Undanks« ist möglich, wenn der Beschenkte den Geschenkgeber durch eine gerichtlich strafbare Handlung an Leib, Ehre, Freiheit oder am Vermögen verletzt. Dass auf die gerichtliche Strafbarkeit abgestellt wird, zeigt, dass die Tat gegen den Geschenkgeber schwer wiegen muss, damit verwerflicher Undank vorliegt. Widerrufsgründe sind etwa eine Körperverletzung, üble Verleumdung oder schwere Beschimpfung des Geschenkgebers. Dass der Beschenkte tatsächlich auch strafrechtlich verurteilt wird, ist nicht notwendig.

Dass Ihr Neffe Sie, wie Sie meinen, ins Pflegeheim »abschieben« will, ist gerichtlich nicht strafbar. Es wird bei Ihnen konkret darauf ankommen, ob die vorgeworfene Handlung Ihres Neffen gravierend genug ist, also dermaßen seinen Undank zeigt, dass es nach allgemeiner Auffassung gerechtfertigt ist, dass das Geschenk zurückgefordert wird. Sie sind im Zivilprozess dafür beweispflichtig, dass die Handlung Ihres Neffen die Entziehung des Geschenks rechtfertigt. Ab Kenntnis des Undanks verjährt das Widerrufsrecht in drei Jahren.

▶▶ *Gesetzesstelle: § 948 Allgemeines Bürgerliches Gesetzbuch (ABGB)*

❓ UMTAUSCH: Ich habe ein Mobiltelefon gekauft, bereits am nächsten Tag wollte ich das noch nicht verwendete Modell gegen ein anderes Modell umtauschen. Der Verkäufer meinte, ich hätte darauf kein Recht. Stimmt das?

Ja, der Verkäufer ist zum Umtausch nicht verpflichtet. Sie haben das Modell gekauft. Dass Sie das Telefon noch nicht verwendet haben und bereits am nächsten Tag umtauschen wollten, macht keinen Unterschied. Es gibt keinen gesetzlichen Anspruch des Kunden auf Umtausch funktionierender Ware. Manche Geschäftsinhaber geben den Kunden gegen Vorweisen der Rechnung und bei Einhalten bestimmter Fristen ein Umtauschrecht der neuwertigen Ware.

Wenn man sich beim Kauf nicht sicher ist und es keine allgemeinen Umtauschregeln des Unternehmens gibt, kann man sein Umtauschrecht auch im Einzelnen vereinbaren. Dann sollten Sie eine kurze schriftliche Bestätigung darüber haben. Nur wenn Ihr gekauftes Mobiltelefon nicht funktionieren würde, hätten Sie gesetzliche Ansprüche (Gewährleistungsrecht) gegen den Unternehmer.

▶▶ *Gesetzesstelle: §§ 922 ff. Allgemeines Bürgerliches Gesetzbuch (ABGB)*

? UMTAUSCH GESCHENK OHNE RECHNUNG: Ich bekomme jedes Jahr zu Weihnachten Geschenke, mit denen ich entweder nichts anfangen kann oder deren Größe nicht stimmt. Kann ich auch ohne Rechnungen diese Sachen umtauschen oder das Geld dafür zurückverlangen?

Nein. Nur weil Ihnen die Geschenksauswahl nicht passt, müssen die Händler die Waren nicht umtauschen. Im Gesetz ist für diesen Fall kein Umtauschrecht geregelt. Ein Anspruch auf Umtausch besteht nur dann, wenn er ausdrücklich vereinbart wurde. Und auch dann ist der Umtausch für ein anderes Produkt gemeint und nicht »Geld zurück«, also die Rückzahlung des Kaufpreises. Findet man nichts Passendes für den Austausch, können Gutscheine angeboten werden. Um einen Umtauschanspruch zu haben, muss sich der Geschenkkäufer vom Verkäufer zum Beispiel auf der Rechnung ein Umtauschrecht bestätigen lassen, eventuell mit Umtauschfrist. Gewährt der Verkäufer ohne diese Vorkehrung ein Umtauschrecht, ist das ein Entgegenkommen im Dienste der Kundenzufriedenheit.
Nur wenn ein Produkt defekt ist, braucht man nicht auf das Entgegenkommen des Händlers zu hoffen. Dann hat der Kunde einen gesetzlichen Gewährleistungsanspruch. Der Gewährleistungsanspruch bei beweglichen Sachen gilt zwei Jahre ab Übergabe der Ware an den Käufer.

▸▸ *Gesetzesstelle: § 922 Allgemeines Bürgerliches Gesetzbuch (ABGB)*

? UNTERSCHIED ZWISCHEN GEWÄHRLEISTUNG UND GARANTIE: Ich habe in einem Mediamarkt einen DVD-Player gekauft. Zusätzlich zur Fabriksgarantie von einem Jahr gibt der Verkäufer 14 Monate Garantie. Was ist denn der Unterschied zur Gewährleistung?

Es gibt ein paar wichtige Unterschiede:

Die Gewährleistung ist Ihr gesetzlich geregelter Anspruch, sie ist im Allgemeinen Bürgerlichen Gesetzbuch (ABGB) und im Konsumentenschutzgesetz (KSchG) geregelt. Der Umfang Ihres Gewährleistungsanspruchs steht im Gesetz, dazu brauchen Sie keine Extra-Vereinbarung mit dem Verkäufer.

Für Konsumenten kann das Gewährleistungsrecht vom Verkäufer auch nicht eingeschränkt werden. Die Gewährleistung umfasst Mängel, die bei der Übergabe zumindest latent vorhanden waren. Für eine bewegliche Sache wie Ihren DVD-Player gilt die gesetzliche Gewährleistungsfrist von zwei Jahren. Außerdem gilt bei der Gewährleistung für den Käufer eine sogenannte »Beweislastumkehr«: Wenn in den ersten sechs Monaten ab Übernahme des Produkts ein Mangel auftritt, muss der Verkäufer beweisen, dass das Produkt mangelfrei war; danach muss der Käufer beweisen, dass das Produkt fehlerhaft war.

Die Garantie ist kein gesetzlicher Anspruch, sie wird freiwillig vereinbart. Der Händler oder Produkthersteller verpflichtet sich in der Garantie freiwillig zu einer bestimmten Garantieleistung unter bestimmten Bedingungen. Bei der Garantie ist es darüber hinaus egal, wann der Mangel entstanden ist, solange er nur innerhalb der vereinbarten Garantiefrist geltend gemacht wird. Die Voraussetzungen und der Inhalt der Garantieleistung finden sich in der beigelegten Garantiebedingung.

Verpflichtet sich der Unternehmer zur Garantie, hat das auf seine gesetzliche Gewährleistungspflicht keinen einschränkenden Einfluss. Mit der Garantie bekommt der Kunde eine zusätzliche Zusicherung, oft werden damit die gesetzlichen Gewährleistungsfristen verlängert, ein unmittelbares Wandlungsrecht oder eine zusätzliche Haftung des Herstellers vereinbart.

▶▶ *Gesetzesstelle: § 932, § 880 Allgemeines Bürgerliches Gesetzbuch (ABGB)*

? VORVERTRAG: Ich habe mit einem Nachbarn einen Vorvertrag über den Kauf von seinem Grundstücksteil geschlossen.
Er hat nun kein Interesse mehr und meint, dass der Vertrag ihn nicht
verpflichtet. Welches Recht habe ich mit dem Vorvertrag?

Mit einem Vorvertrag verpflichten sich die Vertragsparteien, zu
einem bestimmten Zeitpunkt einen Hauptvertrag über einen
bestimmten Gegenstand abzuschließen. Ein Vorvertrag wird
abgeschlossen, wenn sich die Parteien handelseins über die
wesentlichen Punkte sind, aber andere Fragen des Hauptvertrages noch geklärt werden müssen. Für einen gültigen Vorvertrag
müssen die sogenannten »wesentlichen Vertragsbedingungen«
wie Ware und Preis enthalten sein und ein bestimmter Termin
für den Abschluss des Hauptvertrages vereinbart werden. Sie
haben dann ein Recht darauf, dass der Hauptvertrag abgeschlossen wird, nicht aber schon auf die Leistung des Grundstücks.
Achtung Frist: Auf den Abschluss eines Hauptvertrages müssen
Sie längstens ein Jahr nach dem im Vorvertrag festgesetzten
Zeitpunkt klagen, sonst ist Ihr Recht erloschen. Dass Ihr Nachbar das Interesse verloren hat, ist kein Grund für einen Rücktritt. Weigert er sich unbegründet, den Hauptvertrag abzuschließen, könnten Sie auch Schadenersatz wegen des Verzugs fordern.

▶▶ *Gesetzesstelle: § 936 Allgemeines Bürgerliches Gesetzbuch (ABGB)*

? GEWÄHRLEISTUNG UND KONKURS: Wir haben von einem
Bauunternehmen ein Holzhaus errichten lassen. Nach nur
einem Jahr tauchen etliche Mängel auf. Zu allem Überfluss haben
wir erfahren, dass das Unternehmen in Konkurs ist. Ich bin verzwei-
felt und ersuche um Hilfe!

Sie sind noch in der Gewährleistungsfrist und könnten vom
Bauunternehmer die Mängelbehebung verlangen. Unter
Umständen führt der Masseverwalter das Unternehmen fort

und behebt die Mängel. Ansonsten wird Ihnen nicht viel mehr übrig bleiben, als den Preisminderungsanspruch im Konkurs anzumelden, wenn der Mangel nicht verbessert wird. Sie haben dann statt Ihres Gewährleistungsanspruchs nur noch einen Geldanspruch gegen die Konkursmasse. Die Höhe der Forderung wird der Höhe der Reparaturkosten zur Mängelbehebung entsprechen. Ihre Geldforderung müssen Sie beim Konkursgericht anmelden. Am besten, Sie nehmen Kontakt mit dem Masseverwalter auf, um zu erfahren, ob überhaupt genügend Konkursmasse da ist oder Ihnen durch Ihre Forderungsbetreibung nur Kosten entstehen. Sie haben neben den anderen Gläubigern nämlich nur Anspruch auf die im Konkursverfahren festgelegte Konkursquote, und die ist, wenn nicht viel Konkursmasse da ist, niedrig.

▸▸ *Gesetzesstelle: § 51 Konkursordnung (KO)*

❓ **AUFKLÄRUNGSPFLICHT BEIM KAUF:** Ich habe vor Monaten einen Holzboden verkauft. Jetzt kommen die Käufer und behaupten, das Holz wäre für ihre Wohnung völlig ungeeignet und ich hätte sie beim Kauf nicht über die richtige Pflege des Parkettbodens aufgeklärt. Nur deshalb hätten sie das falsche Parkett gekauft. Ich bin mir keiner Schuld bewusst. Worüber hätte ich denn Auskunft geben müssen?

Beim Kaufvertrag hat der Verkäufer die Pflicht aufzuklären. Die Frage, worüber genau aufzuklären ist, kann so allgemein nicht beantwortet werden. Denn Art und der Umfang der notwendigen Aufklärung richten sich nach der Beschaffenheit des Kaufgegenstandes und nach dem Wissensstand des Käufers. Der Verkäufer muss bei Kaufabschluss dann aufklären, wenn ihm der Käufer mitteilt, dass er auf einen bestimmten Punkt besonderen Wert legt und daher darüber informiert werden will. Auch wenn der Verkäufer wegen seiner Fachkenntnis zugleich als Berater des Käufers auftritt, trifft ihn eine besondere Aufklärungspflicht. Dann muss er den Käufer auch über solche Umstände aufklären, die der Käufer wegen seiner fehlenden Fachkenntnis nicht kennt, die aber für seine Kaufentscheidung von maßgeblichem Einfluss sind.

Konkrete Aufklärungspflichten hätten Sie gehabt, wenn der Käufer bei Besprechung des Kaufgegenstandes eine unzutreffende Meinung äußerte, oder wenn Ihnen sein Irrtum aus anderen Umständen auffallen musste.

Sie müssen darüber hinaus Ihre Käufer nicht über alle Umstände aufklären, die auf ihre Kaufentscheidung Einfluss haben könnten. Sie können von sich aus gar nicht alle für den Geschäftspartner wichtigen Umstände kennen. Es liegt auch am Käufer, Erkundigungen zum Beispiel über die Pflege des Holzes einzuholen oder die Aufklärung einzufordern, wenn ihm das notwendige Wissen fehlt.

▶▶ *Gesetzesstelle: § 871 Allgemeines Bürgerliches Gesetzbuch (ABGB)*

? KOSTENVORANSCHLAG: Ich habe kürzlich einen Handwerker um einen Kostenvoranschlag für die Erneuerung von Küche und Bad gebeten. Noch habe ich nichts erhalten, worauf muss ich achten?

Wichtig ist, dass Sie mit schriftlichem Voranschlag über zu erwartende Gesamtkosten informiert werden, bevor Sie den Handwerker beauftragen. Der Kostenvoranschlag enthält eine detaillierte Aufstellung über die Arbeits- und Materialkosten. Sollte es sich um einen verbindlichen Kostenvorschlag handeln, kann sich der Besteller darauf verlassen, dass die Gesamtkosten nicht mehr steigen.

Laut Konsumentenschutzgesetz ist der Kostenvoranschlag verbindlich, wenn der Unternehmer nicht ausdrücklich etwas Gegenteiliges erklärt. Dann kann der Handwerker für die im Kostenvoranschlag genannten Leistungen keinen höheren Preis als den veranschlagten verlangen. Mehrkosten dürfen vom Handwerker nur verrechnet werden, sofern diese durch den Käufer entstanden sind, etwa weil er die Fertigstellung verzögert hat.

Von Bedeutung ist noch, dass Sie dem Handwerker für das Erstellen des Kostenvorschlages nur Entgelt schulden, wenn Sie vorher auf die Zahlungspflicht hingewiesen wurden.

▸▸ *Gesetzesstelle: § 5 Konsumentenschutzgesetz (KSchG)*

III Nützliche Adressen und Links

Rechtsanwaltskammer mit Landesstellen

Österreichischer Rechtsanwaltskammertag
Tuchlauben 12
1010 Wien
Tel.: 01 – 535 12 75-0
Fax: 01 – 535 12 75-13
E-Mail: rechtsanwaelte@oerak.at
Internet: www.rechtsanwaelte.at

Rechtsanwaltskammer Wien
Ertlgasse 2 / Ecke Rotenturmstrasse 13
1010 Wien
Tel.: 01 – 533 27 18-0
Fax: 01 – 533 27 18-44
E-Mail: office@rakwien.at
Internet: www.rakwien.at

Rechtsanwaltskammer Burgenland
Marktstraße 3
7000 Eisenstadt
Tel.: 0 26 82 – 70 45 30
Fax: 0 26 82 – 70 45 31
E-Mail: rak.bgld@aon.at

Rechtsanwaltskammer Niederösterreich
Andreas-Hofer-Straße 6
3100 St. Pölten
Tel.: 0 27 42 – 71 6 50-0
Fax: 0 27 42 – 76 5 88
E-Mail: office@raknoe.at
Internet: www.raknoe.at

Oberösterreichische Rechtsanwaltskammer
Museumstraße 25/Quergasse 4
4020 Linz
Tel.: 07 32 – 77 17 30
Fax: 07 32 – 77 90 67 85
E-Mail: office@ooerak.or.at

Salzburger Rechtsanwaltskammer
Giselakai 43
5020 Salzburg
Tel.: 06 62 – 64 00 42
Fax: 06 62 – 64 04 28
E-Mail: rechtsanwaltskammer@salzburg.co.at
Internet: www.srak.at

Steiermärkische Rechtsanwaltskammer
Salzamtsgasse 3/IV
8010 Graz
Tel.: 03 16 – 83 02 90
Fax: 03 16 – 82 97 30
E-Mail: office@rakstmk.at
Internet: www.rakstkm.at

Rechtsanwaltskammer für Kärnten
Theatergasse 4/1
9020 Klagenfurt
Tel.: 04 63 – 51 24 25
Fax: 04 63 – 51 24 25-15
E-Mail: kammer@rechtsanwaelte-kaernten.at
Internet: www.rechtsanwaelte-kaernten.at

Tiroler Rechtsanwaltskammer
Meraner Straße 3/III
6020 Innsbruck
Tel.: 05 12 – 58 70 67
Fax: 05 12 – 57 13 84
E-Mail: office@tirolerrak.at
Internet: www.tirolerrak.at/

Vorarlberger Rechtsanwaltskammer
Marktplatz 11
6800 Feldkirch
Tel.: 0 55 22 – 71 122
Fax: 0 55 22 – 71 122-11
E-Mail: kammer@rechtsanwaelte-vorarlberg.at
Internet: www.rechtsanwaelte-vorarlberg.at

Notariatskammer mit Landesstellen

Österreichische Notariatskammer
(Landeskammer NÖ, Wien und Bgld.)
1010 Wien
Landesgerichtsstraße 20
Postfach 150
1011 Wien
Tel.: 01 – 402 45 09 – 0
Fax: 01 – 406 34 75
E-Mail: kammer@notar.or.at
Internet: www.notar.at

Landeskammer Salzburg
Ignaz-Harrer-Straße 7
5020 Salzburg
Tel.: 06 62 – 84 53 59
Fax: 06 62 – 84 53 59-4
E-Mail: salzburg@notariatskammer.at
Internet: www.notariatskammer.at/

Notariatskammer für Oberösterreich
Schmiedegasse 20/5
4040 Linz-Urfahr
Tel.: 07 32 – 73 70 73
Fax: 07 32 – 70 80 19
E-Mail: oberoesterreich@notariatskammer.at

Notariatskammer für Steiermark
Wielandgasse 36/III
8010 Graz
Tel.: 03 16 – 82 52 86
Fax: 03 16 – 82 52 86-4
E-Mail: steiermark@notariatskammer.at
Internet: www.notar.at

Notariatskammer für Tirol und Vorarlberg
6010 Innsbruck
Maximilianstraße 3
Tel.: 05 12 – 56 41 41
Fax: 05 12 – 56 41 41-50
E-Mail: notariatskammer.tirol@chello.at
 notariatskammer.vorarlberg@chello.at

Notariatskammer für Kärnten
Alter Platz 23/2
9020 Klagenfurt
Tel.: 04 63 – 51 27 97
Fax: 04 63 – 51 27 97-4
E-Mail: office@ktn-notare.at
Internet: www.ktn-notare.at/

Verein für Konsumenteninformation (VKI)

Mariahilfer Straße 81
1060 Wien
Tel.: 01 – 58 87 70
Fax-Beratung: 01 – 588 77-71
Fax-Geschäftsführung: 01 – 588 77-73
E-Mail: konsument@vki.at
Internet: www.konsument.at

Bundesarbeitskammer mit Landeskammern

AK Wien
Prinz-Eugen-Straße 20–22
1040 Wien
Tel.: 01 – 50 165-0
Fax: 01 – 50 165-2230
Internet: www.wien.arbeiterkammer.at

AK Burgenland
Wienerstraße 7
7000 Eisenstadt
Tel.: 0 26 82 – 740-0
Fax: 0 26 82 – 740-40
E-Mail: akbgld@akbgld.at

AK Kärnten
Bahnhofplatz 3
9021 Klagenfurt
Tel.: 0 50 – 477
Fax: 0 50 – 477-2400
E-Mail: arbeiterkammer@akktn.at
Internet: kaernten.arbeiterkammer.at

AK Niederösterreich
Windmühlgasse 28
1060 Wien
Tel.: 01 – 58 883-0
Fax: 01 – 58 883-1555
E-Mail: mailbox@aknoe.at

AK Oberösterreich
Volksgartenstraße 40
4020 Linz
Tel.: 0 50 – 69 06-0
Fax: 0 50 – 69 06-2860
E-Mail: info@akooe.at

AK Salzburg
Markus-Sittikus-Straße 10
5020 Salzburg
Tel.: 06 62 – 86 87-0
Fax: 06 62 – 87 62 58
E-Mail: kontakt@ak-salzburg.at

AK Steiermark
Hans-Resel-Gasse 8–14
8020 Graz
Tel.: 05 – 77 99-0
Fax: 05 – 77 99-2387
E-Mail: info@akstmk.net

AK Tirol
Maximilianstraße 7
6010 Innsbruck
Tel.: 0800 – 22 55 22 (kostenlose Servicenummer)
E-Mail: ak@tirol.com

AK Vorarlberg
Widnau 2–4
6800 Feldkirch
Tel.: 0 50 – 258-0
Fax: 0 50 – 258-1001
E-Mail: kontakt@ak-vorarlberg.at

Schuldnerberatung mit Landesstellen

Burgenland
Schuldnerberatung
Hartlsteig 2
7001 Eisenstadt
Tel.: 0 57 – 600 21 51
Fax: 0 57 – 600 21 54
E-Mail: post.schuldnerberatung@bgld.gv.at

Kärnten
Schuldnerberatung Kärnten – Klagenfurt/Zentrale
Waaggasse 18/3
9020 Klagenfurt
Tel.: 04 63 – 51 56 39
Fax: 04 63 – 51 56 39-6
E-Mail: office@schuldnerberatung-kaernten.at

Schuldnerberatung Kärnten – Villach
Bahnhofplatz 8
9500 Villach
Tel.: 0 42 42 – 22 616
Fax: 0 42 42 – 22 616-6
E-Mail: office@schuldnerberatung-villach.at

Schuldnerberatung Kärnten – Wolfsberg
Freidlgasse 1
9400 Wolfsberg
Tel.: 0 43 52 – 37 221
Fax: 0 43 52 – 36 153
E-Mail: office@schuldnerberatung-wolfsberg.at

Schuldnerberatung Kärnten – Spittal/Drau
Bahnhofstraße 18, 3. Stock
9800 Spittal
Tel.: 0 47 62 – 44 969
Fax: 0 47 62 – 44 969-6
E-Mail: office@schuldnerberatung-spittal.at

Niederösterreich
Schuldnerberatung NÖ gGmbH – Zentrale
Herrengasse 1
3100 St. Pölten
Tel.: 0 27 42 – 35 54 20-0
Fax: 0 27 42 – 35 54 20-120
E-Mail: st.poelten@sbnoe.at

Schuldnerberatung NÖ gGmbH – Amstetten
Preinsbacherstraße 45
3300 Amstetten
Tel.: 0 74 72 – 67 138
Fax: 0 74 72 – 67 138-520
E-Mail: amstetten@sbnoe.at

Schuldnerberatung NÖ gGmbH – Hollabrunn
Babogasse 10
2020 Hollabrunn
Tel.: 0 29 52 – 20 431
Fax: 0 29 52 – 20 431-320
E-Mail: hollabrunn@sbnoe.at

Schuldnerberatung NÖ gGmbH – Wr. Neustadt
Kesslergasse 11
2700 Wiener Neustadt
Tel.: 0 26 22 – 84 855
Fax: 0 26 22 – 84 855-220
E-Mail: wr.neustadt@sbnoe.at

Schuldnerberatung NÖ gGmbH – Zwettl
Landstraße 31/1
3910 Zwettl
Tel.: 0 28 22 – 57 036
Fax: 0 28 22 – 57 036-420
E-Mail: zwettl@sbnoe.at

Oberösterreich
Schuldnerberatung OÖ – Linz / Zentrale
Stifterstraße 16
4020 Linz
Tel.: 07 32 – 77 55 11
Fax: 07 32 – 77 55 50
E-Mail: linz@schuldnerberatung.at

Schuldnerberatung OÖ – Ried
Bahnhofstraße 38
4910 Ried/Innkreis
Tel.: 0 77 52 – 88 552
Fax: 0 77 52 – 88 552-4
E-Mail: ried@schuldnerberatung.at

Schuldnerberatung OÖ – Steyr
Bahnhofstraße 14/2
4400 Steyr
Tel.: 0 72 52 – 52 310
Fax: 0 72 52 – 52 310-4
E-Mail: steyr@schuldnerberatung.at

Schuldnerberatung OÖ – Vöcklabruck
Salzburgerstraße 6
4840 Vöcklabruck
Tel.: 0 76 72 – 27 776
Fax: 0 76 72 – 27 776-4
E-Mail: voecklabruck@schuldnerberatung.at

Schuldnerberatung OÖ – Wels
Bahnhofstraße 13
4600 Wels
Tel.: 0 72 42 – 77 55 1
Fax: 0 72 42 – 77 55 1-4
E-Mail: wels@schuldnerberatung.at

Verein für prophylaktische Sozialarbeit – Linz/Zentrale
Stockhofstraße 9
4020 Linz
Tel.: 07 32 – 77 77 34
Fax: 07 32 – 77 77 58 22
E-Mail: linz@schuldner-hilfe.at

Verein für prophylaktische Sozialarbeit – Rohrbach
Stadtplatz 16
4150 Rohrbach
Tel.: 0 72 89 – 50 00
Fax: 0 72 89 – 50 00-22
E-Mail: rohrbach@schuldner-hilfe.at

Salzburg
Schuldenberatung Salzburg – Stadt Salzburg/Zentrale
Gabelsbergerstraße 27
5020 Salzburg
Tel.: 06 62 – 87 99 01
Fax: 06 62 – 87 99 01-73
E-Mail: salzburg@sbsbg.at

Schuldenberatung Salzburg – St. Johann
Prof.-Pöschl-Weg 5a
5600 St. Johann
Tel.: 0 64 12 – 71 87
Fax: 0 64 12 – 71 87-50
E-Mail: st.johann@sbsbg.at
Schuldenberatung Salzburg – Zell am See
Mozartstraße 5
5700 Zell am See
Tel.: 0 65 42 – 20 320
Fax: 0 65 42 – 20 320-50
E-Mail: zell@sbsbg.at

Steiermark
Schuldnerberatung Steiermark GmbH – Graz/Zentrale
Annenstraße 47
8020 Graz
Tel.: 03 16 – 37 25 07
Fax: 03 16 – 37 25 07-20
E-Mail: office@schuldnerInnenberatung.at

Schuldnerberatung Steiermark GmbH – Kapfenberg
Wienerstraße 60
8605 Kapfenberg
Tel.: 0 38 62 – 27 500
Fax: 0 38 62 – 27 500-20
E-Mail: obersteiermark@schuldnerInnenberatung.at

Tirol
Schuldnerberatung Tirol – Innsbruck/Zentrale
Wilhelm-Greil-Straße 23/5
6020 Innsbruck
Tel.: 05 12 – 57 76 49
Fax: 05 12 – 57 76 49-10
E-Mail: office@sbtirol.at

Schuldnerberatung Tirol – Imst
Christian-Plattner-Straße 6
6460 Imst
Tel.: 0 54 12 – 63 830
Fax: 0 54 12 – 63 830-4
E-Mail: imst@sbtirol.at

Schuldnerberatung Tirol – Wörgl
Bahnhofstraße 26
6300 Wörgl
Tel.: 0 53 32 – 75 504
Fax: 0 53 32 – 75 504-11
E-Mail: woergl@sbtirol.at

Vorarlberg
IfS-Schuldenberatung gGmbH – Bregenz / Zentrale
Mehrerauerstraße 3
6900 Bregenz
Tel.: 0 55 74 – 46 18 5
Fax: 0 55 74 – 46 18 525
E-Mail: ifs.schuldenberatung@ifs.at

IfS-Schuldenberatung gGmbH – Feldkirch
Schießstätte 14
6800 Feldkirch
Tel.: 0 55 22 – 75 902
Fax: 0 55 22 – 75 902 20
E-Mail: ifs.feldkirch@ifs.at

IfS-Schuldenberatung gGmbH – Bludenz
Klarenbrunnstraße 12
6700 Bludenz
Tel.: 0 55 52 – 62 303
Fax: 0 55 52 – 62 303-4
E-Mail: ifs.schuldenberatung@ifs.at

Schuldnerberatung Wien – Wien
Döblerhofstraße 9, 1. Stock
1030 Wien
Tel.: 01 – 33 08 735
Fax: 01 – 33 08 735-669 25
E-Mail: schuldnerberatung@fsw.at

Schlichtungsstelle für wohnrechtliche Angelegenheiten
1190 Wien
Muthgasse 62
Tel.: 01 – 40 00-74504
Fax: 01 – 40 00 9910989
E-Mail: schli01@ma50.wien.gv.at
Internet: www.wien.gv.at/wohnen/schlichtungsstelle

Schiedsstelle der Ärztekammer für Wien
Weihburggasse 10–12
1010 Wien
Tel.: 01 – 5 15 01/1246
Fax: 01 – 5 15 01/1209
E-Mail: schiedsstelle@aekwien.at
          painter@aekwien.at

Mieterschutzverband

Mieterschutzverband Österreich/Wien
Döblergasse 2
1070 Wien
Tel.: 01 – 523 23 15
Fax: 01 – 523 04 13 9

Mieterschutzverband Salzburg
Hofhaymer Allee 9–11
5020 Salzburg
Tel.: 06 62 – 84 12 52
Fax: 06 62 – 84 12 52-5
Täglich 8:15 bis 12:15 Uhr, Mo, Di u. Do auch 14–16 Uhr
E-Mail: mieterschutzverband@salzburg.co.at

Mieterschutzverband Tirol
Maximilianstraße 2
Gebäude Hauptpost, 3. Stock; Zi 385–387
6020 Innsbruck
Tel: 05 12 – 57 40 35 und 05 12 – 93 58 76;
Fax: 05 12 – 58 40 14
E-Mail: office@msv-tirol.at

Mieterschutzverband Niederösterreich
NÖ-SÜD
Eyerspergring 7
2700 Wr. Neustadt
Tel.: 0 26 22 – 23 176

NÖ-NORD
Heßstraße 4
3100 St. Pölten
Tel.: 0 27 42 – 35 34 78

Mieterschutzverband Steiermark
Sparbersbachgasse 61 (Parterre rechts)
8010 Graz
Tel.: 03 16 – 38 48 30
Fax: 03 16 – 38 48 30 – 40

Mieterschutzverband Kärnten
Benediktinerplatz 5/1
9020 Klagenfurt
Tel.: 04 63 – 51 30 92

Mieterschutzverband Oberösterreich
Ledererergasse 21
4020 Linz
Tel.: 07 32 – 77 12 88
E-Mail: msv-linz@aon.at

Jugendämter

Amt f. Jugend u. Familie Rechtsfürsorge
Am Spitz 1
1210 Wien
Tel.: 01 – 27 73 42 81
Fax: 01 – 27 73 49 92 1310

Bezirksjugendamt
Rötzergasse 6
1170 Wien
Tel.: 01 – 483 51 00

Amt für Jugend und Familie 3. Bezirk
Karl-Borromäus-Platz 3
1030 Wien
Tel.: 01 – 71 13 40
Fax: 01 – 71 13 49 9120

Bezirksjugendamt
Schönbrunner Str. 259
1120 Wien
Tel.: 01 – 83 16 01

Amt f. Jugend u. Familie
Rößlergasse 15
1230 Wien
Tel.: 01 – 863 34 23 310

MAG ELF – Kinder- und Jugendpsychologische Beratungsstelle für den 10. Bezirk Bereich B
Favoritenstr. 211
1100 Wien
Tel.: 01 – 605 34-10 363
Fax: 01 – 605 34-99 10 343

Magistrat d. Stadt Wien MA 11: Jugendamt
Hagenmüllergasse 20
1030 Wien
Tel.: 01 – 40 00 03 881
Fax: 01 – 40 00 99 03 881

Bezirksjugendamt Liesing
Haeckelstr. 4
1230 Wien
Tel.: 01 – 869 75 310

MAG 11 Amt für Jugend und Familie
Moselgasse 8/5/3
1100 Wien
Tel.: 01 – 605 34 10 881

Eltern Kind-Zentrum Gilgegasse
Gilgegasse 15
1090 Wien
Tel.: 01 – 406 97 75

Bezirksjugendamt
Schrödingerplatz 1
1220 Wien
Tel.: 01 – 21 12 33 10
Fax: 01 – 21 12 39 9220

Bezirksjugendamt
Arnethgasse 84
1160 Wien
Tel.: 01 – 48 61 23 80
Fax: 01 – 460 11 84

Bezirks-Jugendamt
Enkplatz 2
1110 Wien
Tel.: 01 – 747 54 10

Landesjugendreferat Wien
Friedrich-Schmidt-Pl. 5
1080 Wien
Tel.: 01 – 40 00 84 328
Fax: 01 – 998 43 28

Bezirksjugendamt
Gatterburggasse 14
1190 Wien
Tel.: 01 – 364 25 00

Frauennotruf

Das Frauennotrufteam ist von 0 bis 24 Uhr unter der Telefonnummer
01 – 71 71 9 erreichbar.

Frauenberatungsstellen

Frauen beraten Frauen
Lehargasse 9/2/17
1060 Wien

Seitenstettengasse 5/7
1010 Wien

Tel. und Fax: 533 12 84 (ausschließlich für
FördergeberInnen und Öffentlichkeitsarbeit)
E-Mail: office@frauenberatenfrauen.at
Internet: www.frauenberatenfrauen.at/

FREIRAUM Frauenberatungsstelle
Wiener Straße 4/9 (Am Plätzl) – Nähe Hauptplatz
2620 Neunkirchen
Tel.: 0 26 35 – 61 125
Fax: 0 26 35 – 61 138-22
E-Mail: freiraumfrauen@frauenberatung-freiraum.at

Frauenberatungsstelle Oberwart
Spitalgasse 5
7400 Oberwart
Tel.: 0 33 52 – 33 855
E-Mail: info@frauenberatung-oberwart.at

**Familienberatung für Mädchen und junge Frauen
und Beratungsstelle für sexuell missbrauchte Mädchen**
Theobaldgasse 20/1/9
1060 Wien
Tel.: 01 – 587 10 89
Fax: 01 – 587 03 55

Frauenberatung
Alser Straße 19
1080 Wien
Tel.: 01 – 408 91 92

Beratungsstelle Oberpullendorf
Spitalstraße 11
7350 Oberpullendorf
Tel.: 0 26 12 – 42 905
E-Mail: office@frauen-op.at

Netzwerk österreichischer Frauen- und Mädchenberatungsstellen

Stumpergasse 41–43/IIR3
1060 Wien
Tel.: 01 – 595 37 60
Fax: 01 – 595 37 61
E-Mail: netzwerk@netzwerk-frauenberatung.at

Innrain 100/99
6020 Innsbruck
Tel. und Fax: 05 12 – 56 28 65
E-Mail: netzwerk-ibk@netzwerk-frauenberatung.at

Rechtsdatenbank

Internet: www.rdb.at

Rechtsinformationssystem des Bundes

Internet: www.ris.bka.gv.at

Bundesministerium für Justiz

1070 Wien
Museumstraße 7
Palais Trautson
Tel.: 01 – 52 152-0
Internet: www.bmj.gv.at

Justiz-Ombudsstellen

Justiz-Ombudsstelle Wien
(zuständig für Wien, Niederösterreich, Burgenland)
Justizpalast
Schmerlingplatz 11
1016 Wien
Tel.: 0800 – 800 440 11 (kostenlose Servicenummer)
Fax: 01 – 52 152 3690
E-Mail: justizombudsstelle.wien@justiz.gv.at

Justiz-Ombudsstelle Graz
(zuständig für Steiermark und Kärnten)
Marburger Kai 49
8010 Graz
Tel.: 0800 – 800 440 12 (kostenlose Servicenummer)
Fax: 03 16 – 80 64 1600
E-Mail: justizombudsstelle.graz@justiz.gv.at

Justiz-Ombudsstelle Linz
(zuständig für Oberösterreich und Salzburg)
Gruberstraße 20
4020 Linz
Tel.: 0800 – 800 440 13 (kostenlose Servicenummer)
Fax: 05 – 76 01 21 11250
E-Mail: justizombudsstelle.linz@justiz.gv.at

Justiz-Ombudsstelle Innsbruck
(zuständig für Tirol und Vorarlberg)
Maximilianstraße 4
6020 Innsbruck
Tel.: 0800 – 800 440 14 (kostenlose Servicenummer)
Fax: 05 12 – 577 480
E-Mail: justizombudsstelle.innsbruck@justiz.gv.at

233

IV | Stichwortverzeichnis